Regionale Identität und soziale Gruppen im deutschen Mittelalter

ZEITSCHRIFT FÜR HISTORISCHE FORSCHUNG

Vierteljahresschrift zur Erforschung des Spätmittelalters u. der frühen Neuzeit

Herausgegeben von

Johannes Kunisch, Klaus Luig, Peter Moraw
Volker Press

Beiheft 14

Regionale Identität und soziale Gruppen im deutschen Mittelalter

Herausgegeben von

Peter Moraw

Duncker & Humblot · Berlin

Die Deutsche Bibliothek – CIP-Einheitsaufnahme

Regionale Identität und soziale Gruppen im deutschen Mittelalter / hrsg. von Peter Moraw. — Berlin : Duncker und Humblot, 1992.
(Zeitschrift für historische Forschung : Beiheft ; 14)
ISBN 3-428-07472-6
NE: Moraw, Peter [Hrsg.]; Zeitschrift für Historische Forschung / Beiheft

Satz: Klaus-Dieter Voigt, Berlin 21
Druck: Berliner Buchdruckerei Union GmbH, Berlin 61
Printed in Germany

ISSN 0931-5268
ISBN 3-428-07472-6

Vorwort

Der vorliegende Band fußt auf den Vorträgen, die unter fast demselben zusammenfassenden Titel, den nun die Publikation führt, am 29. September 1990 auf der 38. Versammlung deutscher Historiker in Bochum gehalten worden sind; das ganze Treffen hatte sich unter das Rahmenthema „Identität und Geschichte“ gestellt. Die Beiträge von Jean-Marie Moeglin und Klaus Graf sind zur Abrundung hinzugenommen worden. Man ersieht schon aus dem Inhaltsverzeichnis, daß deutsche Landschaften verschiedenen Entwicklungsstandes, jeweils andersartiger „staatlicher Ordnung“ und demgemäß auch sehr unterschiedlicher regionaler Bewußtseinsbildung ausgewählt worden sind. Die wissenschaftlichen Ansätze der Autoren sind ebenfalls auf lehrreiche Weise verschieden und zeugen natürlich auch von der ungleichen Durchdringung des Stoffes in der bisherigen Forschung. Es handelt sich nicht um einen Blumenstrauß, sondern um eine Bilanz oder womöglich um eine Herausforderung. Denn der Band ruft nicht nur auf zum besseren Verstehen des Verschiedenartigen, das bei uns früher da war als das relativ Einheitliche und heute neben diesem weiterbesteht. Er stellt unausgesprochen auch die Frage nach der Chronologie und den Inhalten der Identität(en) des relativ Einheitlichen und nach den besten Methoden für diese und für jene Analysen. Neben den bewährten sozialgeschichtlichen Ansatz tritt (wie auch anderswo) hier und da Gedankengut, das einem neuen, weit gespannten Kulturbegriff verpflichtet scheint.

Herrn Kollegen Schneidmüller ist die Organisation der Sektion von 1990 und der Manuskripte von 1991 zu verdanken.

Gießen, im Januar 1992 *Peter Moraw*

Verzeichnis der Mitarbeiter

Prof. Dr. *J. Friedrich Battenberg,* Hessisches Staatsarchiv, Schloß, D-6100 Darmstadt

Dr. *Klaus Graf,* Wepeling-Hole-Straße 41, D-5400 Koblenz

Dr. *Volker Henn,* Universität Trier, FB III – Geschichtliche Landeskunde, Postfach 3825, D-5500 Trier

M. *Jean-Marie Moeglin,* 29 rue Keller, F-75011 Paris

Prof. Dr. *Heinrich Schmidt,* Historisches Seminar der Universität, Postfach 2503, D-2900 Oldenburg

Prof. Dr. *Bernd Schneidmüller,* Historisches Seminar der Technischen Universität, Schleinitzstraße 13, D-3300 Braunschweig

Inhaltsverzeichnis

Bernd Schneidmüller

Regionale Identität und soziale Gruppen im deutschen Mittelalter: Zur Einführung 9

Heinrich Schmidt

Stammesbewußtsein, bäuerliche Landesgemeinde und politische Identität im mittelalterlichen Friesland 15

Volker Henn

Städtebünde und regionale Identitäten im hansischen Raum 41

Bernd Schneidmüller

Landesherrschaft, welfische Identität und sächsische Geschichte 65

J. Friedrich Battenberg

Einungen mindermächtiger Stände in der hessischen Wetterau. Ein Beitrag zur Identitätsbildung in einer königsnahen Landschaft 103

Klaus Graf

Das „Land" Schwaben im späten Mittelalter 127

Jean-Marie Moeglin

Jakob Unrests Kärntner Chronik als Ausdruck regionaler Identität in Kärnten am Ausgang des 15. Jahrhunderts 165

Regionale Identität und soziale Gruppen im deutschen Mittelalter: Zur Einführung

Von Bernd Schneidmüller, Braunschweig

„Heimat ist eine Sache des Herzens". Dieser Satz, über der Abbildung dreier historischer Bauten aus Regensburg, Mönchengladbach und Braunschweig postiert, warb 1990 für einen großen japanischen Elektronikkonzern[1]. In einer Zeit, in der neben globale Raumerfassung die Suche nach Bindung und Sinnerfüllung im kleineren, überschaubaren Bereich tritt, mag der Satz „Heimat ist eine Sache des Herzens" gewiß Zustimmung erfahren. Auch der Historiker kann aus seiner Erfahrung früherer Welten zahlreiche Zeugnisse für die Bedeutung emotionaler Bezüge und Affekte zusammenstellen, die auf die Heimat gerichtet waren, auf einen mehr oder minder engen Lebenskreis, geographisch fixiert, vielfältig vertraut, als Ort oder Land der Abstammung, der Geburt, positiv besetzt.

Auch wenn wir nicht in der Lage sind, im Sinne der neueren mentalitätsgeschichtlichen Forschung die „Herzen" unserer Vorfahren zu „testen", wie es Graus für ihre schriftliche Hinterlassenschaft gefordert hat[2], so können wir Indizien für ihr rationalisiertes Gefühl, für ihr Bewußtsein, zusammentragen. Hilfreich ist dabei die historische Semantik, die Begriffsgeschichte, die uns etwa die facettenreiche Bedeutung von *patria*, von „Heimat"[3] erfahren läßt: das eigene Dorf, die Stadt, die Region, der Landstrich, das Stammesgebiet, das himmlische „Vaterland", spätestens seit dem 13. Jahrhundert – unter dem Einfluß der Rezeption des römischen Rechts – auch der politische Großverband, das *regnum*[4]. Ob Petrus Pictor zu Beginn des 12. Jahrhunderts Flandern als *patria domina patriarum,* als *terra piorum, terra bonorum, terra proborum, terra meorum* pries[5], ob der königliche Leibarzt

---

[1] Die Zeit, Nr. 23, 1. Juni 1990, S. 37.

[2] *František Graus,* Mentalität – Versuch einer Begriffsbestimmung und Methoden der Untersuchung, in: Mentalitäten im Mittelalter. Methodische und inhaltliche Probleme (VuF 35), Sigmaringen 1987, 38.

[3] *Thomas Eichenberger,* Patria. Studien zur Bedeutung des Wortes im Mittelalter (6. bis 12. Jahrhundert) (Nationes 9), Sigmaringen 1991.

[4] Für Johannes von Blanot war das *regnum Gallie* die *patria,* in deren Namen der französische König das Heer aufbot; vgl. *Bernd Schneidmüller,* Nomen patriae. Die Entstehung Frankreichs in der politisch-geographischen Terminologie (10. - 13. Jahrhundert) (Nationes 7), Sigmaringen 1987, 262.

[5] *Ed. Wilhelm Wattenbach,* Beschreibung einer Handschrift der Stadtbibliothek zu Reims, in: NA 18 (1893), 509 f.

Aegidius Corboliensis das Lob seiner *Francia* in einen medizinischen Traktat inserierte[6], ob Erasmus Alber im 16. Jahrhundert sein Vaterland, die hessische Wetterau, wegen ihrer Fruchtbarkeit, ihres Klimas und ihrer Schönheit herausstrich[7], ob das Städtelob dem eigenen Gemeinwesen einen besonderen Rang in der Heilsgeschichte zuwies[8] – stets fand sich das Individuum auf einen positiv erfahrenen Lebenskreis bezogen. Bewußtsein von solcher Heimat, womöglich noch auf politische Verbände bezogen, wirkte identitätsstiftend und resultierte aus geographischen und historisch-politischen Erfahrungen.

Um die Ausbildung solcher Vorstellungen zu beschreiben und zu beurteilen, müssen ihre Trägerschichten bestimmt werden. Politische Identitäten, auf geographische Räume bezogen und historisch im Bewußtsein von gemeinsamer Geschichte mit spezifischen Werten und gemeinsamer Sprache, Kultur und Tradition verankert, wurden geprägt und propagiert von sozialen Gruppen und ihren Institutionen. Darauf hat Reinhard Wenskus in seinem Buch „Stammesbildung und Verfassung" nachdrücklich hingewiesen, indem er gentile Lebensformen nicht überzeitlich, sondern als historische Produkte begriff, die sich um Traditionskerne gruppierten[9]. Zu vergleichbaren Ergebnissen kam das Schwerpunktprogramm „Nationes" für das nachkarolingische Europa[10]. Der Stamm, die mittelalterliche Nation, auch das Volk als Resultate historischer Prozesse und nicht als gleichsam metaphysisch vorhandene Wirkkräfte von Geschichte im romantischen Sinn: so lautet die methodische Grundlage für die weitere Erforschung historischer Identitäten in vormodernen Gesellschaften, deren Ausbildung und Verortung in der „Verfassung" man in der schriftlichen Überlieferung erfahren kann, im Handeln der Zeitgenossen, in der politischen Theorie, in Wandel und Konstanz der politisch-geographischen Terminologie, in Vorstellungen von gemeinsamer Geschichte, Sprache, Kultur, Sitte und gemeinsamem Recht[11].

---

[6] *Aegidius Corboliensis,* Hierapigra, ed. Camille Vieillard, Gilles de Corbeil, médecin de Philippe-Auguste et chanoine de Notre-Dame 1140 - 1224?, Paris 1909, 408 f.; eine deutsche Übersetzung bietet *Paul Kirn,* Aus der Frühzeit des Nationalgefühls. Studien zur deutschen und französischen Geschichte sowie zu den Nationalitätenkämpfen auf den britischen Inseln, Leipzig 1943, 88.

[7] Vgl. den Beitrag von *Friedrich Battenberg* in diesem Band, der Beleg dort Anm. 1.

[8] *Alfred Haverkamp,* „Heilige Städte" im hohen Mittelalter, in: Mentalitäten im Mittelalter (Anm. 2), 119 - 156.

[9] *Reinhard Wenskus,* Stammesbildung und Verfassung. Das Werden der frühmittelalterlichen gentes, Köln/Graz 1961.

[10] Vgl. die bisher erschienenen neun Bände der Reihe „Nationes", hrsg. von Helmut Beumann/Werner Schröder, Sigmaringen 1975 ff.

[11] *Joachim Ehlers,* Die deutsche Nation des Mittelalters als Gegenstand der Forschung, in: Ansätze und Diskontinuität deutscher Nationsbildung im Mittelalter (Nationes 8), Sigmaringen 1989, 11 -58, bes. 23 f.

Die nationale Prägung der modernen Geschichtswissenschaft hat nicht allein in Deutschland dazu geführt, daß nach solchen Identitäten vor allem auf der Ebene von Reich und Königtum geforscht wurde, sieht man von den erstaunlich langlebigen Traditionen der „Heimatgeschichtsschreibung" einmal ab. In früheren Gesellschaften suchte man die Vorläufer oder Ursprünge eigener Lebens- und Herrschaftsformen, und für die Formulierung politischer Ansprüche gewann das historische Argument große Bedeutung. Gestritten wurde über „Karl der Große oder Charlemagne?", über die Bedeutung von Landnahme, Siedlungs- und Sprachgrenze für die Volkswerdung, über den Bezug des französischen Volkes auf den überzeitlich vorhandenen „natürlichen" Lebensraum des Hexagons[12]. Dabei ging es um die Konstanz von Identitäten in unterschiedlichen historischen Epochen. Viele Beispiele dokumentieren die bedeutungsvolle Suche nach den eigenen Anfängen, nach dem Beginn der „Volks"geschichte für die jeweilige Gegenwart. Ernüchtert räumte eine Dissertation von 1943 ein, daß die Anfänge des deutschen Nationalgefühls im 9. Jahrhundert blasser waren als die Identität im gentilen Rahmen[13], doch gleichwohl hielt das Bemühen um Kontinuitäten in der wissenschaftlichen und außerwissenschaftlichen Öffentlichkeit an. Wenn in der neuesten Diskussion um die Entstehung von Völkern im Mittelalter die Wende-[14] oder Geburtsmetapher[15] benutzt wurde, so zeigt dies an, daß die Beschäftigung mit politischer Identitätsbildung gewiß andauern wird.

Die Beschäftigung mit der mittelalterlichen Historiographie läßt freilich auch die Verhaftung der Geschichtsschreiber in anderen Lebenskreisen als dem ihres *regnum* erkennen, in geistlichen Gemeinschaften ebenso wie im regionalen Bereich. Gewiß ist dies keine neue Entwicklung, kein Resultat der Krise monarchischer Zentralgewalt in spät- und nachstaufischer Zeit. Im ganzen Mittelalter besaßen regionale Identitäten hohe Bedeutung, sind in verschiedenen Jahrhunderten in unterschiedlichen Ausprägungen und

---

12 Karl der Große oder Charlemagne? Acht Antworten deutscher Geschichtsforscher, Berlin 1935; *Franz Petri,* Die fränkische Landnahme und die Entstehung der germanisch-romanischen Sprachgrenze in der interdisziplinären Diskussion. Bericht I: 1926 - 1953. Bericht II: 1953 - 1976 (Erträge der Forschung 70), Darmstadt 1977; *Karl Ferdinand Werner,* Histoire de France 1: Les origines, Paris 1984 (dt. 1989); dazu *Joachim Ehlers,* GGA 242 (1990), 252 - 258.

13 *Wolfgang Heßler,* Die Anfänge des deutschen Nationalgefühls in der ostfränkischen Geschichtschreibung des neunten Jahrhunderts (Historische Studien 376), Berlin 1943. Dazu jetzt auch *Wolfgang Eggert/Barbara Pätzold,* Wir-Gefühl und regnum Saxonum bei frühmittelalterlichen Geschichtsschreibern (Forschungen zur mittelalterlichen Geschichte 31), Weimar 1984.

14 *Eduard Hlawitschka,* Von der großfränkischen zur deutschen Geschichte. Kriterien der Wende (Sudetendeutsche Akademie der Wissenschaften und Künste. Geisteswiss. Kl., SB 1988, 2), München 1988.

15 *Carlrichard Brühl,* Deutschland – Frankreich. Die Geburt zweier Völker, Köln/ Wien 1990.

mit variierenden Bezugsfeldern aufzuspüren und banden das Individuum in engere räumliche Zusammenhänge als in den Lehnsbereich eines mehr oder minder fernen Königtums ein. Dabei unterlagen Formen und Strukturen dieser Gemeinschaftsvorstellungen ähnlichen Wandlungen, wie sie für alle historischen Identitäten kennzeichnend sind. Solche Prozesse intensiver und vergleichend in den Blick zu nehmen, wird das Wissen von der historischen Bedeutung der Stämme, der Länder, der Territorien, der Regionen in der deutschen Geschichte erweitern, freilich auch den hohen Rang der Territorialisierung der Politik und des politischen Denkens an der Wende vom hohen zum späten Mittelalter herausstellen, für den neue Formen der Geschichtsschreibung Zeugnis ablegen[16].

Anzuknüpfen ist an die reiche Tradition der deutschen landesgeschichtlichen Forschung und ihrer Verhaftung in der mittelalterlichen Verfassungs- und Bewußtseinsgeschichte; über die Methoden und Begriffe wird – auch im internationalen Diskurs – Rechenschaft abzulegen sein[17].

Es ist nicht das Ziel dieser einführenden Bemerkungen, den erreichten Forschungsstand zum Thema zu referieren und über Studien zum Regionalismus in unterschiedlicher Ausprägung, zur heuristischen Bedeutung des „Landes"-Begriffs[18], zu räumlichen Vorstellungswelten und Bezugsfeldern, zu Zusammenhängen von Herrschaft und Bewußtseinswandel oder über vergleichende Analysen wie über die kaum zu überschauende Spezialforschung zu orientieren. Hinzuweisen bleibt hier auf einen Versuch, für den die 38. Versammlung deutscher Historiker 1990 in Bochum den Rahmen bot: Dem Thema „Identität und Geschichte" verpflichtet, ging eine Sektion[19] paradigmatisch den Zusammenhängen von regionaler Identität und sozialen Gruppen als Trägerschichten nach. Die vier Referate sollten nicht bei der Bündelung der Forschung verharren. Sie konnten aber auch nicht einen repräsentativen Zugang zu den Entwicklungen im europäischen oder

---

[16] Vgl. *Hans Patze*, Adel und Stifterchronik. Frühformen territorialer Geschichtsschreibung im hochmittelalterlichen Reich, in: BDLG 100 (1964), 8 - 81; 101 (1965), 67 - 128; Geschichtsschreibung und Geschichtsbewußtsein im späten Mittelalter, hrsg. von Hans Patze (VuF 31), Sigmaringen 1987.

[17] Deutlich wird das in der Diskussion über die mit den Methoden der neueren französischen Mediävistik gearbeitete Studie von *Jean-Marie Moeglin*, Les ancêtres du prince. Propagande politique et naissance d'une histoire nationale en Bavière au Moyen Age (Ecole pratique des hautes études. Hautes études médiévales et modernes 54), Genf 1985.

[18] *Otto Brunner*, Land und Herrschaft. Grundfragen der territorialen Verfassungsgeschichte Österreichs im Mittelalter, Wien ^{5}1965; vgl. *Othmar Hageneder*, Der Landesbegriff bei Otto Brunner, in: Annali dell'Istituto italo-germanico in Trento 13 (1987), 153 - 178; *Max Weltin*, Der Begriff des Landes bei Otto Brunner und seine Rezeption durch die verfassungsgeschichtliche Forschung, in: ZRG GA 107 (1990), 339 -376; *Klaus Graf* in diesem Band.

[19] In der Sektion 29/07 wurden die hier abgedruckten Beiträge von *Heinrich Schmidt, Volker Henn, Friedrich Battenberg* und *Bernd Schneidmüller* vorgetragen und diskutiert.

wenigstens deutschen Raum anstreben, so reizvoll ein Vergleich gewiß wäre. In durchaus unterschiedlichen Näherungen sollten vielmehr exemplarisch Trägergruppen regionaler Identität betrachtet und dabei jene sozialen Verbände aufgewiesen werden, die im Hoch- und Spätmittelalter an der Umformung älterer gentiler Traditionen beteiligt waren oder die neue Gemeinschaftsvorstellungen ausbildeten.

Die ausgewählten Beispiele, für die die Referenten bereits einschlägige Forschungen vorgelegt hatten, sollten also weniger in räumlicher Hinsicht repräsentativ für Bewußtseinsbildungen in der deutschen Geschichte des Mittelalters sein. Die Themen verdanken ihre Zusammenfügung vielmehr der Hoffnung, unterschiedliche Trägerschichten regionaler Identität in ihrer ständischen Verortung namhaft machen zu können. Darum galt das Interesse der bäuerlichen Landesgemeinde in Friesland und ihrer Überformung durch die sich ausbildende Häuptlingsherrschaft, dem Wandel gentiler Traditionen unter dem Einfluß neuer Raumerfahrungen des hansischen Bürgertums, der Verknüpfung adliger Herrschaftsformen mit dem gentil nicht vorstrukturierten Bewußtsein in der hessischen Wetterau, der Adaption sächsischer Geschichte im welfischen Herzogtum Braunschweig-Lüneburg und dem Wandel der welfischen Familientradition seit den schwäbischen Anfängen bis hin zum Ausbilden der sächsischen ‚Verortung' des fürstlichen Hauses.

Den vier am 29. IX. 1990 gehaltenen Referaten, hier mit Anmerkungen versehen und überarbeitet abgedruckt, werden zwei weitere Beiträge an die Seite gerückt. Sie unterstreichen auf je eigene Art ebenfalls Möglichkeiten und Formen der Forschung zur spätmittelalterlichen Identitätsbildung, indem sie exemplarisch entsprechende Wege im Hinblick auf die Ausdeutbarkeit spätmittelalterlicher Historiographie in Kärnten oder auf die differenzierte Rezeption und Propagierung schwäbischer Identität weisen, stets verknüpft mit terminologischen Anstrengungen um den „Landes"-Begriff der verfassungsgeschichtlichen Forschung, der regionale Identität als Produkt historischer Entwicklung und politischer und sozialer Gruppen erweist.

Daß diese Sammlung, die sich weniger als Summe denn als Zwischenschritt in der Forschung zur hoch- und spätmittelalterlichen Verfassungs-, Bewußtseins- und Landesgeschichte versteht, in vorliegender Zusammenfügung unterschiedlicher methodischer und räumlicher Zugehensweisen erscheinen konnte, ist der freundlichen Bereitwilligkeit der Herausgeber der Zeitschrift für historische Forschung zu verdanken, insbesondere dem Engagement von Herrn Kollegen Peter Moraw.

Stammesbewußtsein, bäuerliche Landesgemeinde und politische Identität im mittelalterlichen Friesland

Von Heinrich Schmidt, Oldenburg

Nach einer schweren, viele Opfer fordernden Sturmflut, die das südliche Nordseeküstengebiet Mitte Januar 1219 heimsuchte, machte sich der friesische Abt Emo von Wittewierum Gedanken darüber, warum Gott gerade Friesland mit seinem Zorn überfiel, dieses doch durch so viele und unablässig für sein Heil betende Mönchsgemeinschaften ausgezeichnete Land – und er fand, der Allmächtige habe es für seinen undankbaren Hochmut strafen und zur Einsicht in seine Schuld führen wollen[1]. Friesland, *Frisia,* steht hier gewissermaßen als Person vor dem ewigen Richter, ein Träger von Sünden trotz der Segensmöglichkeiten, die ihm die Gebete seiner Mönche eröffneten – wobei der Prämonstratenser Emo wenigstens mittelbar die Vielzahl der friesischen Klöster als ein positives Merkmal friesischer Identität andeutete. Die Voraussetzungen für den sündigen Hochmut lagen ihm in Gegebenheiten, die er offensichtlich als die auffälligsten Kennzeichen der *Frisia* ansah und mit denen man natürlich auch anders, nämlich dankbar und bescheiden umgehen könnte, ohne sie in ihrer für Friesland spezifischen Qualität zu verändern: in der großen, stolz machenden Menge der Landesbewohner, in der Freiheit, *quae res est inestimabilis, pauperum et divitum ditissima,* in der Vielzahl seiner Viehbestände und der reichen, herzerfreuenden Fruchtbarkeit seiner Grasländereien und Felder. Der Abt suchte nach den Gründen friesischen Hochmuts und konnte doch seine Genugtuung über die so vorzüglichen Identitätsmerkmale Frieslands nicht verbergen; sie wurden ja auch durch korrigierbares Fehlverhalten der Friesen vor Gott nicht grundsätzlich aufgehoben. Volksmenge, Freiheit der Friesen, ökonomische Wohlfahrt, trefflichste Bodenbeschaffenheit addierten sich zur friesischen Wesenseinheit, ohne in einer logischen Abhängigkeit voneinander gesehen zu werden; sie gehörten ganz einfach als Charaktermerkmale der *Frisia* zusammen. Daß ihre Aufzählung eine bestimmte historische Entwicklung reflektierte, die Konjunktur des 12., 13. Jahrhunderts in ihren Wechselbeziehungen zu Bevölkerungswachstum, Landesausbau, sozialer Ausweitung von Wohlstand und Intensivierung des kollektiven Selbstgefühls in den friesischen Küstengebieten, war dem hochmittelalterlichen Chronisten nicht

---

[1] Emonis et Menkonis Werumensium Chronica, ed. *Ludwig Weiland,* in: MG SS XXIII, 454 - 572, hier 491.

bewußt; er verallgemeinerte seine bedingte Erfahrung ins Grundsätzliche. Demnach können die Friesen, wenn sie Gott nicht durch Überheblichkeit erzürnten, ihre gemeinsamen Werte durch allen Wandel der Zeit bewahren: die Fruchtbarkeit, den Reichtum, die Freiheit ihres Landes.

Emo ließ sich über die friesische Freiheit nicht weiter aus, verstand sie aber offensichtlich, wie sie auch sonst von seinen friesischen Zeitgenossen verstanden wurde: gleicherweise personal, als freie Verfügung des einzelnen über seinen Körper, seinen Besitz, seine Zeit, wie stammesbezogen – eben als eine gesamtfriesische Eigenschaft. Für einen bald nach 1232 schreibenden, anonymen, aber doch wohl aus Friesland stammenden Erzähler von den Konflikten der Bischöfe von Utrecht um Groningen und Drenthe waren die Friesen allgemein *homines liberi et ab omni iugo servitutis et cuiuslibet pertinentis dominii exuti:* frei von jeglicher Hörigkeit und Herrschaft[2]. Und wie hier, so rühmten sie sich auch und erst recht in anderen Selbstzeugnissen, in Liedern, in Rechtstexten als prinzipiell freie Leute[3]. Das Bewußtsein von der persönlichen Freiheit als einer Qualität *aller* Friesen, einem Stammesmerkmal also, tritt zuerst in den sogenannten „Siebzehn gemeinfriesischen Küren" deutlich zutage, in einer wohl um 1080 zu datierenden Zusammenstellung von Rechten, die man in Abwehr von außen kommender, gräflicher Herrschaftsansprüche gewahrt wissen wollte[4]. Dabei ist die friesische Freiheit schon hier mit der Stifterautorität Karls des Großen verbunden. Er hat sie den Friesen gewährt, damit sie Christen würden und seine Herrschaft akzeptierten; mit ihrer *huslotha,* der jährlichen Haussteuer an den König, „erkauften" sie *nobilitatem et libertatem.* Seither waren *alle* Stammesgenossen frei – und wie hier, so in den späteren Überlieferungen von der Herkunft friesischer Freiheit: sie meint stets *alle Fresen,* den gesamten Stamm.

Nach den älteren, vielleicht noch bis ins ausgehende 11. Jahrhundert oder weiter zurückreichenden Traditionen erlöste der Freiheit stiftende König die Friesen von früherer Hörigkeit: zuvor nämlich waren sie dem bösen, heidnischen Dänenkönig zu eigen oder, allgemeiner, *nakeda Fresen,* die ein hölzernes Band als Zeichen ihrer Unfreiheit um den Hals trugen, Leute, die *sonder era weren, onder alla manna foetem*[5]. Dergleichen schauerliche Kol-

---

[2] *A. M. Braaksma* u. a. (Hrsg.), Quedam narracio de Groninghe, de Thrente, de Covordia et de diversis aliis sub diversis episcopis Traiectensibus, Amsterdam 1977. Ältere, hier zitierte Ausgabe von *Ludwig Weiland,* Gesta Episcoporum Traectensium, in: MG SS XXIII, 400 - 426, hier 421.

[3] Beispiele bei *Heinrich Schmidt,* Friesische Freiheitsüberlieferungen im hohen Mittelalter, in: Festschrift für Hermann Heimpel zum 70. Geburtstag, Band 3 (Veröffentlichungen des Max-Planck-Instituts für Geschichte 36/III), Göttingen 1972, 518 - 545.

[4] Edition aller Textfassungen bei *Jelle Hoekstra,* Die gemeinfriesischen Siebzehn Küren, Assen 1940. Im folgenden zitiere ich die lateinische Fassung, ebd.

lektiverinnerung spiegelt eine aktuelle Selbsterfahrung wider: daß sich Friesland in seinen sozialen Verhältnissen abgrenzte von einer grundherrschaftlich strukturierten Welt, in der Bauern grundsätzlich hörige, abhängige Leute, *servi,* waren. Sieht man genauer hin, so finden sich auch in den friesischen Gebieten noch während des 12. und 13. Jahrhunderts, als das Freiheitsbewußtsein hier Hochkonjunktur hatte, Spuren von Grundherrschaft und sogar unfreie Leute – und deren Anzahl wird im 11. Jahrhundert eher noch größer gewesen sein[6]. Aber schon damals – als der intensivere Landesausbau noch in den Anfängen stand – müssen die freien bäuerlichen Besitzer das soziale Bild Frieslands in auffälliger Weise bestimmt haben: so sehr jedenfalls, daß ihnen selbst die Freiheit zu einer Kategorie der Unterscheidung des friesischen Stammes von anderen, zu einem zentralen Element der friesischen Stammesidentität werden konnte. Auch von außen konnte es so aussehen, als kennzeichne vor allem die Freiheit den Friesen. Im Jahr 1132, im Bruderstreit der Grafen Dietrich und Florenz von Holland, suchten die von holländischer Herrschaftsexpansion bedrängten Friesen südwestlich des Flie, im späteren Nordholland, ihr Heil auf der Seite des Florenz, und gleichzeitig drängten sich viele Leute aus dem holländischen Kerngebiet, *et maxime rustici,* in seinen Anhang: sie wollten *cum Fresonibus sub uno duce unus populus* werden[7]. Dabei war wohl kaum schon der Bezug auf den einen, gemeinsamen Anführer die bewegende, solidarisierende Kraft und schon gar nicht die Erinnerung an eine fern zurückliegende Zugehörigkeit Hollands zum friesischen Stammesraum. Vielmehr waren die holländischen Bauern, die in den Auseinandersetzungen von 1132 „mit den Friesen ... ein Volk" zu werden strebten, nach dem Bericht der Egmonder Annalen von einer eitlen Hoffnung auf Freiheit entflammt, *spe libertatis inaniter accensi:* und vor allem in ihr, in der Freiheit von Grundherrschaft, werden sie das verbindende, mit den Friesen vereinigende Element gesehen haben: als könne die Freiheit sie zu Friesen machen.

[5] Friesen unter dänischer Herrschaft: vgl. z. B. die aus Rüstringen überlieferten Zusätze bzw. Erläuterungen zu den Siebzehn Küren, hier zitiert nach *Wybren Jan Buma* und *Wilhelm Ebel* (Hrsg.), Das Rüstringer Recht (Altfriesische Rechtsquellen. Texte und Übersetzungen 1), Göttingen 1963, S. 134. – Hölzernes Band: ebd.; vgl. auch die sog. „Magnusküren", hier zitiert nach *Wybren Jan Buma* und *Wilhelm Ebel,* unter Mitwirkung von *Martina Tragter-Schubert* (Hrsg.), Westerlauwerssches Recht I. Jus Municipale Frisonum. Erster Teil (Altfriesische Rechtsquellen. Texte und Übersetzungen 6), Göttingen 1977, 130 - 134, hier 132. Friesen *sonder era:* vgl. das sog. Rudolfsbuch, hier zitiert nach *Wybren Jan Buma* und *Wilhelm Ebel* unter Mitwirkung von *Martina Tragter-Schubert* (Hrsg.), Westerlauwerssches Recht I. Jus Municipale Frisonum. Zweiter Teil (Altfriesische Rechtsquellen. Texte und Übersetzungen 6/2), Göttingen 1977, 350 -384, hier 364.

[6] Vgl. z. B. Hinweis auf *des hern und greven bur* in Östringen im ältesten Lehnsregister der Grafen von Oldenburg (ca. 1275) bei *Hermann Oncken* (Hrsg.), Die ältesten Lehnsregister der Grafen von Oldenburg und Oldenburg-Buchhausen, Oldenburg 1893, 84ff.

[7] Annales Egmundenses, hrsg. von *Otto Oppermann,* Fontes Egmundenses, Utrecht 1933, 111ff., hier 146.

Die tatsächlichen Voraussetzungen der friesischen Bewußtseinsentwicklung zum Verständnis der Freiheit als eines zentralen Merkmals friesischer Stammesidentität sind hier nicht zu untersuchen[8]. Kollektive Erfahrungen in der Normannenzeit des 9. Jahrhunderts gehören ebenso zu ihren Hintergründen wie eine intensivere, tiefer durch die bäuerliche Sphäre dringende Christianisierung im 10. und 11. Jahrhundert[9]. Seit der Mitte des 11. Jahrhunderts deutlicher erkennbare Bestrebungen der – großenteils sächsischen – Inhaber friesischer Grafenrechte, ihre Autorität in den Gebieten friesischen Rechts auszuweiten oder auch nur zu stabilisieren, haben dann auf ihre Weise das friesische Selbstgefühl dazu provoziert, bestimmte friesische Freiheiten, insbesondere das Recht „aller" Friesen auf ihren freien Besitz, schärfer herauszustellen und seine legitimierende Herkunft von Karl dem Großen ausdrücklicher zu betonen. Von friesischen Erfolgen bei der bewaffneten Abwehr gräflicher Herrschaftsansprüche gingen schließlich Modifizierungen des friesischen Identitätsbewußtseins und seiner Traditionen aus; sie fanden ihre Bestätigung während friesischer Kreuzzugsteilnahme, im Vergleich des eigenen Auftretens und der eigenen Taten mit denen von Kreuzfahrern anderer Nationen. So trat neben die ältere Vorstellung von den einst hörigen, *nakeden* Friesen mehr und mehr – und wohl zunächst in der vermögenderen Oberschicht mit kriegerischer Mentalität – die stolzere Auffassung, die Friesen, lauter *helleden stark ende goede,* hätten sich die Freiheit von Karl als Lohn ihrer von vornherein unvergleichlichen Tapferkeit erworben[10]. Sie begründete schließlich auch den – von französischer Werbung für friesische Kreuzzugsteilnahme Mitte des 13. Jahrhunderts angeregten oder verstärkten – Wunsch, Friesen mit den entsprechenden Besitz- und Verhaltensvoraussetzungen sollten zu Rittern geschlagen werden können[11]. Doch blieb diese Hoffnung nicht ohne landeseigenen Widerspruch und überhaupt – auch im späten Mittelalter noch – unpopulär. Das Bewußtsein von der besonderen, frei und edel machenden Tapferkeit der Friesen erfüllte offenbar, jedenfalls im 14. Jahrhundert, auch die bäuerliche Sphäre Frieslands, lud sie mit Vorbehalten gegen die Ritterwürde einzelner

---

[8] Neuester Überblick mit älterer Literatur bei *Oebele Vries,* Het Heilige Roomse Rijk en de Friese vrijheid, Leeuwarden 1986, 14ff.

[9] Dazu auch *Heinrich Schmidt,* Kirchenbau und „zweite Christianisierung" im friesisch-sächsischen Küstengebiet während des hohen Mittelalters, in: Niedersächsisches Jahrbuch für Landesgeschichte 59 (1987) 63 - 93, hier bes. 73ff.

[10] Vgl. z. B. das im westerlauwersschen Friesland überlieferte Lied *Hoe dae Fresen toe fridom koemen,* hier zitiert nach *Buma/Ebel/Tragter-Schubert,* Westerlauwersches Recht I, 2 (Anm. 5), 384 - 396, oder das angebliche Privileg Karls des Großen für die Friesen, eine Fälschung aus dem 13. Jahrhundert, hier zitiert nach *Karl Freiherr von Richthofen,* Untersuchungen über friesische Rechtsgeschichte, Teil II, 1, Berlin 1882, 166 - 179. Zur Überlieferungsgeschichte zuletzt knapp zusammenfassend und mit älterer Literatur *Vries* (Anm. 8), 22.

[11] Ausgedrückt im angeblichen Karlsprivileg (Anm. 10); dazu auch *Schmidt,* Freiheitsüberlieferungen (Anm. 3), besonders 541ff.

auf und ließ sie friesischen „Adel“ als eine genossenschaftliche, stammes- oder gemeindebezogene Eigenschaft begreifen – zu einer Zeit, als die friesische Freiheit längst auch den Anspruch „aller“ Friesen einschloß, sich in eigener Gesetzgebung und durch jährlich gewählte Richter selbst zu regieren, unabhängig von fremder, „unrechter“ Herrschaft[12].

Ob jenen „Siebzehn Küren“ von etwa 1080 schon eine ältere Tradition „gemeinfriesischer“ Rechtsfindung vorausging, läßt sich nicht erkennen. Wohl erst in das – vielleicht frühere – 12. Jahrhundert gehören Satzungen *allera Fresena,* nach denen die Friesen jährlich am Dienstag in der Pfingstwoche *to Upstelesbame* zusammenkommen sollten, die friesischen Rechte zu erörtern und gegebenenfalls zu verbessern. Und weiter: wenn eines der „sieben Seelande“ von den südlichen gerüsteten Rittern oder – Nachhall der Normannenzeit – *fon norteska wigandum,* nordischen Kriegern, verheert würde, dann sollten die sechs anderen dem siebenten helfen[13]. Hier erstmals tauchen in friesischen Texten die „sieben Seelande“ auf: der poetischere Begriff des „ganzen Friesland“. Er meint die Einheit im Bilde der Vielfalt – als lasse sich ein friesischer Stammeszusammenhang von vornherein nur gegliedert, von seinen Teilen her denken. Unser Text akzentuiert deren Bedeutung noch, wenn er die Hilfe der sechs „Seelande“ für das von außen angegriffene siebente begründet. Sie war nicht etwa schon für die friesische Freiheit, diesen verbindlichsten, heiligsten Bewußtseinswert aller Friesen, zu leisten, sondern damit jenes siebente Land ebenso stark bliebe wie jedes der anderen sechs. Demnach wären die einzelnen Länder einer gesamtfriesischen Identität in der selbstverständlichsten Weise vorgegeben, und sie sollten sich in einem gleichgewichtigen, gleichwertigen Verhältnis zueinander verhalten und bewahren – was doch auch bedeutet, daß man keine innerfriesischen Machtkonzentrationen, kein Abhängigkeitsgefälle zwischen den Regionen des Stammesraumes wünschte. Die Teile waren einander gleichgeachtete Elemente des Ganzen; der friesischen Einheit wurde keine einschränkende, relativierende Macht über sie zugeschrieben.

---

[12] Vorbehalte gegen die Ritterwürde: vgl. z. B. den Franziskaner Bartholomaeus Anglicus (um 1240) über die Friesen, hier zitiert nach dem Friesland betreffenden Auszug aus seiner Enzyklopädie *De proprietatibus rerum* bei *Günther Franz* (Hrsg.), Quellen zur Geschichte des deutschen Bauernstandes im Mittelalter, Darmstadt 1967 (Ausgewählte Quellen zur deutschen Geschichte des Mittelalters XXXI), 326: Die Friesen ziehen den Tod der Knechtschaft vor; *ideo militares dignitates abiiciunt et aliquos inter se erigi in sublimi non permittunt sub militiae titulo.* Stammesbezogener Adel: vgl. z. B. die Magnusküren (Anm. 5): König Karl nennt die zuvor „nackten Friesen“ jetzt *heren.* Unrechte Herrschaft: vgl. z. B. die Rüstringer Erläuterungen zu den siebzehn Küren bei *Buma/Ebel,* Rüstringer Recht (Anm. 5), 134 (zur siebenten Küre).

[13] Vgl. die sogenannten „Überküren“ *(urkera allera Fresena),* hier zitiert nach *Wybren Jan Buma* und *Wilhelm Ebel* (Hrsg.), Das Emsiger Recht (Altfriesische Rechtsquellen. Texte und Übersetzungen 3), Göttingen 1967, 96.

Wollte man freilich die „sieben Seelande“ im hochmittelalterlichen Friesland konkret nachweisen, so wäre man rasch irritiert. Tatsächlich gab es zwischen Flie und unterer Weser weitaus mehr eigenständige Länder, *terrae,* oder Landesgemeinden, *universitates,* als gerade sieben, und so läßt sich die für ihre Summe bis in das 15. Jahrhundert verwendete Siebenzahl nur als Symbol erklären[14]. Im 12. und 13. Jahrhundert hat man die friesischen Länder nicht gezählt, hat wohl auch – selbst innerhalb Frieslands – keinen genauen, jede Landesgemeinde erfassenden Überblick gehabt und ihn vermutlich gar nicht erst gesucht. Die Vielzahl der Länder zog sich in die „Sieben“ im Sinne von „alle“ zusammen, als runde sich in ihr das Ganze, Vollkommene. Erst im 14. Jahrhundert begann ein Autor im westerlauwersschen Friesland, rationaler – nach modernem Verständnis – mit der friesischen Sieben umzugehen und die tatsächlich existierenden Länder des Stammesgebietes in die „sieben Seelande“ einzuordnen: wobei er übrigens das erste Seeland in der mittelalterlichen *Westfrisia* südwestlich des Flie erkannte und zum siebenten Seeland auch das Land Hadeln rechnete, überhaupt, in ziemlich unklarer Vorstellung, *Transwisera(m)* und gar *Ditmaria,* Dithmarschen, Länder, die dank ihrer bäuerlichen Freiheit und Autonomie als „friesisch“ erschienen[15]. In älterer Zeit war man nicht darauf gekommen, die „sieben Seelande“ in der strukturellen Wirklichkeit Frieslands zu verifizieren; im 13. Jahrhundert reichte ihre Siebenzahl aus, das ganze Friesland als die Summe seiner Teile zu begreifen, als einen Wert, dem man heute eher ideologischen Charakter zuschreiben würde und der jedenfalls für den friesischen Alltag von nur begrenzter Relevanz war.

Der wirtschaftliche, soziale und politische Alltag der friesischen Bevölkerungsmehrheit blieb in enge regionale Zusammenhänge eingebunden. Sie orientierte sich in ihren Zugehörigkeiten wie in ihren Abgrenzungen zunächst vor allem an naturräumlichen Voraussetzungen. Meereseinschnitte gliederten das Marschenland in einzelne Siedlungsräume; Moore trennten weiter landeinwärts, auf der Geest, größere Siedlungsinseln voneinander. Frühe Namen friesischer Raumeinheiten – zu beziehen auch auf personale Verbände – sind aus der ersten Christianisierungsphase im 8. und 9. Jahrhundert und aus der Normannenzeit überliefert, so Raumnamen, die sich von Flüssen ableiten, wie *Fivelga* oder *Emisga,* aber auch Bezeichnungen, die einzelne Regionen oder Verbände als Glieder älterer oder größerer Zusammenhänge andeuten, wie Westergo und Ostergo westlich der Lauwers

---

14 Vgl. so schon *Hajo von Lengen,* Geschichte des Emsigerlandes vom frühen 13. bis zum späten 15. Jahrhundert, Teil I, Aurich 1973 (Abhandlungen und Vorträge zur Geschichte Ostfrieslands 53), 87: „Sieben war eine Zauberformel für frei“.

15 Hier zitiert nach *Heinrich Reimers,* Die lateinische Vorlage der „Gesta Frisiorum“, in: De Vrije Fries 35 (1939), 96 -151, hier 102 - 106 (rechte Spalte). Vgl. zum sog. „Traktat von den sieben Seelanden“, zuletzt *Vries* (Anm. 8), 40, mit Hinweisen auf die ältere Literatur.

und im östlichen Friesland *Asterga,* später Östringen, an das wieder östlich dann das auch noch friesische Rüstringen, *Hriustri,* mit offensichtlich eigenem Bewußtsein von Herkunft und Identität angrenzte[16]. Rüstringen ist schon im 9. Jahrhundert als *comitatus* bezeugt; andere dieser friesischen Kleinräume, deren Namen das spezifische Zusammengehörigkeitsgefühl ihrer Bewohner reflektiert, erscheinen später als Teilbereiche von Grafschaften[17]. In der Mitte des 11. Jahrhunderts hatte der Billunger Bernhard II. als Inhaber der Grafenrechte in Östringen Schwierigkeiten mit seinen widerborstigen Friesen; sie verweigerten ihm Steuern und schlugen ihn gar aus dem Lande. Adam von Bremen, der darüber kurz berichtet, spricht nur allgemein von *Fresones* – für ihn eine *barbara gens* – und *Fresia;* tatsächlich aber treten hier nicht pauschal „die" Friesen, sondern konkret die Östringer als eigenständig handelnder Verband in politische und kriegerische Erscheinung[18]. Und so auch ein Jahrhundert später, als Papst Hadrian IV. darüber spottete, daß der mächtige Herzog von Sachsen und Bayern an den Friesen gescheitert sei, einem doch so ungebildeten Volke *sine consilio et sine prudentia*[19]: der auswärtige Betrachter sah im Teil das Ganze; in Wahrheit standen auch Heinrich dem Löwen wiederum die Östringer gegenüber, der kleinräumigere Verband als die politisch und militärisch handelnde Organisationseinheit.

Naturräumliche Veränderungen, zum Beispiel durch Verschlickung von Buchten, Bevölkerungswachstum und zunehmender Landesausbau in den Marschen wie am Rand der Moore wurden wesentliche Voraussetzungen für die hochmittelalterliche Modifizierung älterer und das Entstehen neuer Siedlungszusammenhänge mit eigenem Identitätsbewußsein. Schon Adam von Bremen kannte die ostfriesische Landschaft *Morseti,* von der vielleicht auch das spätere Mormerland ausging, und ebenfalls seit dem 11. Jahrhundert entwickelte sich der regionale Verband der *Brocmannen* mit der Profilierung politischer Eigenständigkeit im Brokmerland des 13. Jahrhunderts[20]. Allenthalben zwischen Flie und Weser haben sich zu dieser Zeit

---

16 Vgl. zu den genannten frühmittelalterlichen friesischen Raumnamen Peter von Polenz, Landschafts- und Bezirksnamen im frühmittelalterlichen Deutschland I, Marburg 1961, 83, 90, 102 f. u. ö.

17 Knapper Überblick über gräfliche Rechte in Friesland bei *Wilfried Ehbrecht,* Landesherrschaft und Klosterwesen im ostfriesischen Fivelgo, Münster 1974 (Geschichtliche Arbeiten zur westfälischen Landesforschung 13), 24ff.

18 Magister Adam Bremensis Gesta Hammaburgensis ecclesiae pontificum, hrsg. von *Bernhard Schmeidler,* MGH SS in usum scholarum, Hannover/Leipzig 1917, lib. III cap. 42.

19 Schreiben an Erzbischof Hillin von Trier, hier zitiert nach *Gustav Rüthning* (Hrsg.), Oldenburgisches Urkundenbuch VI, Oldenburg 1932, Nr. 5.

20 *Morsati:* Adam von Bremen (Anm. 18), Lib. I cap. 12, Schol. Brokmerland: Zur Siedlungsgeschichte zuletzt *Ekkehard Wassermann,* Aufstrecksiedlungen in Ostfriesland. Ein Beitrag zur Erforschung der mittelalterlichen Moorkolonisation, Göttingen 1985 (Göttinger Geographische Abhandlungen 80); *Heinrich Schmidt,* Rechtsauf-

eigenständige Landesgemeinden von unterschiedlicher räumlicher Dimension ausgebildet, vorwiegend auf der Grundlage älterer Siedlungsverbindungen und Gerichtsgemeinden, teils eben auch in der Folge von Rodungsvorgängen – bäuerlich geprägte *universitates,* die sich schon seit dem 11. Jahrhundert mehr und mehr von gräflichen Kompetenzansprüchen distanzieren, zum Teil auch ganz befreien konnten. Angestoßen wohl auch von der religiösen Friedensbewegung des 11. Jahrhunderts und ihren Ausläufern, zogen sie die Rechts-und Friedenswahrung ganz in ihre Zuständigkeit – in Wechselbeziehung zu einer immer deutlicheren Ausformung von genossenschaftlichen Organisationsstrukturen mit jährlich wechselnden Richtern, *Redjeven* oder *consules*[21]. Im 13. Jahrhundert steht für viele der friesischen Landesgemeinden eine funktionierende „Konsulatsverfassung" vor Augen – jedenfalls dem ersten Blick auf die Quellen und ihre Begrifflichkeit. Tatsächlich ragte vielerorts und zumal in den durch Fruchtbarkeit und Handelsaktivitäten ökonomisch gesegneteren Gebieten der Eigenwille reicher und daher mächtiger, traditionell angesehener Familien und Verwandtschaftskreise über die genossenschaftliche Gleichheit hinaus. Aber auch solche *divites et potentes* mußten sich immer wieder mit der genossenschaftlichen Ordnung arrangieren und die Landesgemeinde, die Versammlung der Rechtsgenossen, der *lioda,* als die – wenigstens dem Anspruch nach – das verbindliche Recht setzende, bestätigende und erneuernde Autorität anerkennen[22].

Sie war hier lockerer, dort solider strukturiert, alles in allem aber – für das 12., 13., frühe 14. Jahrhundert – *der* Verband, in dem der einzelne „freie" Friese den Schutz seiner Interessen, sein Recht und seine politische Identität suchte, als Rüstringer, Brokmann, Fivelgoer oder wie immer. Nicht, daß ihn dies in Spannung zu seinem friesischen Stammesbewußtsein

---

zeichnung und landesgemeindliche Bewegung im hochmittelalterlichen Ostfriesland, in: Staat und Gesellschaft in Mittelalter und Früher Neuzeit. Gedenkschrift für Joachim Leuschner, Göttingen 1983, 54 - 74, jeweils mit älterer Literatur.

21 *Heinz Stoob,* Landesausbau und Gemeindebildung an der Nordseeküste im Mittelalter, in: Die Anfänge der Landgemeinde und ihr Wesen I, Stuttgart 1964 (Vorträge und Forschungen VII, 1), 365 - 422; *Franz Petri,* Entstehung und Verbreitung der niederländischen Marschenkolonisation in Europa (mit Ausnahme der Ostsiedlung), in: Walter Schlesinger (Hrsg.), Die deutsche Ostsiedlung des Mittelalters als Problem der europäischen Geschichte, Sigmaringen 1975 (Vorträge und Forschungen XVIII), 695 - 755.

22 Vgl. z. B. für die friesische Wesermarsch *Albrecht Graf Finck von Finckenstein,* Die Geschichte Butjadingens und des Stadlandes bis 1514, Oldenburg 1975 (Oldenburger Studien 13), bes. 66ff.; für Harlingerland *Almuth Salomon,* Geschichte des Harlingerlandes bis 1600, Aurich 1965 (Abhandlungen und Vorträge zur Geschichte Ostfrieslands XLI), bes. 42ff.; für das westliche Ostfriesland *Hajo van Lengen,* Emsigerland (Anm. 14); für Teile des Groningerlandes *Ehbrecht,* Fivelgo (Anm. 17). Für das westerlauwerssche Friesland vgl. den Überblick von *W. Jappe Alberts,* „Frysk en frij", in: Geschiedenis van Friesland. Onder redaktie van Ds. J. J. Kalma, Dr. J. J. Spahr van der Hoek, Mr. K. de Vries, 2. Aufl. Leeuwarden 1980, 147 - 164.

gebracht hätte; er zog vielmehr das allgemein Friesische in seine landesgemeindliche Identität hinein, begriff es gewissermaßen in ihrem Rahmen: wie denn zum Beispiel die Rüstringer Karl den Großen, *Karolus Rex,* als den Stifter der friesischen Freiheit auf das *Sigillum Universitatis Terre Rustringie* prägten, als seien friesische Freiheit und rüstringische Identität untrennbar aufeinander bezogen[23]. „Als wir Friesen Christen wurden" – so beginnt ein rüstringischer Landrechtstext aus dem 13. Jahrhundert – „da gewährte uns König Karl, daß eine Küre, die das ganze Volk, *alle liode,* beschlösse, ewig gelten solle. Da beschlossen die Rüstringer die Küren zu Nutz und Frommen ihres Landes und ihrer Leute"[24]: friesisches Recht, das sich realisierte, konkretisierte in der landesgemeindlichen Rechtsfindung. Die Landesgemeinde war der eigentliche Raum seiner Verwirklichung – was sich auch darin bestätigt, daß wir Rechtstexte mit gesamtfriesischem Geltungsanspruch, wie jene „Siebzehn Küren" oder die wenig späteren „Vierundzwanzig Landrechte", nur regional überliefert finden, in Sammelhandschriften, die auch auf die jeweilige Region oder Landesgemeinde begrenzte Rechte enthalten und für den landesgemeindlichen Gebrauch hergestellt wurden. Die gesamtfriesische Rechtstradition trat dem einzelnen Friesen in seiner kleinräumigeren, landesgemeindlichen Erfahrungswelt entgegen; er war Friese als Rüstringer oder Emsigerländer oder Westergoer, und so konnte er in sehr unbefangener Weise „wir Friesen" sagen, wenn er nur den jeweils eigenen Gemeindeverband und seine Rechtswirklichkeit meinte.

Natürlich wußte man, daß die *tota Frisia* weit über landesgemeindliche Grenzen hinausreichte. Man konnte sie gelegentlich und andeutungsweise am „Upstalsboom" südwestlich von Aurich, an einer wohl schon seit frühgeschichtlicher Zeit das östliche Friesland durchquerenden Straße, als eine Art rechtlicher und politischer Realität erfahren[25]. Seit wann dies möglich war, wann zuerst Zusammenkünfte mit gesamtfriesischem Anspruch an jenem Platz stattfanden, ist noch dunkel; möglicherweise sind die „Siebzehn Küren" und die „Vierundzwanzig Landrechte" am Upstalsboom zusammengestellt worden. Zum Jahre 1222 wußte der Abt und Chronist Emo von

---

23 *Erich von Lehe,* Das Landessiegel des Landes Wursten, in: Jahrbuch der Männer vom Morgenstern 27 (1936), 40 - 62, mit weiteren Beispielen für das Bild Karls des Großen in friesischen Siegeln.

24 *Buma/Ebel,* Rüstringer Recht (Anm. 5), 78.

25 Zum Upstalsboom vgl. u.a. *Hajo van Lengen,* Der Upstalsboom. Hügel – Tagungsort – Sinnbild, in: Ostfriesland. Zeitschrift für Kultur, Wirtschaft und Verkehr 1982/2, 9 - 13; *H. D. Meijering,* De Willekeuren van de Opstalsboom (1323). Een filologisch-historische Monografie, Groningen 1974; *Heinrich Schmidt,* Studien zur Geschichte der friesischen Freiheit im Mittelalter, in: Jahrbuch der Gesellschaft für bildende Kunst und vaterländische Altertümer zu Emden 43 (1963), 5 - 78, bes. 63 ff.; *Georg Sello,* Vom Upstalsboom und vom Totius-Frisiae-Siegel, in: Jahrbuch der Gesellschaft für bildende Kunst und vaterländische Altertümer zu Emden 21 (1924/25), 65 - 137; *Karl Freiherr von Richthofen,* Untersuchungen über friesische Rechtsgeschichte, Teil I, Berlin 1880, 1 ff.

Wittewierum im Fivelgo, daß die *universitas Frisonum de more vetustissimo ... aput Upstellesbome* Geschworene gewählt habe, *iuratos*[26]. Doch sollte man seine Formel von der „sehr alten Gewohnheit“ nicht überbewerten; sie hat hier offensichtlich vor allem legitimierenden Charakter – ganz abgesehen davon, daß die nebelhafte Sphäre des „sehr Alten“ dem mittelalterlichen Blick in die Vergangenheit schon hinter den Horizonten von zwei, drei Lebensaltern beginnen konnte. Auch läßt sich nicht ausmachen, was der Begriff *universitas Frisonum ... aput Upstellesbome* tatsächlich meint: ob wir es mit Delegierten zu tun haben, die von ihren Landesgemeinden entsandt waren und für sie sprachen, und ob wirklich alle Länder aus dem Geltungsraum des friesischen Stammesrechts in der *universitas* am Upstalsboom vertreten waren oder – wohl eher – nur *terrae* aus den Gebieten beiderseits der unteren Ems. Aber wie immer es um Herkunft, Tradition und Struktur jener gesamtfriesischen Versammlungen in der Pfingstwoche bestellt gewesen sein mag: sie oder die von ihnen gewählten *iurati* werden nur vergleichsweise selten in den hochmittelalterlichen Quellen Frieslands bezeugt, für das 13. Jahrhundert nur bei Emo, zu den Jahren 1216, 1222, 1224, 1231[27], und sie haben wirksame Autorität nur vorübergehend ausstrahlen können und wohl niemals alle friesischen Länder gleichzeitig mit stärkerer Integrationskraft erfaßt und durchdrungen. Neben der – vielfach selbst eher brüchigen, immer wieder von innen, zumal von den großen Verwandtschaften – gefährdeten Rechts- und Friedenswahrung in den einzelnen Landesgemeinden haben die entsprechenden gesamtfriesischen Bemühungen nur eine relative Qualität, und wirksam waren sie wohl nur, wo und wenn die landesgemeindlichen Interessen mit ihnen übereinstimmten.

Überhaupt hat es den Anschein, als hätten jeweils regionale Interessen die *tota Frisia* zu aktivieren und zu aktualisieren gesucht. Sie zeigten sich schon in der Forderung des Beistandes der sechs „Seelande“ für das von äußeren Feinden angegriffene siebente, und sie traten deutlich zutage, als der westerlauwerssche Westergo 1323 um gesamtfriesische Hilfe gegen Graf Wilhelm III. von Holland warb. Von den Westergoer Friesen ging damals ein Vorschlag und Entwurf *ad ... reformationem constitutionum Obstallisbaem constitutarum* aus; er wollte gleich anfangs alle Friesen auf wechselseitigen Schutz verpflichten, falls irgendein weltlicher oder geistlicher Fürst sie angreife *volens nos iugo servitutis subiicere;* sie sollten dann *communi concursu et armata manu nostram libertatem* verteidigen[28]. Dies war offensichtlich längst nicht mehr – wenn denn überhaupt jemals – selbstverständlich; auch war die Verbindlichkeit und Autorität älterer *constitutiones* vom

[26] Anm. 1, 495 f.

[27] *Schmidt,* Studien (Anm. 25), 67.

[28] Hier zitiert nach *Ernst Friedlaender,* Ostfriesisches Urkundenbuch I, Emden 1878, Nr. 50. Vgl. vor allem *Meijering,* Willekeuren (Anm. 25).

Upstalsboom wohl schon seit geraumer Zeit verfallen; man fand sie jedenfalls erneuerungsbedürftig. Und nicht nur im westerlauwersschen Friesland: das Bestreben, einen gesamtfriesischen Zusammenhang wiederherzustellen und politisch funktionsfähig zu machen, ging 1323 offenbar durch das ganze friesische Rechtsgebiet – motiviert freilich weit eher von dem landesgemeindlichen Wunsch nach Rückhalt und Hilfe bei der Landfriedenswahrung als von der Solidarität mit einem von außen angegriffenen Teilbereich Frieslands. Für ein paar Jahre – nachzuweisen bis 1327 – kamen Richter und andere *nobiles* aus den oder doch etlichen friesischen Ländern am alten Versammlungsort zusammen, und die von ihnen etablierten *iudices Selandiorum Frisie* oder *iudices Selandini* konnten in der Tat ein gewisses Ansehen gewinnen: aber wieder nur vorübergehend und wohl auch zunehmend reduzierter in der räumlichen Reichweite[29].

Vom wechselseitigen Schutz der Freiheit durch ganz Friesland ist schon gar nichts zu erkennen. Im Gegenteil: als 1327 holländische Dienstleute vor Seeland nach Flandern segelnde *mercatores* aus Wangerooge aufgriffen, *quosdam Frisones*, die sie für Bundesgenossen der ihrem Grafen opponierenden Westergoer hielten, da beeilten sich die Richter des Landes Östringen, Wilhelm III. von Holland zu versichern, man sei wohl mit denen von Westergo in einer *congregatio* verbunden, welche die *comunitas terre Frisie* am Upstalsboom aufgerichtet habe – aber nur um des inneren Landfriedens willen, nicht etwa, *ut vestre magnificentie rebellemus;* vielmehr würden die Östringer, was sie sich übrigens auch vom Generalvikar des Bremer Erzbischofs, vom Bremer Domkapitel und vom Grafen von Oldenburg bescheinigen ließen, diesem Grafen und allen, die Einkünfte aus ihrem Lande hatten, solche Abgaben voll und gern bezahlen: weswegen sie dringlich baten, Wilhelm möge ihren *conterraneis* die beschlagnahmten Güter zurückgeben und freies Geleit gewähren[30]. Ergebenster Hinweis also auf willige Loyalität gegen herrschaftliche Ansprüche statt opferwilliger Solidarisierung mit den Westfriesen um der gemeinsamen Freiheit willen: wenn es um Geld und Gut und Handel ging, war man durchaus bereit, auch einmal hehre Freiheitsideale zu relativieren. Dann funktionierte zwar der Interessenschutz der Landesgemeinde für ihre Angehörigen; Verpflichtungen gegen andere friesische Länder aber wurden abgestritten – vermutlich auch gar nicht empfunden. Von außen sah die friesische Welt offensichtlich geschlossener aus, als sie in ihren inneren Verhältnissen tatsächlich war; entsprechend konnten auch noch zu einer Zeit, als der Upstalsboomverband nicht mehr existierte, unbeschadet ihrer unterschiedlichen landesgemeindlichen Herkunft Friesen für Friesen haftbar gemacht werden. So mußten sich die Harlinger-

---

29 *Schmidt,* Studien (Anm. 25), 75ff.

30 *Friedlaender* (Anm. 28), Nr. 53, 54; *Günther Möhlmann* (Hrsg.), Ostfriesisches Urkundenbuch III, Aurich 1975, Nr. 90, 91.

länder 1347 energisch von westfriesischen Übergriffen auf hamburgische Schiffe distanzieren, weil sich die Hamburger an ihnen schadlos hielten[31]. Landsmannschaftliche Loyalität blieb in die Landesgemeinden eingegrenzt; als ihre *conterranei* sahen die Friesen zunächst und vor allem ihre jeweiligen landesgemeindlichen Rechtsgenossen; primär auf die Gemeinschaft mit ihnen bezog sich ihr Wir-Gefühl.

Man könnte dies – gewissermaßen vom Upstalsboom her – als partikularistisch bewerten, müßte dazu aber dem Upstalsboom-Verband, den Versuchen einer politischen Organisation der *tota Frisia*, eine absolute, der landesgemeindlichen Selbstbehauptung moralisch überlegene Qualität zuschreiben: womit man am friesischen Selbstverständnis im hohen und späten Mittelalter vermutlich weit vorbei urteilen würde. Gewiß blinkt – im Verhältnis zur gesamtfriesischen Idee – immer wieder auch die bloße, regionale oder lokale Eigensucht durch; doch waren politische Vorstellungskraft, Urteil, auch gesamtfriesisches Bewußtsein der meisten Friesen von vornherein an örtliche Existenzvoraussetzungen und enge Erfahrungshorizonte gebunden. In der zehnten der „Siebzehn Küren" beschränkte König Karl – so wußte man im hochmittelalterlichen Friesland – die Heerfolgepflicht der Friesen nach Westen und Osten auf das Stammesgebiet zwischen Flie und Weser; südwärts brauchten sie, nach einer westerlauwersschen Textfassung, nur so weit zu ziehen, daß sie am Abend heimkommen könnten: weil sie nämlich ihr Land vor dem nordischen Heer und vor der See bewahren sollten[32]. Aus dem gleichen Grund gestand ein anderer westerlauwersscher Rechtstext dem *frya Fresa* zu, dem Aufgebot zur Heerfahrt nicht weiter folgen zu müssen als mit der Ebbe hinaus und mit der Flut zurück[33]. Übergreifende Belange – das Heeresaufgebot des Königs oder des Grafen – und Eigenbedürfnis – Schutz des eigenen Hofes und Landes – sind hier in eins geschoben; das Recht legitimierte gewissermaßen die elementare Orientierung des Allgemeinen am unmittelbaren, persönlichen Existenzinteresse des „freien Friesen". Wir haben aus dem 12. und 13. Jahrhundert Belege für die friesische Gewohnheit, von Fehdezügen rasch *ad propria* zurückzukehren und auswärtige Übernachtungen möglichst zu vermeiden, und wir werden diese Beobachtung auch auf andere Verhältnisse, etwa die Teilnahme an der Landesversammlung, übertragen dürfen: Friesen – wenn sie nicht gerade auf Handelsfahrt waren – blieben, wie andere Bauern auch, am liebsten zu Hause[34].

Zwar war die Wikingergefahr im hohen Mittelalter nicht mehr aktuell; die Notwendigkeiten der Existenzsicherung gegen das Meer und die täglichen

---

31 *Friedlaender* (Anm. 28), Nr. 62.

32 *Buma/Ebel/Tragter-Schubert,* Westerlauwerssches Recht I, 1 (Anm. 5), 140.

33 So im sog. „älteren Schulzenrecht" (Skeltarecht): ebd. 74.

34 *Schmidt,* Studien (Anm. 25), 21 mit Anm. 42.

Probleme der Wirtschaftsführung jedoch dauerten an und hielten das friesische Durchschnittsleben in einem engen Kreise der Alltagsbewältigung und damit auch der Welterfahrung fest. Gewiß gab es auch Aufbrüche zu großen Unternehmungen, Teilnahme an Kreuzzügen oder etwa an der Heerfahrt des römischen Königs Wilhelm von Holland gegen Aachen und sonstige Reisläuferei, mit Heldentaten, die dann daheim *ad gentis Frisonum gloriam* erzählt wurden; aber dergleichen Züge erfolgten nicht im Rahmen der öffentlichen Heerfolgepflicht[35]. Sie waren daher doch wohl in erster Linie Sache abkömmlicher Leute, zweiter Söhne und sonstiger Personen, denen großes Vermögen oder auch Besitzlosigkeit längere Abwesenheit von der Heimat erlaubte. Die bäuerlichen Hofstelleninhaber dagegen werden in ihrer Mehrheit, nach friesischer Sitte, daheim geblieben sein – und sie vor allem waren die Nachbarn, die Rechtsgenossen, die *liuda* im Gemeindeverband, die das Aufgebot zur Heerfahrt meinte, die Basis der Landesversammlung oder, spätmittelalterlich, *mene meente,* die am Maßstab ihrer bäuerlichen Interessen das öffentliche Wohl bemaß und das landesgemeindliche Verhalten zu orientieren suchte. Wie immer die Landesgemeinden in ihren sozialen Strukturen zwischen reichen *potentes* und kleinen Leuten differenziert sein mochten: so lange die bäuerliche Schicht ihren Charakter mitprägte und für ihre Willensbildung unentbehrlich war, so lange mußten alle Bestrebungen, die *tota Frisia* in flächenhafte politische Gestalt umzusetzen, fragmentarisch und vorläufig bleiben, weil sie auf Dauer über die bäuerlichen Möglichkeiten zu politischem Handeln, aber auch über die Bedürfnisse der Bauern weit hinausgingen[36].

Im Grunde war das „ganze Friesland“ im friesischen Selbstverständnis eine Wirklichkeit, die sich nicht erst am Upstalsboom und in der ganzen Fläche des Stammesraumes beweisen mußte. Ausgedrückt und beschworen auch in Formeln wie „Sieben Seelande“ oder „alle Friesen“, angereichert mit einer Autorität, die letzten Endes von Gott, wenigstens aber vom Freiheit stiftenden König Karl ausging, stand sie als Idee wie eine legitimierende Sonne an den jeweiligen lokalen oder landesgemeindlichen Bewußtseinshorizonten und lud die Selbstgefühle von Gemeindeverbänden, *universitates,* auf, die sich politisch durchweg in ihren kleinräumigen Zusammenhängen und Rechtsgewohnheiten genügten. Man sah sich hier weniger als Teil eines friesischen Ganzen von übergeordneter Verbindlichkeit, begriff vielmehr das Ganze in den Maßstäben, im Erscheinungsbilde der engeren regionalen, gemeindlichen Welterfahrung: Karl der Große schon im Siegel der Rüstrin-

---

35 Teilnahme an Kreuzzügen: vgl. *Ehbrecht* (Anm. 17), 135 ff. und die dort angeführte Literatur. Bericht über friesische Kreuzzugsteilnahme *ad gentis Frisonum gloriam* bei Emo (Anm. 1), 478 - 483 (1217/1218). Friesen beim Aachenzug König Wilhelms: Menkonis Chronicon, ebd. 541.

36 Spannungen zwischen einzelnen mächtigen Familien und Landesgemeinden im 13. Jahrhundert: *Schmidt,* Rechtsaufzeichnung (Anm. 20).

ger statt – wie es doch näher gelegen haben könnte, da ihm schließlich *alle* Friesen die Freiheit verdankten – in einem gesamtfriesischen Siegel. Doch friesische Freiheit wurde in der gemeindlichen Alltagswelt unmittelbar erfahren, nicht erst am Upstalsboom; dem Verständnis des Allgemeinen lag die engere Lebenswirklichkeit zugrunde. Vielleicht konnte gerade von dieser Voraussetzung her ein regionaler, landesgemeindlicher Heiliger, wie es St. Magnus im hochmittelalterlichen Harlingerland und im westergoischen Wonseradeel war, zum Freiheit erkämpfenden Anführer aller Friesen, wie ihn die friesische Magnussage überliefert, hochstilisiert werden[37]. Die Verehrung Karls des Großen jedenfalls paßte sich in der zwanglosesten Weise dem landesgemeindlichen Selbstverständnis ein. Das im Bilde Karls verkörperte, versinnbildlichte Allgemeine, die Freiheit *aller* Friesen, bestätigte sich in den Erfahrungen landesgemeindlicher Selbstbehauptung, wurde in den Kategorien landesgemeindlicher Identität mitgedacht. Die Bauern des Landes Wursten östlich der Wesermündung, die sich noch im 16. Jahrhundert in alkoholisch dynamisierter Stimmung als *Wy eddelen fryen Fresen* besangen und dem Kaiser Karl als dem Stifter ihrer Freiheit gemütsbewegt, *van harten,* huldigten: diese Leute, die dabei vermutlich an den Erzbischof Christoph von Bremen dachten, den Feind ihrer landesgemeindlichen Autonomie, gegen den sie sich mit Beschwörungen ihrer Freiheitsidee und -tradition Mut machten: sie interpretierten einen allgemeinen Begriff von Friesland und friesischer Freiheit in ihr Land Wursten, ihre kleinräumige Selbstbestimmung an der Weser hinein[38]. Die gemeinfriesische Freiheitsidee blieb auch hier unlösbar auf die engere Landesgemeinde bezogen; sie bedurfte nicht der Fläche des gesamten friesischen Stammesgebietes, um räumlich erfahren zu werden.

Freilich war das Land Wursten im frühen 16. Jahrhundert – und nur noch bis 1525 – ein schon ziemlich isoliertes Überbleibsel der einst, während des hohen Mittelalters, durch ganz Friesland in Landesgemeinden gegliederten Welt der friesischen Freiheit. Als die Wurster Friesen noch ihren kollektiven Adel feierten, bestimmte weitgehend bereits der Fürstenstaat die territorialen Strukturen im friesischen Küstengebiet, und die Vorstellung von einer politischen Gemeinsamkeit der „sieben Seelande“ oder einer *communitas omnium terrarum Frisie* hatte längst ihre politische Aktualität verloren. Der Versuch, dies politisch zu realisieren, setzte das ungestörte Nebeneinander von mehr oder weniger gleichartig strukturierten Landesgemeinden voraus – eine Situation, wie sie in der ersten Hälfte des 14. Jahrhunderts noch halb-

---

[37] Vgl. *P. N. Noomen,* St. Magnus van Hollum en Celdui van Esens. Bijdrage tot de chronologie van de Magnustraditie, in: De Vrije Vries 69 (1989), 7 - 32, besonders 22 ff.

[38] *Carl Borchling,* Die niederdeutschen Rechtsquellen Ostfrieslands, Aurich 1908 (Quellen zur Geschichte Ostfrieslands 1), 224. Zur Situation des Landes Wursten im ersten Viertel des 16. Jahrhunderts *Erich von Lehe,* Geschichte des Landes Wursten, Bremerhaven 1973, 227 ff.

wegs gegeben war: 1323 etwa, als die westerlauwersschen Friesen auf gesamtfriesische Hilfe gegen Holland hofften. Immerhin hatte sich damals für ein paar Jahre der Upstalsboomverband erneuern können und dies sogar mit einem eigenen *Sigillum totius Frisiae* zum Ausdruck gebracht: Hoffnungszeichen für eine dauerhaftere politische Konsistenz und Wirksamkeit des „ganzen Friesland"[39]. Das Siegel wurde wenig später noch einmal benutzt, als 1338 *judices, consules et communitates omnium terrarum Frisie* den französischen König Philipp VI. ihres Beistandes gegen den Grafen von Geldern versicherten – nachdem der Abt des westerlauwersschen Zisterzienserklosters Klaarkamp diese gesamtfriesische Willensbekundung vermittelt und organisiert hatte[40]. Überhaupt dürfte der Anteil der Äbte und Klöster an der Tradition des „ganzen Friesland" und den Versuchen seiner politischen Konkretisierung – schon über die Beziehungen innerhalb der Orden – bis weit in das 14. Jahrhundert hinein groß gewesen sein. Doch interpretierte sich die *tota Frisia* auch für sie vor allem von den engeren, regionalen Interessen her.

Noch einmal hat dann 1361 die Stadt Groningen die gesamtfriesische *confederacio* kurz aktualisieren können, mit ausdrücklichem Bezug auf deren einst *in Upstallingisbame* aufgestellten Gesetze und mit der Beteiligung friesischer Länder vom Westergo bis zum ostfriesischen *Brocmania*[41]. Man fand sich auch jetzt wieder, nach der Bündnisurkunde, zusammen *pro utilitate Frisonice libertatis;* doch ging es für Groningen vor allem darum, friesische Traditionen und Interessen für die Sicherung und den Ausbau der eigenen politischen Position nutzbar zu machen. Die Stadt – den ihr nahegelegenen Landesgemeinden als wirtschaftliches Zentrum, strukturell und politisch überlegen – instrumentalisierte die Idee der friesischen Freiheit für ihren Vorteil, was friesischen Gewohnheiten an sich nicht widersprach; aber indem sie sich selbst zum Mittelpunkt des erneuerten Bundes zu machen suchte, handelte sie gegen das überkommene, die Eigenständigkeit der *terrae* voraussetzende Verständnis friesischen Zusammenwirkens. Ein kontinuierliches Machtzentrum mit Abhängigkeit schaffender Dauerautorität und die auf gleichwertige Länder bezogene, sie bestätigende *tota Frisia* paßten nicht zueinander. Die Einung von 1361 hatte nur vorübergehenden Bestand; zumal für die entfernter gelegenen Länder dürfte sie kaum über das erste Zustandekommen hinausgediehen sein. Doch die Wirkung Groningens auf die ihm nähere friesische Region hielt an. Die Politik der Stadt entwickelte sich in der Folgezeit durchaus nicht immer geradlinig; sie war den Schwankungen ausgesetzt, welche die Parteikämpfe zwischen „Schierin-

39 *Georg Sello,* Upstalsboom (Anm. 25), bes. 57 ff.

40 *P. J. Blok,* Oorkonden betrekkelijk Friesland en zijne verhouding tot Frankrijk in de 13e en 14e eeuw, in: De vrije Fries 19 (1898), 319.

41 *P. J. Blok* u. a., Oorkondenboek van Groningen en Drente, I, Groningen 1896, Nr. 509.

gern" und „Vetkopern" mit sich brachten und mußte auf Machtverschiebungen im weiteren niederländisch-ostfriesischen Umfeld Rücksicht nehmen. Auch gab es in den ihr unmittelbar benachbarten friesischen Ländern Kräfte landesgemeindlicher Traditionswahrung, die sich dem zunehmenden Einfluß Groningens sperrten. Aber die wirtschaftliche, politische, auch kulturelle Integrationskraft der mächtigen Stadt war ihnen auf die Dauer überlegen. Sie überlagerte und verdrängte, was im 15. Jahrhundert in ihrem friesischen Umland noch an friesischen Bewußtseinswerten lebendig war, und sie mußte das „ganze Friesland" der Landesgemeinden schließlich aushöhlen und verkürzen, indem sie die Region zwischen Lauwers und Ems mehr und mehr an sich zog und hier aus friesischen Ländern Groninger *Ommelande* machte[42].

In ähnlicher Weise veränderte östlich der Ems der Aufstieg friesischer Häuptlingsfamilien zu dynastischer Landesherrschaft die politischen Orientierungswerte. Häuptlinge beherrschten das strukturelle Bild Frieslands seit der Mitte des 14. Jahrhunderts – zunächst freilich nur als örtliche Machthaber ohne größere regionale Reichweite ihrer Autorität und nicht einmal überall in schroffer Abgrenzung zu den landesgemeindlichen Verhältnissen im hohen Mittelalter[43]. Auch in den friesischen Gemeinden, den *universitates* des 13. Jahrhunderts, lag die tatsächliche Macht vielfach in den Händen einzelner, durch Besitz herausragender Familien: sei es, daß das Wahrnehmen der öffentlichen Funktionen, der Aufgaben des Richters bzw. *Redjeven* – auch beim jährlichen Ämterwechsel – auf sie und ihren sozialen Kreis beschränkt blieb, sei es auch, daß weniger vermögende Nachbarn es für ratsam hielten, sich grundsätzlich an ihnen und ihren Entscheidungen zu orientieren. Meist führten sie – und nicht selten im Zusammenwirken mit den Äbten der im jeweiligen Lande gelegenen Klöster – das Wort in den Landesgemeinden; aber sie konnten sich auch – im Vertrauen auf ihre materiellen Möglichkeiten, ihre festen Häuser und ihren Anhang – mit ihren

---

42 Zusammenfassende Darstellung der spätmittelalterlichen Entwicklung zwischen Ems und Lauwers bei *W. J. Formsma,* De middeleeuwse vrijheid, in: *W. J. Formsma* u. a., Historie van Groningen. Stad en Land, Groningen 1976, 77 - 106.

43 Noch immer wichtig für das Verständnis der Entstehung des Häuptlingswesens in Friesland: *I. H. Gosses,* De Friesche hoofdeling, in: Mededeelingen der Koninklijke Akademie van Wetenschappen. Afdeeling letterkunde. Dl. 76, Serie B Nr. 3, Amsterdam 1933, 49 - 122. Auch in: *I. H. Gosses,* Verspreide geschriften, Groningen/Batavia 1946, 402 - 450. Vgl. ferner *Harm Wiemann,* Studien zur Entstehung der Häuptlingsherrschaft, in: Jahrbuch der Gesellschaft für bildende Kunst und vaterländische Altertümer zu Emden 42 (1962), 16 - 74; *N. E. Algra,* De Oostfriese hoofdeling, in: Tijdschrift voor Rechtsgeschiedenis 32 (1964), 193 - 244. Informative Zusammenfassungen der älteren Diskussion über das Häuptlingswesen bei *Hajo van Lengen,* Emsigerland (Anm. 14), 273 ff. und *Almuth Salomon,* Harlingerland (Anm. 22), 126 ff. Vgl. bei *van Lengen,* 134 ff. und bei *Salomon,* 65 ff. über die Häuptlinge in den von ihnen jeweils untersuchten Gebieten. Für das östliche Friesland ferner: *Hajo van Lengen,* Zur Entstehung und Entwicklung der Häuptlingsherrschaft im östlichen Friesland, in: Oldenburger Jahrbuch 84 (1984), 25 - 50; *Albrecht Graf Finck von Finckenstein* (Anm. 22), bes. 82 ff.

Ansprüchen, ihren Interessen und ihrer kriegerischen Mentalität gegen die Landesgemeinden stellen und deren prinzipiell genossenschaftliches Ordnungsgefüge gefährden. Bis in den Anfang des 14. Jahrhunderts wußten sich die Landesgemeinden – hier kräftiger, dort mühsamer – durchweg gegen die Willkür einzelner Mächtiger zu behaupten und die meisten *divites et potentes* einzubinden; doch als dann die langanhaltende hochmittelalterliche Konjunktur auch in Friesland ausgelaufen, die wirtschaftliche Selbstbehauptung für viele Bauern schwieriger geworden und ihr Streben nach politischer Selbstbestätigung im Gemeindeverband entsprechend abgeflaut war, da gewann die Konzentration öffentlicher Gewalt bei den örtlich herausragenden Familien und in ihren Häusern institutionellen Charakter. Die lokale Gerichtsbarkeit, Friedenswahrung und Heerführung wurden nun zu ihrem dauernden, vererblichen, dynastischen Besitz, und während die Amtsbezeichnungen aus der älteren, genossenschaftlich gemeinten Verfassung der öffentlichen Dinge – *Redjeven, consules* – aus den Aufzeichnungen verschwanden, kam der Begriff des „Häuptlings" in allgemeine Übung und Anerkennung: als eine Würde, zu der man geboren wurde und mit der sich schon bald ein Bewußtsein adlig-herrschaftlicher Absonderung von der bäuerlichen Schicht verband[44].

Diese Entwicklung vollzog sich in vielen Dörfern vor allem der Marschgebiete und der Geestränder. Sie minderte naturgemäß auch die Bedeutung der bäuerlich geprägten Landesgemeinden herab und machte die öffentlichen Angelegenheiten der Länder zur Sache ihrer Häuptlingsschicht. Die alten Landeszusammenhänge mußten darüber nicht zerreißen; aber ihre politische Bedeutung verblaßte, wo Häuptlingsambitionen über sie hinausdrängten. In Teilen des östlichen Friesland gelang es bestimmten Familien – manchmal im Einverständnis mit den betroffenen Gemeinden –, die einst von *Redjeven* oder Richtern kollegial wahrgenommenen Funktionen landesgemeindlicher Gewalt und Interessenvertretung an sich zu ziehen und zu ihrem Herrschaftsbesitz zu machen: Anfänge dynastischer Landesherrschaft. Das eindrucksvollste Beispiel dafür bietet in der zweiten Hälfte des 14. und am Beginn des 15. Jahrhunderts die aus dem Norderland stammende Familie tom Brok, deren Häupter als Landeshäuptlinge im Brokmerland und Auricherland ihre regionale Ausgangsbasis gewinnen, aber auch im Emsigerland lokale Herrschaftsrechte an sich bringen konnten und ihre expansive Macht- und Herrschaftsbereicherung unentwegt weiter voran- und in andere Landesgemeinden hineintrieben, schließlich auch, nach dem Gewinn Emdens (1413), in die Gebiete des westeremsischen Friesland[45]. Mit ihrer dynamischen Politik führen die tom Brok zugleich vor Augen, wie weit

---

[44] *Heinrich Schmidt,* Adel und Bauern im friesischen Mittelalter, in: Niedersächsisches Jahrbuch für Landesgeschichte 45 (1973), 45 - 95, hier 69ff.

[45] *Hajo van Lengen,* Emsigerland (Anm. 14), 34ff.; *Heinrich Schmidt,* Politische Geschichte Ostfrieslands, Leer 1975, 70ff.

– jedenfalls in einigen Häuptlingsfamilien – die Maßstäbe von Größe und Ehre des eigenen Hauses die alten, tradierten, innerhalb von Ländergrenzen festgehaltenen Orientierungswerte politischen Verhaltens überwachsen konnten. Die alten Landesgemeinden – zumal in ihrer bäuerlichen Struktur – waren grundsätzlich defensiven Charakters; Häuptlinge wie die tom Brok aber agierten offensiv, ohne Bindung an landesgemeindliche Überlieferungen, und suchten ihre Bestätigung in der Anreicherung von Einkünften, Herrschaftstiteln und räumlich meßbarer Macht.

Daß sie darüber in scharfe, oft blutige Konkurrenz zu anderen, ähnlich ambitionierten Familien gerieten, liegt auf der Hand; daß sie zudem ein freiheitsbezogenes friesisches Identitätsbewußtsein provozierten, zeigte sich im frühen 15. Jahrhundert. Schon 1404 oder 1405 waren vermutlich die tom Brok gemeint, als man im westerlauwersschen Friesland über Tyrannen klagte, die schon bestimmte Friesen ihrer Freiheit beraubt hätten[46]. Ausdrücklich ihnen galt der böse Vorwurf, den eine zwischen 1415 und 1417 neu bearbeitete Aufzählung der „sieben Seelande" formuliert, als sie das sechste Seeland beschreibt, mit dem *Eemderland,* dem Brokmerland, Auricherland, Östringen, Harlingerland, dem alten Norderland: dieses *edel zeland* sei unter dem Junker Keno von Brokmerland (= tom Brok); er habe – ein Nachfolger seines Vaters und Bruders *in boesheed ende mei quaedheed* – das Land bezwungen und arm gemacht und sich als *boes in alle tinghum* erwiesen[47]. Zuvor hatte der westlich der Lauwers entstandene Text vom zweiten und dritten der Seelande – die Länder des westerlauwersschen Friesland umfassend – gerühmt, sie seien frei und würden keinen Herrn anerkennen außer dem *Keyser des Roemschen rikes*[48]. Daß auch hier eine Oberschicht von lokal Mächtigen die öffentlichen Angelegenheiten beherrschte, tat dabei nichts zur Sache; erst dort trat das negative Gegenbild der Freiheit zutage, wo nur *ein* Mächtiger oder seine Familie ein ganzes *zeland* mit seinen Ländern und auch Länder in anderen Seelanden *bituong* und als *landishera* beherrschte: da waren die alten, landesgemeindlichen Ordnungen der Freiheit durch böse Tyrannei zerstört.

Diese Vorstellung – dynastische Landesherrschaft als Feind der Freiheit –, die sich westlich der Lauwers vor allem in der Abwehr der von außen kommenden Grafen von Holland verfestigt hat, aber nun auch böse Bestätigung durch den von östlich der Ems herüberdrohenden Machtaufstieg einzelner friesischer Häuptlingsgeschlechter empfing, blieb zwischen Staveren und der Lauwers das ganze 15. Jahrhundert hindurch eine das Bewußtsein bestimmende Kraft. Um die Jahrhundertmitte und danach bildeten sich allerdings auch hier lokale Häuptlingsherrschaften stärker aus, und viel-

---

46 *Vries* (Anm. 8), 33.

47 Zitiert nach *Reimers,* Vorlage (Anm. 15), 104.

48 Ebd. 102 f.

leicht stammt schon aus dieser Zeit ein die Vergangenheit verklärender Rückblick, den Peter von Thabor später überliefert[49]. Danach gab es in Friesland einst eine Periode des Friedens, in der *elck man op syn eyghen sath; doe worde dat meene volc ryck, ende was vele golts ende sulvers int lant.* Ungestörtes bäuerliches Eigentum, Friede also, und allgemeiner Reichtum als einander bedingende Elemente; und der Text schwärmt weiter: *Doe tymmerde elc bynae een casteel of stins ..., soe dat al Vrieslant oest ende west was vol stinzen.* Die steinerne Burg als Ausdruck bäuerlichen Reichtums und bäuerlicher Ehre: offensichtlich wurden hier die Möglichkeiten einer vielleicht noch großbäuerlichen, jedenfalls zur sozialen Oberschicht zählenden Minderheit verallgemeinert und wurde die allgemeine Freiheit an ihren spezifischen Wohlstandsmaßstäben gemessen. Daß unser Text tatsächlich Bauern meint, *dat meene volc,* wird ganz deutlich, wenn er klagend fortfährt, nach jener Reichtumszeit hätten Kriege viele Steinhäuser – *stenzen* – niedergeworfen, zumal in Ostfriesland. Dort hätte solange *buer* gegen *buer* gestritten, daß schließlich das Land in der Häuptlinge Hände geraten sei. Anschließend hätten sich dann die Häuptlinge gegenseitig in den Grund *verdorven;* daraufhin sei am Ende alles in *Joncker Ulryks* – Ulrich Cirksenas – *macht* gekommen. Auch andere Junker hatten Anteil am Verderb Ostfrieslands; von Focko (Ukena) meint unser Text zu wissen, er habe *LXXX stinzen* niedergeworfen, wovon er *een slot weder van tymmerde.*

Die gegensätzlichen Bilder von Schloß und *Stins* stehen für den Gegensatz von übermächtiger, landesherrlicher Tyrannei und alter Freiheit, wie sie auch eine landesgemeindliche Oberschicht noch zu repräsentieren beanspruchte: vor der tom Brok'schen Herrschaftsexpansion war man in Friesland gewohnt gewesen, ihn in der Spannung zwischen Friesen und Nichtfriesen zu begreifen. Als sich im Frühjahr 1415 das damals von Schieringern regierte Groningen mit dem Fivelgo und Teilen des Hunsingo gegen Keno tom Brok verbündete, versicherte man sich, einander *vry ende Vreesch* – zum Schutz einer auf Freiheit beruhenden friesischen Identität also – beizustehen *teghens Kenen van den Broke ende theghens alle Duetschen heren:* als personifiziere der Friese Keno mit seinem Streben nach Landesherrschaft auch westlich der Ems eine an sich unfriesische, von der friesischen Erfahrung *Duetschen heren* zugeschriebene Eigenschaft[50]. Es hat den Anschein, daß andererseits auch die tom Brok sich friesische Traditionen legitimierend nutzbar zu machen suchten: so Kenos Vater Ocko I., der mit seinem Siegel auf das angebliche, aus dem 13. Jahrhundert stammende Privileg Karls des Großen für die Friesen anspielte, so dann erst recht sein Sohn Ocko II., der den Wind eines stärker aufsteigenden friesischen Identitätsbe-

---

[49] *Peter Jacobsz van Thabor,* Historie van Vriesland, Leeuwarden 1973 (Nachdruck der Ausgabe von 1824 - 1827), 4 f.

[50] *Friedlaender* (Anm. 28), Nr. 245.

wußtseins, den ihm zunächst die westeremsischen Schieringer entgegen bliesen, in seine eigenen Segel zu lenken sich bemühte[51]. So nötigte er den Häuptling Sibet von Rüstringen in einem Vertrag vom Oktober 1420 unter anderem zu der Formulierung, man wolle beiderseits *unse Vreske palen unde vrydom,* das friesische Gebiet und die friesische Freiheit, gegen aller *Dudeschen heren ofte steden overmacht unde ghewalt* verteidigen, und zwar *also wyd unde lanck alsse Vreslant strecket*[52]. Ocko hatte eine klare Vorstellung davon, wie weit sich Friesland erstreckte: eben 1420 hatte der Sieg holländischer Truppen bei Sloten, nahe dem Ijsselmeer, die Ausdehnung seiner Macht auch über die westerlauwersschen Gebiete gestoppt[53]. Durchaus möglich, daß er auch bei seinen Verhandlungen mit dem – von ihm besiegten – Sibet von Rüstringen seine gesamtfriesische Herrschaftsexpansion noch im Sinn hatte; jedenfalls reflektiert die zitierte Formulierung in Sibets Urkunde eine in jenen Jahren neu aufkommende Aktualität des „ganzen Friesland“. Vielleicht hat gerade auch die raumgreifende Machtentfaltung der tom Brok zu seiner Wiederbelebung in den Gedanken beigetragen. Wie sehr sie – auch in den Reaktionen ihrer Gegner – die innerfriesischen Horizonte zu öffnen vermochte, demonstriert der Friede, den Ocko und Sibet, Groningen und die Länder zwischen Ems und Lauwers sowie die westerlauwersschen Länder am 1. Februar 1422 miteinander schlossen: *om nutticheit, eendrachticheit ende salicheit des ghemenen Frieslands* willen, was in einer Anschlußurkunde zahlreicher Häuptlinge vom gleichen Tag ergänzt wird: *van der Zuidersee wente tho der Wesser*[54].

Die Politik, die hier den gesamtfriesischen Raum befrieden sollte, war eine Sache der Häuptlinge; wie deutlich das Bild des „ganzen Friesland“ zwischen Zuidersee und Weser den Menschen in der bäuerlichen Sphäre im Bewußtsein stand, läßt sich nicht ausmachen. Doch auch hier gewannen die Vorstellungen von friesischer Freiheit im früheren 15. Jahrhundert wieder an Schärfe. Wenn Ocko tom Brok von *unse Vreske ... vrydom* sprach, meinte er Ausbau oder wenigstens Behauptung seiner Herrschaftspositionen, die er mit einer wieder aufkommenden Idee friesisch legitimieren wollte. Wenn die Schieringer westlich der Ems der tom Brok'schen Herrschaftsexpansion entgegen die alte Freiheit beschworen, dachten sie offensichtlich vor allem an landesgemeindliche Autonomie als den besten Schutz ihrer eigenen, ört-

---

51 *Schmidt,* Geschichte (Anm. 45), 75 f.

52 *Friedlaender* (Anm. 28), Nr. 280. Der propagandistisch-phrasenhafte Charakter von Ockos und Sibets Rede von „friesischer Freiheit“ tritt noch deutlicher hervor, wenn man bedenkt, daß Ocko – anscheinend seit 1420 – mit Ingeborg, Tochter des Grafen Moritz von Oldenburg verheiratet und also Schwiegersohn eines jener *dudeschen heren* war, gegen die er Friesland verteidigen wollte. 1426 bemühte sich Ocko selbst darum, von König Siegmund in den Grafenstand erhoben zu werden: *Vries* (Anm. 8), 60 f.

53 *Van Lengen* (Anm. 14), 74 f.

54 *Friedlaender* (Anm. 28), Nr. 301, 302.

lichen Machtpositionen vor einer sie beschneidenden Landesherrschaft. Als die Bauern im östlichen Friesland – angefangen, allem Anschein nach, an der Weser, in Butjadingen und Stadland – wieder nach ihrer alten Freiheit riefen, ging es ihnen um den Schutz ihrer Eigentumsrechte, ihrer Selbstbestimmung gegen bisher ungewohnte, überzogen scheinende Häuptlingsansprüche auf bäuerliche Dienstleistungen und Abgaben[55]. Die bewaffnete Auseinandersetzung der – 1419 von der Stadt Bremen unterstützten – bäuerlichen Gemeinden Butjadingens mit ihren Häuptlingen brach 1418 aus, als die Häuptlinge den Bauern eine schwere Steuer auferlegten, die sie kurzfristig zahlen sollten, als ob *se egen weren*. Der Zorn darüber stachelte das bäuerliche Selbstgefühl auf: *se weren also vrig also de hovetlude ...*[56] – und dieses Bewußtsein, daß der Bauer, *de mene husing*, den Häuptlingen an Freiheit nicht nachstehe, aktualisierte sich in der Folgezeit im ganzen östlichen Friesland. Vermutlich haben auch Verbesserungen der wirtschaftlichen Situation in den viehwirtschaftlich bestimmten Regionen des Küstengebietes seit dem späteren 14. Jahrhundert das bäuerliche Selbstwertempfinden und damit die Sensibilität gegen herrschaftliche Forderungen gesteigert.

Der Häuptling von Leer, Focko Ukena, konnte sich die bäuerliche Freiheitsbewegung in seinem 1427 erfolgreichen Konkurrenzkampf gegen das Haus tom Brok zunutze machen, geriet dann aber 1430 selbst in ihren Strudel[57]. Eine kleine Gruppe von Häuptlingen, vor allem des Emsigerlandes, an der Spitze die Cirksena, bog sich auch jetzt geschickt in die herrschende Stimmung ein und schloß im Herbst 1430 mit einigen sich reaktivierenden ostfriesischen Landesgemeinden ein – später gern als „Freiheitsbund“ bezeichnetes – Bündnis. Seine Ziele wurden von der bäuerlichen Bewegung gesetzt; man versprach sich, einander *fry, Freesch* beizustehen und zu beschirmen *unse overolderen vaders recht, van koninck Carolo beschreven recht, und by der gemene Fresen lantrecht und frydome tho ewigen tyden tho blivende ... und nhu lenger gene egendoeme* – keine Hörigkeit – *tho lidende*[58]. Die Freiheit kennzeichnete den Friesen; die Adjektive „frei“ und „friesisch“ ergänzten einander, waren geradezu austauschbar. Als *gemene Fresen* verstanden sich die Eigentümer bäuerlicher Hofstellen, die Bauern oder „Hausleute“: *ihre* Freiheit machte recht eigentlich die friesische Freiheit aus, in welche die Häuptlinge nun wieder zurückzuholen waren; sie sollten sich richten *nha alle mene Friesen settinge und wille*. Eine anstelle des Häuptlingsgebotes erneuerte Gemeindeautorität tat sich hier kund. Indem sie sich auf „alle gemeinen Friesen“ bezog, beschwor sie die legiti-

55 *Schmidt,* Adel (Anm. 44), 74ff.

56 Die Bremer Chronik von Rinesberch, Schene und Hemeling (Die Chroniken der deutschen Städte vom 14. bis ins 16. Jahrhundert, 37), Bremen 1968, 213 f.

57 *Van Lengen* (Anm. 14), 78ff.

58 *Friedlaender* (Anm. 28), Nr. 390.

mierende Kraft des gesamtfriesischen Rechtszusammenhanges, dem Karl der Große einst mit der Freiheit die besondere, eben friesische Identität gegeben hatte; entsprechend taucht denn auch die rechtfertigende Gestalt des *koninck Carol* im Bewußtsein der ihr altes Recht – *unse overolderen vaders recht* – einfordernden Bauern auf.

Doch friesische Gemeinsamkeit, wie sie die Formel *alle mene Friesen* meint, wurde auch jetzt vor allem dort erfahrbar, wo der Teil für das Ganze stand, in der örtlichen und der regionalen Gemeindeversammlung, der *mene meente:* der wieder aktuell gewordenen Landesgemeinde. Die Freiheitsbewegung hatte 1419 das Häuptlingswesen in der friesischen Wesermarsch beseitigt und bedrohte 1430 im ganzen östlichen Friesland zwischen Weser und Ems die Häuptlingsherrschaften. Daß sie die alten Landesgemeinden wieder reaktivierte, lag in ihrer Konsequenz: bäuerliche Freiheit war auf landesgemeindliche Autonomie angewiesen, wenn sie sich politisch behaupten wollte. Gleichzeitig stieg die Sonne des „ganzen Friesland" wieder am bäuerlichen Bewußtseinshorizont auf. Der „Freiheitsbund" von 1430 suchte in seiner Bündnisurkunde *allen erbaren guiden luiden und allen ummelanden ihn menen Vrislande* mitzuteilen, daß sich bestimmte, namentlich genannte Landesgemeinden mit bestimmten, namentlich genannten Häuptlingen *und mit anderen lande van Staveren bet over de Jade* vereinigt hätten; er stellte sich also als gesamtfriesische Veranstaltung dar[59]. Tatsächlich umfaßten die namentlich aufgeführten *mene meenten* nur einen Teil des ostfriesischen Gebietes, und daß sie Verbindungen bis in das westerlauwerssche Friesland hergestellt und gar von dort Bündniszusagen erhalten hätten, läßt sich nicht nachweisen. Im Jahr 1430 war Focko Ukena, gegen den sich die Freiheitsbewegung dieses Jahres vor allem richtete, westlich der Lauwers kein irgendwie bedrängendes, Aktivitäten forderndes Problem – und offensichtlich hatte sich das gesamtfriesische Interesse, das die ausgreifenden Herrschaftsambitionen der tom Brok wenigstens im Bewußtsein von Häuptlingen vorübergehend geweckt hatten, nach dem Niedergang der tom Brok'schen Macht bald wieder hinter engeren, regional reduzierten Interessenhorizonten verloren. Die bäuerlichen Interessenräume lagen ohnehin dicht um den eigenen Hof, im eigenen Dorf, Kirchspiel, Gemeindeverband – gerade auch, wenn es um die von Häuptlingsmacht eingeschränkte Freiheit „aller Friesen" ging. Ob es gesamtfriesische Initiativen der ostfriesischen Freiheitsbewegung von 1430 gab, muß dahinstehen; ihr Hinweis auf die *lande van Staveren bet over de Jade* läßt sich weit eher in einem ideellen Sinne interpretieren. Er entspricht der ebenfalls abstrakten Formel *alle mene Friesen* und der Beschwörung des freiheitstiftenden *koninck Carol;* mit ihm zog man die Idee des „ganzen Friesland", diesen Goldgrund der Freiheit, ihre überhöhende, rechtfertigende, sakralisierende Kraft in die

---

59 Ebd.

räumlich ja durchaus begrenzten eigenen Absichten und Taten hinein. Noch immer war die landesgemeindliche Freiheitsvorstellung mit der ideellen Autorität des „ganzen Friesland" verbunden: weswegen sich die verbündeten Landesgemeinden 1434 denn auch und ungeachtet ihrer tatsächlichen Zahl als die *zeven lande ynne Ostvreeslande* bezeichnen und anreden ließen – auf solche Weise das Bild, die Tradition, das ideale Verhaltensmuster der „sieben Seelande" zu ihrer Legitimation vergegenwärtigend[60].

Zugleich freilich deutete sich hier, im ausdrücklichen Bezug der Siebenzahl auf *Ost*friesland, eine gewisse Unsicherheit im Verhältnis zur *tota Frisia* an: als beginne diese Idee ihre alte Selbstverständlichkeit zu verlieren. Das Bewußtsein – wir sind im mittleren 15. Jahrhundert – löste sie gewissermaßen von ihrem gesamtfriesischen Goldgrund ab, suchte sie mit konkreter Raumwirklichkeit zu füllen und hielt sich dabei, notwendigerweise, an seinen ostfriesischen Erfahrungsraum. Vermutlich spielte zu dieser Zeit die Auffassung von Ostfriesland als dem östlichen Teilbereich eines gesamtfriesischen Stammes- und Siedlungsraumes für das Verständnis des Begriffs keine große Rolle mehr[61]. Er wurde eigenständig; man hatte kaum noch die größere Raumeinheit Friesland im Sinn, wenn man von Ost-Friesland sprach – oder: man dachte sie in ostfriesischen Horizonten. Entsprechend wurde es im spätmittelalterlichen Westen des Stammesgebietes selbstverständlicher, den Namen Friesland nur auf den Raum zwischen Ijsselmeer und Lauwers zu beziehen, so zum Beispiel, als sich die Lande und Städte von Ostergo, Westergo und Zevenwouden 1456 zu einem gemeinsamen Landfrieden bis Allerheiligen 1457 und *vry ende Friesch ... teegens alle landtsheeren* vereinigten: da ging es auch ihnen um *vrede ende beschermenisse der ghemene Friesen;* doch wenn sie *onse landen van Vrieslandt* oder etwa den Rat *des ghemenen landes van Vrieslandt* erwähnten, dann meinten sie eindeutig nur ihren westerlauwersschen Bereich[62]. Solche Regionalisierung des Friesland-Begriffes ist der grundsätzlichen mittelalterlichen Möglichkeit gemäß, das Ganze im je eigenen Teilraum zu begreifen; doch spiegelt sich in ihr zugleich die stärkere Profilierung eines größeren regionalen Gebildes, eben Frieslands zwischen Zuidersee und Lauwers, dessen zunehmende Einheit die frühere Selbständigkeit der von ihm zusammengefaßten kleineren *lande* relativierte.

---

[60] *Friedlaender* (Anm. 28), Nr. 210, 212. Vgl. *van Lengen* (Anm. 14), 96.

[61] *Hajo van Lengen,* Zur Geschichte des Namens „Ostfriesland" im Mittelalter, in: Jahrbuch der Gesellschaft für bildende Kunst und vaterländische Altertümer zu Emden 42 (1962), 1 - 15; *Schmidt,* Geschichte (Anm. 45), 149 f.

[62] Hier zitiert nach *Worp Tyaerda van Rinsumageest,* Vierde boek der kronijken van Friesland, Leeuwarden 1850, 93 ff. Zum politischen Hintergrund: *A. G. Jongkees,* Bourgondië en de Friese Vrijheid, in: De Vrije Fries 40 (1953), 63 - 78; *Vries* (Anm. 8), 72 ff. – Zusammenkünfte von Amtsträgern – *grietmannen en mederechters* – aus Ostergo und Westergo seit 1348: ebd. 19.

Und wie dort, so in Ostfriesland. Je selbstverständlicher von ihm als einem politischen Raum – noch nicht: Territorium – gesprochen wurde, um so mehr verblaßte hier die Idee des „ganzen Friesland“ im allgemeineren Bewußtsein, und es paßt dazu, daß die ostfriesischen Landesgemeinden schon nach wenigen Jahren ihrer Reaktivierung wieder in die Anerkennung von Häuptlingsherrschaft zurücksanken[63]. Dabei ist die Tendenz zur größeren politischen Raumeinheit – in Wechselbeziehung zum Entgleiten gesamtfriesischer Traditionen und Vorstellungen – unverkennbar. Sie ging wiederum, wie bei den tom Brok, von dem – jetzt freilich stärker kontrollierten – Machtehrgeiz und der sich in eine landesherrliche Sphäre abhebenden Mentalität einer Häuptlingsfamilie aus. Das Haus der Cirksena stieg auf, festigte im behutsamen Umgang mit bäuerlichen Empfindlichkeiten seine landesherrliche Autorität über die meisten Länder des östlichen Friesland, relativierte deren Bedeutung für das Zugehörigkeitsbewußtsein ihrer Bewohner, wurde zum Bezugspunkt neuer Loyalitäten und zum integrierenden Zentrum einer sich jetzt, seit dem mittleren 15. Jahrhundert und über Generationen hin, allmählich ausbildenden ostfriesischen Regionalidentität[64]. Noch bemühten die 1464 zu Grafen „in Ostfriesland“ erhobenen Cirksena auch in den Jahrzehnten um 1500 – vor allem, um ihre Ambitionen auf Jever propagandistisch zu verklären – schöne Redensarten darüber, daß *wy Fresen Fresen* und fremde Herren und Fürsten *buten Freslandt* bleiben sollten[65]; aber wenn Graf Edzard I. den Bauern von Mederns im Wangerlande 1497 vorstellte, er begehre nichts anderes, als *dat dese gemeine Freslande in eren vulmogende by einander mogen bliven,* dann ging es ihm dabei nur um das im weitesten Sinne ostfriesische Friesland, nicht etwa um das ganze friesische Stammesgebiet[66]. Würden *duetsche heren* Jever erobern – so suchte er den Wangerländern zu suggerieren – dann wären sie für *ewich* verdorben: Aktualisierung eines alten Feind- und Angstbildes der Friesen, das die „deutschen Herren“ als Todfeinde der Freiheit darstellte. Von friesischer Freiheit findet sich allerdings in Edzards den *kespelluden und inwoneren* von Mederns gesandtem Schreiben kein Wort: sei es, daß der Graf bewußt vermied, sie zu beschwören, sei es, daß sie als bäuerlicher Bewußtseinswert im Jeverlande um 1500 tatsächlich schon erloschen war.

In der bäuerlichen Bevölkerung des westerlauwersschen Friesland, wo die Wurzeln von Landesherrschaft nicht so weit zurückreichten wie östlich der Ems, erwies sich die friesische Freiheit im ersten Drittel des 16. Jahrhunderts durchaus noch als zündende Parole gegen landesherrliche – wettini-

---

[63] *Schmidt,* Adel (Anm. 44), 84 f.

[64] *Van Lengen,* Emsigerland (Anm. 14), 110ff.; *Schmidt,* Geschichte (Anm. 45), 98ff.

[65] Vgl. z. B. *Rüthning* (Anm. 19), Nr. 621.

[66] Ebd. Nr. 368.

sche, dann auch holländisch-burgundische – Steuerforderungen: *vry Vriesck sonder schattinge ende excys*[67]. Natürlich lag ihr jeglicher Bezug auf irgendwelche „sieben Seelande" inzwischen weltenfern. Und auch hier drang herrschaftliche Autorität als Ordnung stiftende Kraft mit der Zeit tiefer ins allgemeinere Bewußtsein vor. Kein „ganzes Friesland" stand im Weg, als sich die friesischen Stammesgebiete westlich und östlich der Lauwers seit der frühen Neuzeit in unterschiedliche nationale Staatszusammenhänge und Identitäten hineinfügten. Die *tota Frisia* lebte bestenfalls im Wissen von Geschichtsgelehrten nach und schließlich dann in den Gefühlen von Stammesromantikern wieder auf. Ob sie Chancen hat, im Rahmen künftiger europäischer Regionalisierungsprozesse auch politisch neu erweckt zu werden, bleibt abzuwarten.

---

[67] *Schmidt,* Adel (Anm. 44), 90 ff. In auffälliger Weise demonstriert der Freibeuter „Grote Pier" das friesische Freiheitsbewußtsein im westerlauwersschen Friesland der Jahre nach 1514: vgl. *J. J. Kalma,* Grote Pier van Kimswerd, Leeuwarden 1970.

Städtebünde und regionale Identitäten im hansischen Raum

Von Volker Henn, Trier

I.

Seit Georg Friedrich Sartorius und Johann Martin Lappenberg hält sich im hansegeschichtlichen Schrifttum die Vorstellung, wonach die seit den 40er Jahren des 13. Jahrhunderts in Norddeutschland urkundlich bezeugten regionalen Städtebünde – neben den Genossenschaften der niederdeutschen Kaufleute im Ausland – die eine der beiden Wurzeln waren, aus denen im 13. und beginnenden 14. Jahrhundert die Hanse entstand. Vielfach werden sie als die unmittelbaren Vorläufer der sog. Städtehanse angesehen[1]. In jüngster Zeit sind die Städtebünde sogar als „untrennbare Bestandteile des hansischen Bündnissystems“, als „Grundstrukturelemente“ des „Bundes“ und dem allgemeinen Hansetag nachgeordnete Organe der Hanse bezeichnet worden, die in deren Auftrag bestimmte Aufgaben hansischer Interessenwahrnehmung übernommen hätten[2]. Je enger man jedoch die regionalen Städtebünde mit gesamthansischen Organisationsformen in Verbindung bringt, desto leichter übersieht man die regionale Gebundenheit, d.h. die aus den landesgeschichtlichen Entwicklungen erwachsenen Voraussetzungen und Ziele der städtischen Bündnispolitik und mißversteht zugleich das Wesen der Hanse selbst.

---

1 *Abkürzungsverzeichnis:* HR: Hanserezesse; HUB: Hansisches Urkundenbuch; Lac.: Urkundenbuch für die Geschichte des Niederrheins, hrsg. v. Th. J. Lacombelt; Potthast: Regesta pontificum Romanorum, hrsg. v. A. Potthast; Osn. UB: Osnabrücker Urkundenbuch; REK: Regesten der Erzbischöfe von Köln; UB: Urkundenbuch (der Stadt) ...; WUB: Westfälisches Urkundenbuch. – *Georg Friedrich Sartorius,* Urkundliche Geschichte des Ursprungs der deutschen Hanse, hrsg. von Johann Martin Lappenberg, Bd. 1, Hamburg 1830, XI; *Dietrich Schäfer,* Die Hansestädte und König Waldemar von Dänemark. Hansische Geschichte bis 1376, Aalen 1970 (Ndr. der Ausg. Jena 1879), 31; *Hermann Rothert,* Geschichte der Stadt Osnabrück im Mittelalter, Osnabrück 1938, Bd. 1, 37 f.; *Luise v. Winterfeld,* Das westfälische Hansequartier, in: Der Raum Westfalen, Bd. II, 1, hrsg. von Hermann Aubin und Franz Petri, Münster 1955, 278ff.; *Heinrich Schoppmeyer,* Hansische Organisationsformen in Westfalen, in: HGbll. 100 (1982), 71ff.; *Karl Pagel,* Die Hanse, neu bearb. von Friedrich Naab, Braunschweig 1983, 48ff., u. v. a.

2 *Horst Wernicke,* Die regionalen Bündnisse der hansischen Mitglieder und deren Stellung in der Städtehanse von 1280 bis 1418, in: JbGFeud. 6 (1982), 246ff.; *ders.,* Die Städtehanse 1280 - 1418. Genesis – Strukturen – Funktionen (= Abh. zur Handels- und Sozialgeschichte, Bd. 22), Weimar 1983, 40ff.; dazu *Volker Henn,* Die Hanse: Interessengemeinschaft oder Städtebund?, in: HGbll. 102 (1984), 124; *Friedrich Bernward Fahlbusch,* in: Westfäl. Forschungen 36 (1986), 207ff.

Diese landschaftliche Gebundenheit und die ihr jeweils zugrunde liegende regionale Identität sind das Thema der nachstehenden Überlegungen, die sich hauptsächlich auf Quellen des 13. und 14. Jahrhunderts stützen. Auf die vielschichtige, hauptsächlich von Sozialwissenschaftlern, Psychologen und Erziehungswissenschaftlern, aber auch von Vertretern anderer Disziplinen geführte Diskussion über den Identitätsbegriff, die sich oft mit der Problematik des Heimat-Begriffs verbindet, ist an dieser Stelle nicht einzugehen[3]. Wenn im folgenden von „regionaler Identität" gesprochen wird, dann wird der Begriff der „Identität" als sozialpsychologische Kategorie etwa im Sinne Erik H. Eriksons verstanden, der Gruppenidentität als „das definierte Ich innerhalb einer sozialen Realität"[4] beschrieben und „Identität" als eine wechselseitige Beziehung verstanden hat, „die sowohl ein dauerndes inneres Sich-Selbst-Gleichsein wie ein dauerndes Teilhaben an bestimmten gruppenspezifischen Charakterzügen umfaßt"[5]. „Regionale Identität" meint folglich das auf den als den eigenen erkannten Lebensraum bezogene und aus der Erfahrung verbindender Gemeinsamkeiten erwachsene Zusammengehörigkeitsbewußtsein, das die Selbstzuordnung zu einer landschaftlich bestimmten Gruppe möglich macht und insofern ein sozio-kulturelles und zugleich politisches Raumbewußtsein schafft. Diese verbindenden Gemeinsamkeiten können die gemeinsame Herkunft, Sprache, Geschichte, das gemeinsame Recht, die gemeinsame Kultur/Religion oder auch bestimmte Sonderinteressen sein. Die Kehrseite der Zusammengehörigkeit nach innen ist die (Identität stiftende) Abgrenzung gegen Fremdes nach außen[6]. Zudem darf nicht übersehen werden, daß die Selbstzuordnung zu einer sozialen Gruppe immer eine individuelle Entscheidung ist, bei der auch – für den Historiker kaum faßbare – irrationale, gefühlsmäßige Bindungen eine wichtige Rolle spielen können.

---

[3] Vgl. *Erik H. Erikson,* Identität und Lebenszyklus, Frankfurt/M. [12]1971; *George H. Mead,* Geist, Identität und Gesellschaft, Frankfurt/M. [7]1988, bes. 177 - 271; *David J. de Levita,* Der Begriff der Identität, Frankfurt/M. 1971, bes. 210ff.; Identität. Entwicklung psychologischer und soziologischer Forschung, hrsg. von Hans-Peter Frey und Karl Haußer, Stuttgart 1987; darin bes. der Aufsatz der Hrsg.: Entwicklungslinien sozialwissenschaftlicher Identitätsforschung, 3 - 26, mit umfangreichen Literaturhinweisen. – Vgl. ferner die Aufsätze von *Klaus Weigelt,* Heimat – der Ort personaler Identitätsfindung und sozio-politischer Orientierung, und *Walter Molt,* Heimat und Region – Chancen sozialer Identität?, in: Heimat und Nation. Zu Geschichte und Identität der Deutschen, hrsg. von Klaus Weigelt, Mainz 1984, 15ff., 227ff.; *Ina-Maria Greverus,* Auf der Suche nach Heimat, München 1979; *Dietrich Bartels,* Menschliche Territorialität und Aufgabe der Heimatkunde, in: Heimatbewußtsein. Erfahrungen und Gedanken, hrsg. von Wolfgang Riedel, Husum 1981, 7ff.; Heimat und Identität. Probleme regionaler Kultur, hrsg. von Konrad Köstlin und Hermann Bausinger, Neumünster 1981.

[4] *Erikson,* 17.

[5] Ebd., 124.

[6] Vgl. *František Graus,* Die Nationenbildung der Westslawen im Mittelalter (= Nationes, Bd. 3), Sigmaringen 1980, 15.

Wenn im folgenden untersucht werden soll, inwieweit sich in der städtischen Bündnispolitik ein Raumbewußtsein widerspiegelt und inwieweit von ihr gegebenenfalls raumgestaltende und bewußtseinsprägende Impulse ausgingen, dann ist damit die Frage nach einem kollektiven überlokalen städtebürgerlichen Wir-Bewußtsein resp. Wir-Gefühl aufgeworfen. Leider zeigt sich auch in diesem Fall, daß es leichter ist, die Fragen zu stellen als befriedigende Antworten zu finden. Denn das zur Verfügung stehende Quellenmaterial erweist sich als äußerst spröde. Ganz abgesehen davon, daß sich bei der Erforschung kollektiver Einstellungen immer wieder die Frage nach der Repräsentanz der benutzten Quellen stellt, bieten die hier einschlägigen historischen Nachrichten, die ein bestimmtes Raumbewußtsein und damit eine bestimmte regionale Identität signalisieren, keine inhaltliche Bestimmung oder Beschreibung dessen, was dieses Raumbewußtsein ausmacht. Wenn überhaupt, d.h. wenn nicht bloß die Namen der verbündeten Städte angegeben werden oder als Bündniszweck das Beste des „Landes" genannt wird, finden sich in den Urkunden oder auch in den erzählenden Quellen nur Landschaftsnamen. Ihr räumlicher Erstreckungsbereich, d.h. die Grenzen des umschriebenen Raumes sind jedoch oft schwer auszumachen, zumal diese keineswegs konstant, sondern im Laufe der Zeit vielfältigen Wandlungen unterworfen gewesen sind. In nicht wenigen Fällen sind deshalb nur sehr vorsichtige Schlußfolgerungen möglich. In anderen Fällen kommt man über Vermutungen kaum hinaus. Soweit es freilich gelingt, solche Veränderungen zu erkennen und sie als das Ergebnis eines gewandelten Wir-Bewußtseins oder gewandelter Raumvorstellungen zu verstehen, erweisen sich die politisch-geographischen Begriffe als wichtige Quellen für die hier in Frage stehende Thematik[7].

Eine Bemerkung noch zu den Städtebünden. Städtebünde gab es in vielerlei Gestalt: Es gab zweiseitige und mehrseitige Bündnisse, „reine" Städtebünde und gemischt-ständische Bündnisse, es gab befristete und unbefristete Bündnisse, solche mit begrenzten, andere mit umfassenderen Zwecksetzungen, es gab regionale und überregionale, territoriale und interterritoriale Bündnisse u.a.m. Daneben bestand eine Reihe bündnisähnlicher und informeller Formen des Zusammenwirkens von Städten, zu denen das weite Feld der von Wilhelm Ebel so genannten „Justizverträge" zu zählen wäre, zu denen aber auch einfache Vereinbarungen oder Abmachungen gerechnet werden könnten, die das Ergebnis enger Konsultationen waren, wie sie seit der Mitte des 13. Jahrhunderts zwischen vielen Städten üblich wurden[8]. Bei

---

[7] Näheres dazu bei *Bernd Schneidmüller,* Nomen Patriae. Die Entstehung Frankreichs in der politisch-geographischen Terminologie (10. - 13. Jahrhundert) (= Nationes, Bd. 7), Sigmaringen 1987, 10ff.

[8] *Wilhelm Ebel,* Justizverträge niedersächsischer Städte im Mittelalter, zuletzt in: *ders.,* Rechtsgeschichtliches aus Niederdeutschland, Göttingen 1978, 157ff. Zur Pro-

den nachfolgenden Überlegungen sind letztere Formen weithin unberücksichtigt geblieben. Entsprechend der Themenstellung sind vorrangig „reine“ Städtebünde beachtet worden, d.h. bündische Zusammenschlüsse zum Schutz gemeinsamer Interessen gegenüber Dritten, an denen ausschließlich Städte beteiligt waren; gemischt-ständische Bündnisse sind nur insoweit behandelt, als die an ihnen beteiligten Städte Einfluß auf die Gestaltung der Bundessatzungen nehmen konnten und in den Bündnissen somit auch eine von den Städten mitgetragene regionale Identität zum Ausdruck kommt.

II.

An zwei Beobachtungen kann man anknüpfen: Zum einen waren zur Zeit des Aufkommens regionaler Städtebünde in dem hier interessierenden hansischen Raum, zumindest in den ursprünglich sächsisch besiedelten Gebieten – anders als in den fränkischen Rheinlanden, wo die kulturräumliche Entwicklung eng mit der Ausbildung der mittelalterlichen Territorien verbunden war[9] –, mit Westfalen und Sachsen zwei, durch die Weser getrennte Großlandschaften entstanden, in denen es bereits ein ausgeprägtes, die Grenzen der entstehenden Territorien übergreifendes politisches Raumbewußtsein gab.

Am besten ist dies offenbar für Westfalen untersucht, obwohl auch hier – quellenbedingt – noch manche Fragen offen sind[10]. *Westfalai* werden zum

---

blematik allg. *Evamaria Engel,* Städtebünde im Reich von 1226 - 1314 – eine vergleichende Betrachtung, in: Hansische Studien III: Bürgertum – Handelskapital – Städtebünde, hrsg. von Konrad Fritze u.a. (= Abh. zur Handels- und Sozialgeschichte, Bd. 15), Weimar 1975, 177 f.; *dies.,* Beziehungen zwischen Stadtgemeinden im Reich im 12./13. Jh. unterhalb der Ebene von Städtebünden, in: Stadtgemeinde und Stadtbürgertum im Feudalismus, hrsg. v. d. Forschungsgruppe Stadtgeschichte der PH „Erich Weinert“ Magdeburg unter der Leitung von Erika Uitz, Magdeburg 1976, 80ff.; *Gotthard Raabe,* Bündnisse der wendischen Städte bis 1315. Diss. phil. Hamburg 1971, 148ff.

[9] Vgl. *Franz Petri,* Beharrung und Wechsel in den historischen Räumen Nordwesteuropas, in: Westf. Forschungen 6 (1943 - 52), 13.

[10] Vgl. neben der eben gen. Arbeit *Hermann Aubin,* Die geschichtliche Entwicklung, in: Der Raum Westfalen, Bd. I, hrsg. von Hermann Aubin u.a., Berlin 1931, 5ff.; *ders.,* Ursprung und ältester Begriff von Westfalen, in: Der Raum Westfalen, Bd. II, 1 (wie Anm. 1), 1ff.; *Johannes Bauermann,* ‚herescephe‘. Zur Frage der sächs. Stammesprovinzen, in: Westf. Zs. 97 (1947), 38ff.; *ders.,* Das Land Westfalen, seine Grenzen und sein Wesen, zuletzt in: *ders.,* Von der Elbe bis zum Rhein, Münster 1968, 227ff.; *Paul Casser,* Der Raum Westfalen in der Literatur des 13. - 20. Jahrhunderts, in: Der Raum Westfalen, Bd. II, 2, hrsg. von Hermann Aubin und Eduard Schulte, Berlin 1934, 1ff.; *Paul Casser,* Das Westfalenbewußtsein im Wandel der Geschichte, ebd., 211ff.; *Franz Petri,* Die Funktion der Landschaft in der Geschichte, vornehmlich im Nordwestraum und mit besonderer Berücksichtigung Westfalens, in: ‚Landschaft‘ als interdisziplinäres Forschungsproblem, hrsg. von Alfred Hartlieb von Wallthor und Heinz Quirin, Münster 1977, 72ff.; *Albert K. Hömberg,* Westfalen und das sächsische Herzogtum, Münster 1963; dazu kritisch: *Wolf-Dieter Mohrmann,* Das sächsische Herzogtum Heinrichs des Löwen. Von den Wegen seiner Erforschung, in: Heinrich der Löwe, hrsg. von Wolf-Dieter Mohrmann, Göttingen 1980, 81ff.

ersten Mal in den fränkischen Reichsannalen zum Jahre 775 im Zusammenhang mit den Sachsenkriegen Karls des Großen erwähnt[11]. Gemeint ist das westliche Teilvolk der Sachsen, das im 8. Jahrhundert – neben den Engern und den Ostfalen/Ostsachsen *(Austreleudi/Osterliudi)* – zugleich einer der drei sächsischen Aufgebotsverbände *(herescephe/"Heerschaft[en]")* war, die noch in Quellen des 11. und 12. Jahrhunderts als Gebietsbezeichnungen begegnen[12]. Innerhalb des sächsischen Stammesverbandes besaßen sie ein relativ hohes Maß an politischer Selbständigkeit; außerdem unterschieden sie sich durch sprachliche Eigentümlichkeiten und besondere Rechtsgewohnheiten von den übrigen sächsischen Teilvölkern[13]. Diese Stammesgliederung scheint jedoch nicht das Ergebnis einer späteren Einteilung gewesen zu sein, sondern sie hatte sich im Zuge der Entstehung des Sachsenstammes im Laufe des 6./7. Jahrhunderts allmählich herausgebildet[14]. Die *Westfalai* waren demzufolge auch nicht stammesmäßig einheitlicher Herkunft; vielmehr hatten sie sich während des Vordringens der Sachsen nach Süden mit älteren westgermanischen Bevölkerungsgruppen vermischt. Nach der Eingliederung des Landes in das fränkische Reich nahmen die neue politisch-administrative ebenso wie die kirchliche Gliederung des Raumes wenig Rücksicht auf die altsächsischen Sonderbildungen. Im 9. Jahrhundert verloren sie mit der Entstehung des liudolfingischen Herzogtums ihre politische Bedeutung. Die Erinnerung an die Sonderbildungen blieb jedoch erhalten, und sie festigte sich in dem Maße, in dem sich die sächsische Herzogsherrschaft im östlichen Sachsen etablierte und auf die Wahrnehmung herrschaftlicher Rechte in den „westfälischen" Teilen des Herzogtums verzichtete[15]. Im Laufe des 11. Jahrhunderts war die Erinnerung an „Westfalen" im

---

[11] Zu den frühesten Belegen vgl. *Aubin,* Ursprung und ältester Begriff, 12.

[12] Im einzelnen dazu *Bauermann,* ‚herescephe' (wie Anm. 10), 38 f.

[13] Vgl. *Aubin,* Ursprung und ältester Begriff (wie Anm. 10), 17 f.; zu den sprachgeschichtlichen Aspekten jetzt auch *Jan Goossens,* in: Westfälische Geschichte, hrsg. von Wilhelm Kohl, Bd. 1, Düsseldorf 1983, 55ff.; *Gunter Müller* und *Hermann Niebaum,* Sprachliche Gliederungen und Schichtungen Westfalens, in: Der Raum Westfalen, Bd. VI, 1, hrsg. von Franz Petri u. a., Münster 1989, 1ff.

[14] Vgl. *Bauermann* (wie Anm. 10); *Martin Last,* in: Geschichte Niedersachsens, Bd. 1: Grundlagen und frühes Mittelalter, hrsg. von Hans Patze, Hildesheim 1977, 587; anders *Hermann Stöbe,* Die Unterwerfung Norddeutschlands durch die Merowinger und die Lehre von der sächsischen Eroberung, in: Wiss. Zs. der Friedrich-Schiller-Universität Jena 6 (1956/57), 153ff., 323ff.; vgl. auch *Reinhard Wenskus,* Stammesbildung und Verfassung. Das Werden der frühmittelalterlichen gentes, Köln 1961, 546. – Zu der kontroversen Diskussion über die Entstehung des Sachsenstammes allg. *Walther Lammers,* Die Stammesbildung bei den Sachsen. Eine Forschungsbilanz, zuletzt in: Entstehung und Verfassung des Sachsenstammes, hrsg. von Walther Lammers (= Wege der Forschung, Bd. 50), Darmstadt [2]1967, 263ff.; *Karl Hauck,* Stammesbildung und Stammestradition am sächsischen Beispiel, in: Jb. der Männer vom Morgenstern 50 (1969), 35ff.

[15] Vgl. statt vieler *Albert K. Hömberg,* Geschichte der Comitate des Werler Grafenhauses, in: Westf. Zs. 100 (1950), 9ff.; *Georg Droege,* Das kölnische Herzogtum Westfalen, in: Heinrich der Löwe, hrsg. von Wolf-Dieter Mohrmann, Göttingen 1980, 275ff.

Bewußtsein der Zeitgenossen eine feste Größe. So berichtet der Magdeburger Domscholaster (?) Bruno in seinem „Buch vom Sachsenkrieg“[16], daß sich am Aufstand der Sachsen gegen Heinrich IV. nur ein Teil der Sachsen beteiligt habe, *quia omnes Westfali et omnes circa Misnam habitantes regis auro corrupti a nobis defecerunt.*

War der „Westfalen“-Begriff im frühen Mittelalter primär personenbezogen verstanden worden, so trat seit der Salierzeit der Raumbezug in den Vordergrund. „Westfalen“ wurde der Name einer Landschaft *(provincia),* die nach der Beschreibung des Magdeburger Minoriten Bartholomaeus Anglicus (um 1240)[17] im Norden an das friesische Siedlungsgebiet, im Süden an Thüringen und Hessen grenzte und die sich von Westen nach Osten zwischen Rhein und Weser erstreckte[18]. Daß dabei vor allem die Rheingrenze schon im Verständnis des Mittelalters keineswegs eindeutig war, ist bekannt. Verschiedentlich verlegen die Quellen des 13. und 14. Jahrhunderts die westfälische Westgrenze weiter nach Osten und geben die Ruhr bzw. die Wupper als Grenzflüsse an[19]. Auf der anderen Seite war die Weser (bis zur Allermündung) mit der Auflösung Engerns im Laufe des 12. Jahrhunderts im großen und ganzen die bleibende Trennlinie zwischen dem westlichen und dem östlichen Teil Sachsens geworden. Es war deshalb wohl kein Zufall, daß beim Sturz Heinrichs des Löwen 1180 dessen sächsisches Herzogtum – bei aller Anerkenntnis der Schwierigkeiten, die sich einer zweifelsfreien Interpretation der Gelnhäuser Urkunde entgegenstellen[20] – der Idee nach entlang der Weser geteilt wurde und der 1260 geschlossene Vertrag zwischen dem Kölner Erzbischof Konrad von Hochstaden und Herzog Albrecht von Braunschweig die Weser als Grenze zwischen den beiderseitigen Interessensphären fixierte[21].

---

[16] c. 39. – Zu den Vorgängen im einzelnen *Lutz Fenske,* Adelsopposition und kirchliche Reformbewegung im östlichen Sachsen, Göttingen 1977; *Wolfgang Giese,* Der Stamm der Sachsen und das Reich in ottonischer und salischer Zeit, Wiesbaden 1979, bes. 149ff.; *Paul Leidinger,* Westfalen im Investiturstreit, in: Westf. Zs. 119 (1969), 267ff.; *Gabriele Meier,* Die Bischöfe von Paderborn und ihr Bistum im Hochmittelalter, Paderborn 1987.

[17] Vgl. *Anton E. Schönbach,* Des Bartholomaeus Anglicus Beschreibung Deutschlands gegen 1240, in: MIÖG 27 (1906), 79.

[18] Zu den Grenzen vgl. auch *Aubin,* Ursprünge und ältester Begriff (wie Anm. 10), 19 f.; zur „terra Westphalie“ vgl. auch die Beschreibung des Kölner Eb. Heinrich II.: *Fritz Kern,* Acta Imperii Angliae et Franciae ab anno 1267 ad annum 1313, Tübingen 1911 (Ndr. Hildesheim 1973), Nr. 165 (a. 1306).

[19] Vgl. UB Dortmund I, 377 (a. 1319), 634 (a. 1348); vgl. auch *Luise v. Winterfeld,* Das westf. Hansequartier (wie Anm. 1), 257ff. – WUB VII, 1538 (a. 1275); vgl. *Wilhelm Janssen,* Die Erzbischöfe von Köln und ihr „Land“ Westfalen im Spätmittelalter, in: Westfalen 58 (1980), 85.

[20] Vgl. zuletzt *Karl Heinemeyer,* Der Prozeß Heinrichs des Löwen, in: BDLG 117 (1981), 23ff. (dort auch die ält. Lit.).

[21] Lac. II, 489.

Dieses Westfalen zwischen Rhein und Weser bildete jedoch keine politisch-staatliche Einheit. Es war der Name einer Landschaft, deren Bewohner ihre regionale Identität aus dem Bewußtsein der politischen und im weitesten Sinne kulturellen Sonderstellung zunächst innerhalb des sächsischen Stammesverbandes, später unabhängig von ihm, gewannen. Die Vorstellung eines besonders ausgezeichneten Raumes „Westfalen" blieb auch erhalten, als mit der Ausbildung der mittelalterlichen Territorien innerhalb dieses Raumes neue herrschaftliche Strukturen entstanden und mit ihnen neue raumgestaltende und bewußtseinsbildende Kräfte auf der politischen Bühne erschienen. Und auch die Erinnerung an die sächsische Tradition blieb erhalten. Es ist bezeichnend, daß der aus Westfalen stammende Kölner Kartäuser Werner Rolevinck im 15. Jahrhundert sein berühmtes Westfalenbuch „De laude antiquae Saxoniae nunc Westphaliae dictae" betitelte[22].

Eine im Ergebnis vergleichbare Entwicklung vollzog sich zwischen dem 9. und 11. Jahrhundert im östlichen Sachsen, das von Anfang an nur lose in den Stammesverband integriert gewesen zu sein scheint, worauf z. B. auch die Unsicherheit der Bezeichnungen: *Ostvali, orientales Saxones, Osterliudi* hindeutet[23]. Mit der Ausbildung des liudolfingischen Herzogtums und dem Übergang der deutschen Königswürde an die sächsischen Herzöge im 10. Jahrhundert entwickelte sich in Sachsen ein ausgeprägtes gesamtsächsisches Stammes- und Reichsbewußsein[24]. Seit dem letzten Viertel des 10. Jahrhunderts, seitdem sich mit der Übertragung der sächsischen Herzogsfunktion auf die Billunger[25] die tatsächliche herzogliche Gewalt nicht mehr auf den gesamten sächsischen Stamm und das gesamte sächsische Stammesgebiet erstreckte, sondern sich im wesentlichen auf das Gebiet zwischen Weser und Elbe beschränkte, verengte sich auch das politische Raumbewußtsein, auch wenn noch 1002 Herzog Bernhard I. und 1024 Herzog Bernhard II. jeweils im Zusammenhang mit den Königserhebungen Heinrichs II. und Konrads II. als Führer des gesamten sächsischen Stammes auftraten und den neuen König auf die Wahrung des sächsischen Stammesrechts ver-

---

[22] Zu benutzen in der von Hermann Bücker hrsg. zweisprachigen Ausgabe (Münster 1952); zum Westfalenbewußtsein: *Paul Casser,* Das Westfalenbild Werner Rolevincks, in: Westfalen 18 (1932), 28 ff.; *Paula van Beeck,* Wesensart der Westfalen nach Werner Rolevinck, in: Zs. des Vereins für rhein. und westf. Volkskde. 27 (1930), 137 ff.

[23] Vgl. *Berent Schwineköper,* Heinrich der Löwe und das östliche Herzogtum Sachsen, in: Heinrich der Löwe, hrsg. von Wolf-Dieter Mohrmann, Göttingen 1980, 127; allg. *Karl Jordan,* Herzogtum und Stamm in Sachsen während des hohen Mittelalters, in: Niedersächs. Jb. für Ldg. 30 (1958), 1 ff.

[24] Dazu mit reichem Belegmaterial *Wolfgang Eggert* und *Barbara Pätzold,* Wir-Gefühl und Regnum Saxonum bei frühmittelalterlichen Geschichtsschreibern (= Beihefte zum Archiv für Kulturgeschichte, H. 21), Wien 1984. – Zu Äußerungen eines Sachsenbewußtseins im ausgehenden Mittelalter s. *Manfred Grobecker,* Studien zur Geschichtsschreibung des Albert Krantz. Diss. phil. Hamburg 1964, 160 ff.

[25] Vgl. *Mohrmann* (wie Anm. 10), 46 f.; dort auch die ältere Literatur. Ferner *Georg Schnath,* Vom Sachsenstamm zum Lande Niedersachsen, Hannover 1966.

pflichteten[26], und auch Lothar von Supplinburg ebenso wie nach ihm Heinrich der Löwe an dem Anspruch auf die gesamtsächsische Dukatsgewalt festhielten[27]. Spätestens seit dem 12. Jahrhundert war die *Saxonia* – ebenso wie die *Westfalia* – ein fester Raumbegriff[28], der seine Bedeutung und seine Identität stiftende Kraft auch behielt, als nach dem Sturz Heinrichs des Löwen (1180) östlich der Weser die Territorialisierung einsetzte[29]. Inwieweit dieses „Sachsenbewußtsein" etwa im Zuge der Markenorganisation und der im 12. Jahrhundert einsetzenden Ostkolonisation über die Elbe nach Osten in die slawischen Siedlungsgebiete ausstrahlte und der Raumbegriff *Saxonia,* wie der bereits erwähnte Bartholomaeus Anglicus um 1240 meinte[30], tatsächlich das Gebiet bis zur Oder erfaßte, wäre im einzelnen noch zu prüfen.

Dabei ist – und das gilt nicht nur für die sächsischen Verhältnisse – grundsätzlich mit Heinrich Schmidt[31] vor einer Überschätzung der „sozialen Breite" eines derartigen „größerräumigen" landschaftlichen Selbst- und Sonderbewußtseins zu warnen. Träger eines solchen Bewußtseins waren im Mittelalter Angehörige der politisch führenden und der gebildeten Schichten, während die Raumerfahrung und das Bewußtsein räumlicher Zugehörigkeit bei den vielen „kleinen Leuten" über den engeren Lebensbereich, die Nachbarschaft, das Dorf usw., nur wenig hinausgegangen sein dürfte.

Schwieriger liegen die Dinge östlich bzw. nordöstlich der unteren Elbe in dem von den elb- und ostseeslawischen Stammesverbänden der Abodriten und Wilzen resp. Lutizen[32] besiedelten „wendischen" Gebiet. Seit dem Vor-

---

[26] Vgl. die Berichte bei Thietmar von Merseburg, V, 15 - 17, und Wipo, Gesta Chuonradi, 6. Dazu *Roderich Schmidt,* Königsumritt und Huldigung in ottonisch-salischer Zeit, in: Vorträge und Forschungen, Bd. 6, Konstanz 1961, 118; *Jordan,* Herzogtum und Stamm (wie Anm. 23), 8 f.; *ders.,* Sachsen und das deutsche Königtum im hohen Mittelalter, in: HZ 210 (1970), 541, 543.

[27] Vgl. *Jordan,* Herzogtum und Stamm, 15ff.

[28] Vgl. die Belege bei *Heinemeyer* (wie Anm. 20), 23ff.; *Arnold von Lübeck,* Chronica Slavorum, MGH SS, 21, 212ff. (1186); *Potthast,* Reg. Pont., Nr. 842. Im 13. Jh. sind die Belege so zahlreich, daß es überflüssig erscheint, einzelne Belegstellen zu nennen.

[29] Vgl. neben der schon gen. Literatur *Hans Patze,* Die welfischen Territorien im 14. Jahrhundert, in: Der deutsche Territorialstaat im 14. Jahrhundert, Bd. 2 (= Vorträge und Forschungen, Bd. 14), hrsg. von Hans Patze, Sigmaringen 1971, 7ff. – Zur Frage der landsmannschaftlichen Zusammenhänge: *Dieter Lent,* Das Niedersachsenbewußtsein im Wandel der Jahrhunderte, in: Niedersachsen. Territorien – Verwaltungseinheiten – geschichtliche Landschaften, hrsg. von Carl Haase, Göttingen 1971, 27ff.

[30] Wie o. Anm. 17.

[31] *Heinrich Schmidt,* Heimat und Geschichte. Zum Verhältnis von Heimatbewußtsein und Geschichtsforschung, in: Niedersächs. Jb. für Ldg. 39 (1967), 41. Vgl. auch *ders.,* Über die Anwendbarkeit des Begriffes „Geschichtslandschaft", in: ‚Landschaft' als interdisziplinäres Forschungsproblem (wie Anm. 10), 28.

[32] Zum Wilzen-Lutizen-Problem vgl. *Wolfgang H. Fritze,* Beobachtungen zu Entstehung und Wesen des Lutizenbundes, in: Jb. für die Geschichte Mittel- und Ostdeutschlands 7 (1958), 11 f. (mit weiterer Lit.); *ders.,* Der slawische Aufstand von 983 – eine Schicksalswende in der Geschichte Mitteleuropas, in: Festschrift der Landes-

stoß Karls des Großen gegen die Wilzen im Jahre 789 war die Geschichte dieses Raumes die Geschichte immer neuer Kämpfe, deren Ziele einerseits die Eroberung und Eingliederung der ostelbischen Gebiete in das Reich – zumindest aber die Errichtung und Aufrechterhaltung einer Tributpflicht – und die Christianisierung dieses Raumes waren, andererseits die Abwehr solcher Bestrebungen durch die betroffenen Wenden[33]. Sie waren die *gens Winulorum* Adams von Bremen[34], denen man ein gentilizisch bestimmtes Eigenbewußtsein kaum wird absprechen können[35] und die infolgedessen die ethnisch-sprachliche und kultisch-religiöse Andersartigkeit der von Westen her Eindringenden durchaus als eine die eigene Identität bedrohende und die eigene *libertas* gefährdende Realität verstanden haben dürften[36], zumal sich gerade im westslawischen Gebiet slawische Verfassungs- und Sozialstrukturen am längsten erhalten hatten[37]. Die Eroberung des Abodritenlandes durch Heinrich den Löwen 1160/67 und die Durchsetzung der Lehnshoheit gegenüber den rügisch-pommerschen Fürsten[38] öffnete den deutschen Siedlern aus Friesland, aus Sachsen und Westfalen, den Rheinlanden und den Niederlanden den Weg nach Osten und leitete die Erschließung des Raumes im Zuge des bäuerlichen Landesausbaus und der städtischen Besiedlung ein[39]. Aus der Verschmelzung der verbliebenen einheimischen Slawen mit

---

geschichtlichen Vereinigung für die Mark Brandenburg zu ihrem hunderjähr. Bestehen 1884 - 1984, hrsg. von Eckart Henning und Werner Vogel, Berlin 1984, 31 ff.

33 Vgl. zusammenfassend *Joachim Herrmann,* in: Deutsche Geschichte in zwölf Bänden, Bd. 1: Von den Anfängen bis zur Ausbildung des Feudalismus Mitte des 11. Jahrhunderts, hrsg. von Joachim Herrmann u. a., Köln[2]1985, 416 ff. – Zum „Wenden“-Begriff: *Hans-Dietrich Kahl,* Heidnisches Wendentum und christliche Stammesfürsten, in: AKG 44 (1962), 73 ff.

34 *Adam von Bremen,* II, 42, 48, 71.

35 Vgl. *Graus,* Nationenbildung (wie Anm. 6), 73 ff. Zur Problematik auch *W. Brüske,* Untersuchungen zur Geschichte des Lutizenbundes. Deutsch-wendische Beziehungen des 10. - 12. Jahrhunderts (= Mitteldeutsche Forschungen, Bd. 3), Köln 1955; *Wolfgang H. Fritze,* Probleme der abodritischen Stammes- und Reichsverfassung und ihrer Entwicklung vom Stammesstaat zum Herrschaftsstaat, in: Siedlung und Verfassung der Slawen zwischen Elbe, Saale und Oder, hrsg. von Herbert Ludat, Gießen 1960, 141 ff., 202 ff.; *Manfred Hellmann,* Grundzüge der Verfassungsstruktur der Liutizen, ebd., 103 ff.; *Jürgen Petersohn,* Der südliche Ostseeraum im kirchlich-politischen Kräftespiel des Reichs, Polens und Dänemarks vom 10. bis 13. Jahrhundert. Mission, Kirchenorganisation, Kultpolitik (= Ostmitteleuropa in Vergangenheit und Gegenwart, Bd. 17), Köln 1979, der die Bedeutung der kirchlichen Raumbildung für den Integrations- und Assimilationsprozeß untersucht hat. Ferner *Bernhard Friedmann,* Untersuchungen zur Geschichte des abodritischen Fürstentums bis zum Ende des 10. Jahrhunderts (= Gießener Abh. zur Agrar- und Wirtschaftsforschung des europäischen Ostens, Bd. 137), Berlin 1986.

36 Vgl. *Adam von Bremen* II, 42.

37 Vgl. *W. H. Fritze,* Beobachtungen (wie Anm. 32), 18 ff.; *ders.,* Probleme (wie Anm. 35).

38 Zusammenfassend *Manfred Hamann,* Mecklenburgische Geschichte. Von den Anfängen bis zur Landständischen Union (= Mitteldeutsche Forschungen, Bd. 51), Köln 1968, bes. 68 ff.; *Karl Jordan,* Heinrich der Löwe, München 1979, 83 f.

39 Zusammenfassend jetzt *Charles Higounet,* Die deutsche Ostsiedlung im Mittelalter, Berlin 1986.

den ihrer landsmannschaftlichen Herkunft nach unterschiedlichen deutschen Bevölkerungsgruppen und aus der Angleichung der rechtlichen und kulturellen Lebensbedingungen und Lebensformen entstanden die gelegentlich so genannten deutschen „Neustämme" in der *Slavia germanica,* deren regionale Identität sich im Kolonisationsland erst neu bestimmen mußte[40]. Immerhin kennen die hansischen Quellen des späten 13. Jahrhunderts die *civitates Slavie,* die wendischen Städte, als eine einer bestimmten Landschaft – unabhängig von herrschaftlichen Grenzen – fest zugeordnete Städtegruppe[41].

Die Voraussetzungen für die Entstehung von Städtebünden waren das Vorhandensein kommunaler Autonomie, die den Städten eine eigenständige „Außenpolitik" überhaupt erst erlaubte und den rechtlichen Rahmen für die Beteiligung an derartigen Schwureinigungen erst ermöglichte[42], sowie ein hinreichend entwickeltes städtisch-bürgerliches Selbstbewußtsein, eine, wenn man so will, „lokale Identität", welche die Freiheit und die besonderen Rechte der Stadt als schützenswerte Güter begriff[43]. Träger dieses Bewußtseins und der daraus resultierenden Politik waren in erster Linie die Gebildeten und die ratsfähige Oberschicht, die mit den wirtschaftlich führenden Familien der Fernkaufleute weitgehend identisch war. Ihrer Interessenlage entsprachen die wirtschaftlichen und politischen Zielsetzungen der Städtebünde: die Befriedung der Handelswege und die Herstellung der Rechtssicherheit der Kaufleute einerseits, der Schutz der städtischen Auto-

---

[40] Vgl. neben den schon gen. Titeln *Walter Kuhn,* Das Werden der ostdeutschen Stämme aus Herkunft und Geschichte, in: Die Deutschen und ihre östlichen Nachbarn, hrsg. von Viktor Aschenbrenner u. a., Frankfurt/M. 1967, 148 ff.; Die Slawen in Deutschland, hrsg. von Joachim Herrmann, Berlin (Ost) 1972, 376 ff.

[41] HR I, 1, 28; in Abgrenzung dazu die oppida Saxoniae: HUB I, 650 (a. 1267). Vgl. *Johannes Schildhauer,* Die Hanse. Geschichte und Kultur, Leipzig/Stuttgart 1984, 29.

[42] Vgl. *Gerhard Pfeiffer,* Die Bedeutung der Einung im Stadt- und Landfrieden, in: ZBLG 32 (1969), 815 ff., 826 ff.

[43] Dazu allg. *Johannes Schildhauer,* Charakter und Funktion der Städtebünde in der Feudalgesellschaft – vornehmlich auf dem Gebiet des Reiches, in: Hansische Studien III (wie Anm. 8), 149 ff.; *Evamaria Engel,* Städtebünde im Reich von 1226 - 1314 – eine vergleichende Betrachtung, ebd., 177 ff.; *Dirk Bostelmann,* Städtische Friedenswahrung in Norddeutschland im 13. und 14. Jahrhundert, in: Studien zur Sozialgeschichte des Mittelalters und der Frühen Neuzeit, hrsg. von Franklin Kopitzsch u. a., Hamburg 1977, 274 ff. – *Klaus Militzer,* Collen eyn kroyn boven allen steden schoyn. Zum Selbstverständnis einer Stadt, in: Colonia Romanica 1 (1986), 15 ff.; *Eckhard Müller-Mertens,* Bürgerlich-städtische Autonomie in der Feudalgesellschaft, in: ZfG 29 (1981), 205 ff.; *Erika Uitz,* Zu Friedensbemühungen und Friedensvorstellungen des mittelalterlichen Städtebürgertums, in: JbGFeud. 12 (1988), 27 ff.; *Gudrun Wittek,* Zu Friedensvorstellungen und Friedensinteressen südhansischer Kommunen im 14. Jahrhundert, in: JbRegG 17/I (1990), 55 ff. – Wenn *Brigitte Berthold,* Überregionale Städtebundprojekte in der ersten Hälfte des 15. Jahrhunderts, in: JbGFeud. 3 (1979), 141 ff., und andere marxistische Historiker in den Städtebünden „Instrumente des Klassenkampfes" sehen und sie als „Ausdruck der ‚Kraftentfaltung des deutschen Städtebürgertums' in der Feudalordnung" (*Berthold,* 178 f.) verstehen, dann weisen sie ihnen damit auch eine bestimmte Funktion im Zusammenhang der Ausbildung einer „sozialen Identität" zu. Auf diesen Aspekt kann hier nicht eingegangen werden.

nomie gegen Übergriffe von seiten der Stadt- bzw. Landesherren andererseits; im 14. Jahrhundert trat als Bündniszweck die gegenseitige Unterstützung bei innerstädtischen Unruhen hinzu[44].

Vor allem von den beiden erstgenannten Zielen konnten raumgestaltende und Identität stiftende Impulse ausgehen. Indem die Städte, getragen vom Willen zur landschaftlichen Selbsthilfe, die Friedenswahrung selbst übernahmen – oder sich an königlichen und landesherrlichen Landfriedensbündnissen beteiligten –, nahmen sie nicht nur eine zentrale herrschaftliche Aufgabe wahr, was für sich selbst schon eine Stärkung des Wir-Bewußtseins bedeuten konnte, sondern sie schufen zugleich einen überlokalen, u. U. auch die territorialen Grenzen überschreitenden, durch spezifische Rechtsnormen der bündischen Satzungen geeinten Friedens- und Rechtsbezirk.

III.

Am deutlichsten läßt sich dies wieder am Beispiel der westfälischen Städtebünde zeigen. Am Beginn der städtebündischen Aktivitäten steht hier der Ladbergener Bund von 1246, ein Bündnis der Städte Münster und Osnabrück (*cum universis suis adjutoribus*), dem sich später auch Minden, Herford und Coesfeld angeschlossen zu haben scheinen[45]. Das Ziel des Bündnisses war es, den ungehinderten Marktbesuch der Kaufleute innerhalb der Diözesen Münster und Osnabrück sicherzustellen. Um dies zu erreichen, wollte man gemeinsam mit den Mitteln des Handelsboykotts und der Verfestung gegen diejenigen vorgehen, die den Kaufleuten Schaden zufügten. Der äußere Anlaß für das Zustandekommen des Bündnisses dürften die Unsicherheiten der Straßen und die täglichen Übergriffe gegen die reisenden Kaufleute im Gefolge der tecklenburgisch-ravensbergischen Dauerfehde gewesen sein[46], weniger die zwischen den Städten und ihren geistlichen Her-

---

[44] Dazu allg. *Karl Czok*, Städtebünde und Zunftkämpfe in ihren Beziehungen während des 14. und 15. Jahrhunderts, in: Wiss. Zs. der Karl-Marx-Universität Leipzig, Gesellschafts- und sprachwiss. Reihe 6 (1956/57), 517 ff.; *Erich Neuß*, Hanse und niedersächsische Städtebünde in ihrem Verhältnis zu den sozialen Bewegungen im Elbe-Saale-Raum während des Spätmittelalters, in: JbRegG 1 (1965), 153 ff.; *Wilfried Ehbrecht*, Luise von Winterfelds Untersuchung „Das westfälische Hansequartier" im Lichte der Forschung mit besonderer Berücksichtigung der kleinen Städte, in: Der Raum Westfalen, Bd. VI: Fortschritte der Forschung und Schlußbilanz, hrsg. von Franz Petri u. a., T. 1, Münster 1989, 259. – Der früheste Beleg findet sich m. W. in dem Bündnis der Städte Halberstadt und Magdeburg von 1315; UB Halberstadt I, 357.

[45] HUB I, 345; WUB III, 450; Osn. UB II, 480; UB Herford I, 5; dazu *v. Winterfeld*, Das westf. Hansequartier (wie Anm. 1), 278 f.; *Gerhard Pfeiffer*, Die Bündnis- und Landfriedenspolitik der Territorien zwischen Weser und Rhein im späten Mittelalter, ebd., 92 ff.; *Schoppmeyer* (wie Anm. 1), 71.

[46] *Schoppmeyer*, 71. – Zu den westf. Städtebünden jetzt *Karl W. Berns*, Propter communem utilitatem. Studien zur Bündnispolitik der westfälischen Städte im Spätmittelalter (= Studia humaniora, Bd. 16), Düsseldorf 1991. Da die Arbeit erst nach

ren wegen der Aufnahme entlaufener Höriger bestehenden Spannungen[47]. Zielte dieses Bündnis auf die Befriedung des westfälischen Nordens, so wurde es im Sommer 1253 durch ein Bündnis, das die Städte Münster, Dortmund, Soest und Lippstadt an der Lippebrücke bei Werne abschlossen, nach Süden zur Hellwegzone hin ergänzt, und zwar *propter multimodas necessitates nobis frequenter in captivitatibus, rapinis multisque aliis injuriosis gravaminibus inminentes*[48]. Inwieweit der Werner Bund eine unmittelbare Antwort der westfälischen Städte auf die durch die ausgreifende Territorialpolitik des Kölner Erzbischofs Konrad von Hochstaden und die kölnisch-märkische Rivalität hervorgerufene angespannte Lage in Westfalen gewesen ist[49], mag zunächst dahingestellt bleiben. Das gemeinsame Ziel der verbündeten Städte war es jedenfalls, mit den ihnen zu Gebote stehenden Mitteln des Handelsboykotts, der Kreditverweigerung und der Verfestung als Strafandrohungen gegen potentielle Rechts- und Friedensbrecher die Sicherheit der Kaufleute zu gewährleisten. Dieser Werner Bund ist der Kern eines westfälischen Bündnissystems geworden, das unter der Federführung der Städte den Raum „Westfalen" über die territorialen Grenzen hinweg – im wohlverstandenen Eigeninteresse – zu einem besonders geschützten Friedens- und Rechtsbezirk ausgestalten sollte. Im Jahr 1264, nachdem in der Zwischenzeit etliche westfälische Städte[50] dem Rheinischen Bund beigetreten[51] und innerhalb des Bundes offenkundig auch als „landschaftlich geschlossene Gruppe" hervorgetreten waren[52], erneuerten Soest, Münster, Dortmund und Lippstadt das Bündnis von 1253, wobei sie ausdrücklich die

---

Fertigstellung des eigenen Manuskripts erschien, konnten ihre Ergebnisse hier nicht mehr berücksichtigt werden.

[47] So *Luise v. Winterfeld,* Der Werner Städebund, in: Westf. Zs. 103/104 (1954) 3; *Siegfried Epperlein,* Städtebünde und Feudalgewalten im 13. Jahrhundert, in: ZfG 20 (1972), 709.

[48] HUB I, 460; WUB III, 553; Osn. UB III, 88; zum Werner Bund: *v. Winterfeld* (wie vorige Anm.); *dies.,* Westfalen in dem großen rheinischen Bund von 1254, in: Westf. Zs. 93 (1937), 130 f.

[49] Dazu *Maria Kettering,* Die Territorialpolitik des Kölner Erzbischofs Konrad von Hochstaden (1238 - 1261), in: JbKölnGV 26 (1951), 36; *Erich Wisplinghoff,* Konrad von Hochstaden, in: Rhein. Lebensbilder, Bd. 2, hrsg. von Bernhard Poll, Düsseldorf 1966, 7 ff.; *Schoppmeyer* (wie Anm. 1), 71; *Uta Vahrenhold-Huland,* Grundlagen und Entstehung des Territoriums der Grafschaft Mark, Dortmund 1968, 182 ff.; *Pfeiffer* (wie Anm. 45), 82, 98 ff. – *Berns* (wie Anm. 46), 28, vermutet, daß die Fehde zwischen Konrad v. Hochstaden und Bischof Simon I. von Paderborn der konkrete Anlaß für das Zustandekommen des Bundes gewesen ist.

[50] Dortmund, Münster, Soest, Lippstadt, Herford, Osnabrück, Warendorf, Coesfeld, Vreden, Telgte, Ahlen, Borken, Beckum, Attendorn und wohl auch Paderborn und Minden. Fraglich: Warburg, Bielefeld, Hamm, Unna, Brilon, Rüthen, Werl.

[51] Zur Geschichte des Rhein. Bundes zuletzt *Ernst Voltmer,* Der Rheinische Bund (1254 - 1256). Eine neue Forschungsaufgabe?, in: Der Rheinische Städtebund von 1254/56. Katalog zur Landesausstellung in Worms, 24. Mai bis 27. Juli 1986, 117 ff.; *Arno Buschmann,* Der Rheinische Bund von 1254 - 1257, in: Kommunale Bündnisse Oberitaliens und Oberdeutschlands im Vergleich, hrsg. von Helmut Maurer (= Vorträge und Forschungen, Bd. 33), Sigmaringen 1987, 167 ff.; bezüglich der westf. Verhältnisse noch immer *v. Winterfeld* (wie Anm. 48).

Friedlosigkeit *in terminis Wesfalie* als Grund für den Zusammenschluß hervorhoben[53]. Vier Jahre später wurde das Bündnis, jetzt auch unter Beteiligung Osnabrücks (!), bereits wieder erneuert[54]; erstmals wurde betont – später war dies die Regel –, daß durch den Bund keines Herren Recht geschmälert oder beeinträchtigt werden solle. Aber es wird auch deutlich, daß die Städte vor allem ungerechte Angriffe seitens der Stadtherren und des Adels fürchteten. In der Folge wurde das Bündnis, nachdem sich 1270 die Städte Soest, Münster und Dortmund separat zu einem engeren Bund zusammengeschlossen und zum erstenmal bewaffnete Hilfe vereinbart hatten[55], *propter communem utilitatem civitatum et commodum generale ... pro bono pacis et concordie* bis 1338[56] noch mehrfach erneuert und weiterentwickelt: 1277 (ohne Beteiligung Lippstadts)[57], 1296 (unter ausdrücklichem Ausschluß Lippstadts, das wegen eines Streits mit Soest keine Vertreter zu den Beratungen entsandt hatte)[58], 1312[59] und 1324[60], wobei die wechselseitigen Bündnisverpflichtungen – angefangen bei der Vermittlungspflicht bis hin zur bewaffneten Unterstützung – zunehmend präziser formuliert und auch regelmäßige Zusammenkünfte vereinbart wurden, die geeignet waren, das Bewußtsein der Zusammengehörigkeit und der gemeinsamen Verantwortung für den Frieden in Westfalen zu stärken.

An den Werner Bund knüpften die Städte Soest, Dortmund, Münster, Osnabrück, Lippstadt und diesmal auch das ostwestfälische Paderborn, das bisher immer abseits gestanden hatte, an, als sie sich 1443 im Zusammen-

---

52 Vgl. *v. Winterfeld,* Der Werner Städtebund (wie Anm. 47), 6. Belege: WUB VI, 660 (a. 1256); UB Dortmund I, 106 (a. 1257). Vgl. auch *Berns* (wie Anm. 46), 45.

53 WUB VII, 1145; UB Dortmund I, 116.

54 WUB III, 816; Osn. UB III, 382. Die 1270 auf Betreiben der Städte Soest und Dortmund erfolgte Aufnahme Attendorns (WUB VII, 1361) scheint Episode geblieben zu sein. Zu den Bündnissen auch *Berns* (wie Anm. 46), 46ff.

55 WUB VII, 1360.

56 HUB II, 629; Lac. III, 319

57 UB Dortmund I, 152. 1284 werden drei Artikel der Bundessatzung geändert (WUB VII, 1905). *Luise v. Winterfeld,* Der Werner Städtebund (wie Anm. 47), 8 f.; und *dies.* (wie Anm. 48), 141 f., sieht in dem Bündnis von 1277 nicht eine Erneuerung des Werner Bundes, sondern ein ganz neues Bündnis, das mit seinen Wehrbestimmungen eher an das Bündnis von 1270 anknüpft. Ihr schließen sich *Bernd-Ulrich Hergemöller,* Osnabrück im mittelalterlichen Hanseverband, in: Friedrich Bernward Fahlbusch u. a., Beiträge zur westfälischen Hansegeschichte, Warendorf 1988, 22, und *Berns* (wie Anm. 46), 57ff., an. Der Ausschluß Lippstadts 1296, das an dem Bündnis von 1277 gar nicht beteiligt war, spricht m. E. aber eher dafür, daß auch dieses Bündnis an den Werner Bund anknüpfte.

58 WUB VII, 2369 a. – Zu den ereignisgeschichtlichen Zusammenhängen und Hintergründen vgl. auch die älteren Arbeiten von *H. Mendthal,* Die Städtebünde und Landfrieden in Westfalen bis zum Jahre 1371. Diss. phil. Königsberg 1879, und *Friedrich Zurbonsen,* Der Westfälische Städtebund von 1253 bis zum Territorialfrieden von 1298. Beitrag zur Geschichte der städtischen Bewegungen im Mittelalter. Diss. phil. Münster 1881, 34ff.; jetzt auch *Berns* (wie Anm. 46).

59 UB Dortmund, Erg.-bd. I, 472.

60 UB Dortmund I, 429; Osn. UB VI, 269.

hang mit der Soester Fehde zusammenschlossen, um zu verhindern, daß *dey stat off eynich dusser stede geweltlichen ouertrecken off anders an eren privilegien vryheiden breuen rechten gerichte herkommen vnd gewonden* beeinträchtigt würden[61]. Zwei Jahre später beriefen sich auch die märkischen Städte Hamm, Unna und Kamen auf den Bund von 1253, als sie sich mit Soest, Münster und Lippstadt zum Schutz der eigenen Rechte verbündeten[62].

War das gemeinsame Ziel dieser rein städtischen Bündnisse die *conservatio pacis,* so fügt sich dazu die Teilnahme der Städte – vor allem der sog. Vierstädte, die auch wirtschaftlich die bedeutendsten waren und wegen der Handelsinteressen ihrer Kaufmannschaften an friedenssichernden Maßnahmen ein besonders ausgeprägtes Interesse besaßen – an gemischt ständischen Landfriedensbündnissen. Solche schloß zumeist der Kölner Erzbischof (zur Stärkung der eigenen herzoglichen Gewalt in Westfalen) mit anderen westfälischen Landesherren und Adeligen und eben den Städten „zum Besten der westfälischen Lande" seit 1298 ab[63]. Daß die Städte dabei durchaus ein eigenständiger Faktor waren und einen eigenen Beitrag zur Friedenswahrung leisteten, verstanden immer auch als ein wichtiges Stück Raumgestaltung, erhellt aus den Bestimmungen der Bündnisverträge, wenn z. B. die Wahrung der städtischen Rechte und Freiheiten unter den Bündniszwecken an oberster Stelle stand oder wenn den Städten die Bewahrung des Landfriedenssiegels übertragen wurde. Einen eindrucksvollen Beleg für die Existenz eines westfälischen Raumbewußtseins, und das heißt: einer westfälischen Identität, bietet ein Bündnis, in dem sich u.a. die Städte des kölnischen Herzogtums Westfalen verpflichteten, dem Bischof von Münster und den stiftmünsterischen Städten *op westphelscher erden* gegen jede unrechte Gewalt zu helfen[64].

Unsicher bleibt freilich zunächst, wie weit der Raum „Westfalen" dieser Quellen reichte, wie weit insbesondere das *alinge* (= ganze) *land tho Westphalen* der Landfrieden, die unter Beteiligung der Kölner Erzbischöfe zustandekamen, auch den westfälischen Norden mit einschloß. Immerhin fällt auf,

---

61 Wigands Archiv IV, 1831, 53.

62 Vgl. *Wilfried Ehbrecht,* Hamm, die Mark und die Hanse, in: 750 Jahre Stadt Hamm, hrsg. von Herbert Zink, Hamm 1976, 214ff.; *Schoppmeyer* (wie Anm. 1), 79.

63 Vgl. z. B. UB Dortmund I, 255 (a. 1298); WUB VII, 1374 (1319); Lac III, 319 (a. 1338); UB Dortmund I, 634 (a. 1348); HUB III, 257 (a. 1352); UB Dortmund I, 794 (1365). – Zu den Vorgängen *Ernst Bock,* Der Kampf um die Landfriedenshoheit in Westfalen und die Freigerichte bis zum Ausgang des 14. Jahrhunderts, in: ZRGG 48 (1928), 384ff.; zur Entwicklung der Landfrieden *Heinz Angermeier,* Königtum und Landfriede im deutschen Mittelalter, München 1966, 225ff., 298ff.; *Pfeiffer* (wie Anm. 45), 113ff.; *Ludger Tewes,* Westfälische Landfrieden im 14. Jahrhundert. Textfunde der Friedensbünde von 1358 Okt. 31 und 1392 Sept. 20, in: BDLG 121 (1985), 169ff.; jetzt auch *Berns* (wie Anm. 46), 68ff.

64 REK V, 1202 (a. 1345).

daß im Februar 1348, einige Wochen bevor der Kölner Erzbischof, Walram von Jülich, Bischof Ludwig von Münster, Graf Engelbert von der Mark sowie die Städte Münster, Soest und Dortmund *durch dat beste unses landes tho Westphalen*[65] einen Landfrieden auf drei Jahre beschworen *(van der Wippere went an dee Wisere),* die Bischöfe von Osnabrück und Minden, die Grafen von Ravensberg, Holstein-Schauenburg und Everstein, der Edelherr zur Lippe und die Städte Herford, Osnabrück, Minden, Lübbecke und Lemgo ihrerseits bereits ein Landfriedensbündnis beschlossen hatten, *umme not und bederf unser lande*[66]. Aus dieser Urkunde geht zweifelsfrei hervor, daß *unse lande* die Territorien der am Landfrieden beteiligten Herren waren, das Bündnis folglich die nordöstlichen Gebiete Westfalens zu einem eigenen Landfriedensraum zusammenfügte[67]. Der große westfälische Landfriede Karls IV. von 1371, in den die Städte allerdings nur als Teile des jeweiligen Territoriums aufgenommen waren[68], schuf zwar für ganz Westfalen ein einheitliches Friedensrecht, änderte aber nichts daran, daß sich im nördlichen Westfalen seit der zweiten Hälfte des 14. Jahrhunderts doch ein eigener Friedensraum gebildet hatte[69].

Je mehr im Laufe des späten Mittelalters die Landesherren die ordnungstiftenden und raumbestimmenden Kräfte im Land wurden und die Territorien Gestalt annahmen, desto häufiger begegnen auch in Westfalen – aber nicht nur dort – innerterritoriale Städtebünde. In ihnen fanden sich die Städte eines Territoriums zusammen, um gegenüber dem eigenen Stadt- und Landesherrn die Wahrung ihrer Rechte und Freiheiten durchzusetzen, *dat men uns late by unseme alden rechte und by unser alden wontheit und by allen unsen erren*[70], wie es in einer Paderborner Urkunde aus dem Jahre 1358 heißt. Es gibt Anzeichen dafür, daß es den beteiligten Städten dabei nicht allein um die eigennützige Interessenwahrung ging. Als sich im selben Jahr Paderborn, beide Städte Warburg und Brakel angesichts des offenkundig erwarteten Ablebens Bischof Balduins von Steinfurt zusammenschlossen[71], verpflichteten sie sich gegenseitig, ohne vorherige Absprache keinen aus einer zwiespältigen Wahl hervorgegangenen Nachfolger anerkennen zu wollen, und machten für den Fall einer einhelligen Wahl die dem neuen Herrn schuldige Huldigung von der zuvor gewährten Bestätigung der städti-

---

65 UB Dortmund I, 634.

66 Lac. III, 456. Vgl. auch Osn. UB VI, 104 (a. 1310).

67 Vgl. *Schoppmeyer,* Hansische Organisationsformen (wie Anm. 1), 76; *Gertrud Angermann,* Die Stellung des nordöstlichen Westfalens in der Landfriedensbewegung zwischen 1300 und 1350, in: Lipp. Mitt. 24 (1955), 173ff.

68 Vgl. *Bock* (wie Anm. 63), 410 f.

69 Vgl. *F. Schultz,* Landfriedensbestrebungen im Stifte Osnabrück bis zum Jahre 1495, in: Osn. Mitt. 52 (1930), 1ff.; *Angermann* (wie Anm. 67), 164ff.

70 *Wilhelm Richter,* Geschichte der Stadt Paderborn, Bd. 1, Paderborn 1974 (Ndr. der Ausg. Paderborn 1899), xliii, Nr. 37.

71 Ebd., Nr. 38.

schen Rechte und Freiheiten abhängig. Der Hinweis auf den aus strittiger Wahl hervorgegangenen Nachfolger und die sich daraus ergebende Situation des Unfriedens im Lande macht deutlich, daß sich die Städte für den Frieden und die Einheit des Landes mitverantwortlich fühlten.

Man geht sicherlich nicht fehl, wenn man Städtebünden dieser Art – ähnliche Belege gibt es für das Hochstift Münster aus dem 14. und 15. Jahrhundert[72] – eine wichtige Rolle im Zusammenhang mit der Ausbildung der landständischen Städtekurien zumißt[73]. In ihnen manifestierte sich im Sinne des verfassungsgeschichtlichen Dualismus von „Land" und „Herrschaft" ein „landstandschaftliches" Selbstbewußtsein, das einerseits auf die Wahrung der eigenen Rechte gegenüber der Landesherrschaft bedacht war, das sich andererseits aber auch aus der Anerkennung der territorialen Mitverantwortlichkeit, aus dem Bewußtsein, das „Land" oder zumindest ein Teil des „Landes" zu sein, speiste. Ein sehr eindrucksvolles Zeugnis dafür liefert auch ein 1343 nach dem Tod Herzog Rainalds II. von Geldern abgeschlossenes Bündnis der Städte des Herzogtums Geldern und der Grafschaft Zutphen[74]. Nach dem Tode des Herzogs, der nur unmündige Kinder hinterlassen hatte, befand sich *tghemeynne lant in groter noet*. Die Städte verbündeten sich, *vm orbaer ons joncheren Reynolts deys hertoghen van Ghelren, dye nu is, ... ende oek deys ghemeynnen lants, ende onser der stede,* und sie verpflichteten sich gegenseitig, *dat wy daer tu raden ende helpen zoelen, dat ylken mynsche recht bescheydt ende vondenisse* (= Gerechtigkeit, Billigkeit, Vf.) *gheschye, na recht der stede, ... ende oek dat nyman onrecht wille noch ghewaut en gheschye*. Das heißt: Die verbündeten Städte übernahmen in der Zeit der Minderjährigkeit des Landesherrn mit der Friedenswahrung im Land eine herrschaftliche Aufgabe und bekundeten so ihre Mitverantwortung für das Wohl des Landes.

---

[72] Vgl. z. B. die Belege bei *J. Niesert*, Münsterische Urkundensammlung, T. 3, Coesfeld 1829, 2. Abt., 63ff.

[73] Zu den Paderborner Verhältnissen *Heinrich Schoppmeyer*, Der Bischof von Paderborn und seine Städte, Paderborn 1968, 189ff.; *ders.*, Die Entstehung der Landstände im Hochstift Paderborn, in: Westf. Zs. 136 (1986), 299 f.; *Friedrich Bernward Fahlbusch*, Die Außenbeziehungen der Stadt Paderborn im 15. Jahrhundert, in: Westf. Zs. 139 (1989), 229 f.; vgl. auch *ders.*, Zur hansischen Organisation im Hochstift Münster im 15. und 16. Jahrhundert, in: Westf. Forschungen 35 (1985), 60ff. – Vgl. allg. *Evamaria Engel*, Frühe ständische Aktivitäten des Städtebürgertums im Reich und in den Territorien bis zur Mitte des 14. Jahrhunderts, in: Städte und Ständestaat. Zur Rolle der Städte bei der Entwicklung der Ständeverfassung in europäischen Staaten vom 13. bis zum 15. Jahrhundert, hrsg. von Bernhard Töpfer, Berlin (Ost) 1980, 41ff.

[74] *I. A. Nijhoff*, Gedenkwaardigheden uit de geschiedenis van Gelderland, Bd. II, Arnhem 1833, Nr. 1. – Dazu *Wybe Jappe Alberts*, De staten van Gelre en Zutphen, 2 Bde., Groningen 1950/56; *ders.*, Zur Entstehung der Stände in den weltlichen Territorien am Niederrhein, in: Aus Geschichte und Landeskunde. Franz Steinbach zum 65. Gebtg. gewidmet von seinen Freunden und Schülern, Bonn 1960, 338; vgl. auch *Wilhelm Janssen*, Eine landständische Einigung kurkölnischer Städte aus den Jahren 1362/63, in: Die Stadt in der europäischen Geschichte. Festschrift Edith Ennen, hrsg. von Werner Besch u.a., Bonn 1972, 396.

Das städtische Bündniswesen, soweit es für den hansischen Westen hier vorgestellt werden konnte, zeigt folglich „regionale Identität" oder Raumbewußtsein auf zwei Ebenen, der überterritorialen, landschaftlichen, eher gentilizisch geprägten, und der territorialen, auf einen herrschaftlich organisierten Raum bezogenen Ebene, bei der der Raumbezug durch die politischen Grenzen des Territoriums vorgegeben war.

Östlich der Weser bietet sich ein etwas anderes Bild. Zwar waren auch hier die Bündniszwecke dieselben, die schon angesprochen wurden. Auffallend ist jedoch die Kleinräumigkeit der seit der Mitte des 13. Jahrhunderts entstehenden Bündnisstrukturen[75]. Die älteste Nachricht über einen Städtebund in diesem Raum ist eine undatierte Urkunde, die üblicherweise in das Jahr 1246 gesetzt wird, mit der sich Northeim und Münden gegen Unrecht und Gewalt verbündeten[76]. Der Text der Urkunde läßt keinen Zweifel daran, daß dem Bündnis weitere, allerdings nicht genannte Städte *(alii)* angehörten. Man hat die Urkunde deshalb in Verbindung gebracht mit einem gegen Ende des 13. Jahrhunderts bezeugten Bündnis der herzoglich braunschweigischen Städte Göttingen, Duderstadt, Northeim, Münden und Osterode[77], die sich zusammengeschlossen hatten, um gemeinsam Beeinträchtigungen ihrer Rechte und Freiheiten durch die welfischen Herzöge oder deren Vögte abzuwehren. Über territoriale Grenzen hinweg ging ein Bündnis sächsischer Städte, von dem die Quellen in den 50er Jahren des 13. Jahrhunderts berichten. 1252 bestätigte König Wilhelm von Holland u. a. die Verbindung der Reichsstadt Goslar mit Hildesheim und Braunschweig, *pro bono pacis et statu terre ... facta*[78]. Vier Jahre später verbündete sich die Stadt Hildesheim mit Herzog Albrecht von Braunschweig gegen den eigenen Stadtherrn, Bischof Heinrich von Hildesheim, und betonte, daß dies im Sinne ihres alten Bündnisses mit Braunschweig, Goslar und Hannover geschehe *pro communi necessitate totius terrae*[79]. *Terra* war hier kein politischer Raumbegriff, sondern eine reine Landschaftsbezeichnung, die das zu befriedende Gebiet zwischen Leine und Oker meinte. Im Jahr 1324 verbündeten sich die magdeburgischen Städte Magdeburg, Halle und Calbe wegen der *swernisse und not,*

---

75 So auch *Wilfried Ehbrecht,* Magdeburg im Sächsischen Städtebund. Zur Erforschung städtischer Politik in Teilräumen der Hanse, in: Festschrift für Berent Schwineköper zu seinem 70. Gebtg., hrsg. von Helmut Maurer und Hans Patze, Sigmaringen 1982, 396.

76 Sud. I, 27; dazu *Ulrich Kleist,* Die sächsischen Städtebünde zwischen Weser und Elbe im XIII. und XIV. Jahrhundert, in: Zs. des Harz-Vereins 25 (1892), 3 f.

77 UB Göttingen I, 48 - 50; Sud. I, 120. – 1336 erneuern Göttingen, Münden und Northeim ihr Bündnis (UB Göttingen I, 139); einige Wochen später errichtet Hzg. Otto von Braunschweig einen allgemeinen Landfrieden nach „rate unsir manne und unser stete" für das Gebiet „von dem Hartze biz obir de Wesere in unser herschaft" (ebd., Nr. 140).

78 MGH D Wilh., 185.

79 UB Hannover I, 18. Vgl. auch HUB I, 711 und UB Hildesheim I, 339 (a. 1272).

die sie unde wie geleden hebben unde noch liden von unrechte gewalt[80] gegen ihren Stadt- und Landesherrn, Erzbischof Burchard III.; 1326 beschlossen die halberstädtischen Kommunen Halberstadt, Quedlinburg und Aschersleben zum Schutz ihrer bürgerlichen Freiheiten, *ewichliken bi en to blivende to al iren noden*[81].

Handelte es sich in allen diesen Fällen um sehr kleinräumig strukturierte, zumeist nur auf das Gebiet eines Territoriums beschränkte Bündnissysteme – wobei hier der herrschaftlich geeinte Raum als Folge der widerstreitenden Machtinteressen von Stadt- und Landesherrn auf der einen und städtischem Bürgertum auf der anderen Seite gewissermaßen zu einem überlokalen städtischen Friedensbereich[82] wurde, in dem das lokale ebenso wie das regionale Wir-Bewußtsein der Städte oder der städtischen Führungsschichten aus der gemeinsamen Bedrohung der eigenen städtischen Freiheit durch den Stadtherrn zumindest eine Stärkung erfuhr –, so kam es in der zweiten Hälfte des 14. Jahrhunderts im sächsischen Raum auch zu umfassenderen städtebündischen Zusammenschlüssen.

Es waren dies, um nur die wichtigsten zu nennen, das Bündnis der halberstädtischen Stiftsstädte mit Braunschweig, Helmstedt und Goslar von 1351, dem sich auch Magdeburg anschloß[83], das Bündnis der Städte Braunschweig, Goslar, Lüneburg, Hannover, Einbeck, Hameln und Helmstedt *dor vredes willen und vromen des landes* (und zur Wahrung der Autorität des städtischen Rates) von 1360[84], das Bündnis, das die Städte Lüneburg, Hannover, Uelzen, Hildesheim und Braunschweig *dorch vredes willen, vromen des landes unde der stede* im August 1382 beschworen und dem noch am selben Tag Helmstedt und Göttingen beitraten[85] – im Juni desselben Jahres hatten die Ratsherren der Städte Goslar, Braunschweig, Hildesheim, Einbeck, Hannover, Wernigerode und Osterode eine Münzkonvention vereinbart[86] und damit die Gemeinsamkeit wirtschaftlicher Interessen im sächsischen Raum dokumentiert – und schließlich das Bündnis der Städte Goslar,

---

[80] UB Magdeburg I, 305. Zu den Vorgängen vgl. *Erika Uitz,* in: Geschichte der Stadt Magdeburg, hrsg. von Helmut Asmus, Berlin (Ost) 1975, 57ff.

[81] UB Halberstadt I, 419 - 422, 425; erneuert 1343: ebd., Nr. 471 -473. Zu den regionalgeschichtlichen Hintergründen vgl. *Gudrun Wittek,* Zur regionalen Wirksamkeit des Halberstädter Dreistädtebundes im 14. Jahrhundert, in: Magdeburger Bll. 1985, 25ff.

[82] Vgl. *Ehbrecht,* Magdeburg (wie Anm. 75), 399; ähnlich *Matthias Puhle,* Der Sächsische Städtebund und die Hanse im ausgehenden Mittelalter, in: HGbll. 104 (1986), 22.

[83] UB Halberstadt I, 487 - 492; mit Goslar und Braunschweig hatten sich die halberstädt. Städte schon 1335 verbündet; ebd., Nr. 443.

[84] Sud. III, 114; UB Lüneburg, Nr. 540; HUB III, 507.

[85] HUB IV, 755 - 757; UB Göttingen I, 303.

[86] HR I, 3, 154; vgl. *Matthias Puhle,* Die Politik der Stadt Braunschweig innerhalb des Sächsischen Städtebundes und der Hanse im späten Mittelalter (= Braunschweiger Werkstücke, Bd. 63), Braunschweig 1985, 35.

Hildesheim, Hannover, Einbeck, Braunschweig, Halberstadt und Quedlinburg (einschließlich der Bischöfe von Hildesheim und Halberstadt) von 1384[87].

Daß die Städte angesichts der allgemeinen Friedlosigkeit im Land und des Versagens der fürstlichen Landfriedenspolitik, des wachsenden Drucks der Landesherren auf die städtische Autonomie und der Zunahme innerstädtischer Konflikte an überterritorialen bündischen Zusammenschlüssen interessiert waren, ist bereits hinreichend oft erwähnt worden. Ein spezifisches regionales Bewußtsein ist bei den hier zur Debatte stehenden Quellen auf den ersten Blick zunächst nur insoweit erkennbar, als an den vielgestaltigen Bündnissystemen ausschließlich sächsische Städte beteiligt waren. Daß dies jedoch kein Zufall war, sondern durchaus als Ausdruck einer besonderen sächsischen Identität zu bewerten ist, zeigt der Widerstand der sächsischen Städte gegen die fürstliche Landfriedenspolitik in Sachsen, der 1384 zum Abschluß des eben erwähnten Städtebundes führte. Im Laufe des Jahres 1382 hatte König Wenzel das westfälische Landfriedensrecht von 1371[88] an verschiedene sächsische Landesherren übertragen und damit auch östlich der Weser zugunsten jener auf die königliche Friedensgewalt verzichtet. Die Landesherren ihrerseits – besonders Herzog Otto der Quade von Braunschweig-Göttingen – nutzten den Landfrieden als Instrument ihrer Territorialpolitik zum Nachteil der Städte[89]. Daß sich diese in einer solchen Situation als „sächsische" Städte, als *stede in deme lande to Sassen* verstanden und damit die Existenz eines die Grenzen der einzelnen Territorien überschreitenden Raumbewußtseins unter Beweis stellten, dokumentiert ein gemeinsames Schreiben von Goslar, Lüneburg, Hildesheim, Hannover, Halberstadt, Quedlinburg und Aschersleben an König Wenzel, in dem sie den König um Abhilfe, konkret: um die Einsetzung eines unabhängigen Landfriedensrichters baten[90]. Welchen Inhalt dieses Raumbewußtsein – zumindest auch – gehabt haben mag, zeigt eine Nachricht, die aus Magdeburg überliefert ist. Der Verfasser der dortigen Schöppenchronik begründete den Widerstand Magdeburgs gegen die Übertragung des westfälischen Friedensrechts damit, *dat on duchte dat vele stucke in dem lantvrede weren wedder dat gemeine Sassenrecht und ok wedder der stad recht*[91]. Trotzdem zeigt die Bündnispolitik der sächsischen Städte in den folgenden Jahrzehnten, die sich vielfach gegen die willkürliche Handhabung des Landfriedens durch die fürstlichen Gewalten richtete, die regionale Binnenstruktur des

---

87 HR I, 3, 184. – Weitere Bündnisse sächs. Städte: HUB V, 122 (a. 1393), 124 (a. 1393), 232 (a. 1396); HUB VI, 16 (a. 1415), 54 (a. 1415), 366 (a. 1421).

88 Gedr. UB Dortmund II, 7.

89 Dazu *Angermeier* (wie Anm. 63), 298ff.; vgl. z. B. auch die Klagen Göttingens: UB Göttingen I, 304 - 306.

90 HR I, 3, 179.

91 Chroniken der deutschen Städte, Bd. 7, 288.

größeren sächsischen Bundes, wobei deutlich eine braunschweigische, eine halberstädtische (mit Magdeburg) und eine südliche Städtegruppe um Göttingen hervortraten[92].

Anders als in Westfalen, wo das „große" überregionale Bündnissystem am Beginn der städtebündischen Entwicklung stand und die territorialen Bündnisse erst eine Erscheinung des 14. und 15. Jahrhunderts waren, haben sich, wie gezeigt, die Verhältnisse östlich der Weser eigentlich genau umgekehrt entwickelt. Hier standen die „kleinräumigen" Bündnisse am Anfang und wuchsen erst im Laufe des 14. Jahrhunderts zu einem übergreifenden Bündnissystem zusammen, das dann allerdings noch Bedeutung besaß, als der „Werner Bund" in Westfalen sein politisches Gewicht und seine raumgestaltende Kraft längst eingebüßt hatte.

Auch nördlich und nordöstlich der unteren Elbe setzen die Nachrichten über städtebündische Zusammenschlüsse in den 40er Jahren des 13. Jahrhunderts ein. Dabei scheint Lübeck die treibende Kraft gewesen zu sein, das in diesen Jahren auch dabei war, seine Vorrangstellung innerhalb der werdenden Hanse zu festigen. Die ältesten Nachrichten betreffen ein Bündnis, das Lübeck und Hamburg zum Schutz der Handelswege und der Kaufleute zwischen Trave- und Elbemündung und zur gegenseitigen Anerkennung von Verfestungen 1241 eingingen[93] und das sie in den folgenden Jahren mehrfach erneuerten[94]. Noch 1414 schlossen die beiden Städte mit den Herzögen von Lauenburg, dem Herzog von Schleswig und den Grafen von Holstein ein gegen das dänische Vorgehen gegen das Herzogtum Schleswig gerichtetes Landfriedensbündnis[95]. Wichtiger aber noch als das Bündnis mit Hamburg scheint für Lübeck das Zusammengehen mit den östlichen Nachbarstädten gewesen zu sein. Im September 1259 vereinbarten die Travestadt, Rostock und Wismar, alle See- und Straßenräuber, *qui mercatores spoliant,* eo ipso als Verfestete behandeln zu wollen; noch im selben Jahr schloß sich das vorpommersche Wolgast dieser Vereinbarung an[96]. Im Oktober 1293 schlossen

---

[92] Vgl. *Puhle* (wie Anm. 86), 40ff.

[93] UB Lübeck I, 95, 96; UB Hamburg I, 524, 525; dazu *Raabe,* Bündnisse (wie Anm. 8), 13ff. (dort die ält. Lit.); zur Frage eines voraufgehenden älteren Bündnisses von ca. 1230 neuerdings *Klaus Wriedt,* Die ältesten Vereinbarungen zwischen Hamburg und Lübeck, in: Civitatum Communitas. Studien zum europäischen Städtewesen. Festschrift Heinz Stoob zum 65. Geb., hrsg. von Helmut Jäger u.a., T. 2, Köln 1984, 756ff.

[94] HUB I, 484 (a. 1255); 537 (a. 1259); UB Lübeck II, 732 (a. 1341), 1301 (a. 1344), ebd., Bd. V, 493 (a. 1414).

[95] UB Lübeck V, 496; dazu *Wolf-Dieter Mohrmann,* Der Landfriede im Ostseeraum während des späten Mittelalters, Kallmünz 1972, 244ff.; vgl. auch die ältere Arbeit von *Paul Kallmerten,* Lübische Bündnispolitik von der Schlacht bei Bornhöved bis zur dänischen Invasion unter Erich Menved (1227 -1307). Diss. phil. Kiel 1932, 16ff.

[96] Mecklenburg. UB II, 847, 848. Vgl. *Raabe* (wie Anm. 8), 126ff.; vgl. *Manfred Hamann,* Wismar – Rostock – Stralsund – Greifswald zur Hansezeit, in: Vom Mittelalter zur Neuzeit. Zum 65. Gebtg. von Heinrich Sproemberg, hrsg. von Hellmut Kretzschmar, Berlin (Ost) 1956, 90ff.

die Städte Lübeck, Wismar und Rostock erneut ein förmliches Bündnis miteinander, *ob bonum pacis et utilitatem mercatorum communium,* jetzt unter Einschluß der Städte Stralsund und Greifswald[97]. Die enge Zusammenarbeit dieser Städte hatte sich aber schon früher gezeigt: 1281 hatten Lübeck, Wismar und Rostock *propter communem libertatem mercatorum* einen Streit zwischen Stralsund und Greifswald geschlichtet[98], 1283 hatten sie sich gemeinsam an dem u.a. gegen brandenburgische Expansionspläne gerichteten Rostocker Landfrieden beteiligt[99], und erst im April 1293 hatten sie sich mit den niederländischen Städten Kampen und Stavoren zum Schutz gemeinsamer Handelsinteressen in Norwegen verbündet[100]. Ohne Beteiligung Lübecks, das sich 1307 der Schirmherrschaft des dänischen Königs unterstellt hatte[101], erneuerten Wismar, Rostock, Stralsund und Greifswald 1308 das Bündnis von 1293, das schon 1296 verlängert worden war[102]. Diesmal versprachen sie sich nicht nur gegenseitigen Beistand gegen Straßen- und Seeräuber, sondern sicherten sich zugleich gegenseitige Unterstützung zu für den Fall, daß eine der verbündeten Städte von ihrem Landesherrn angegriffen würde[103], wobei die Form der Unterstützung – ähnlich den schon besprochenen westfälischen Beispielen – hauptsächlich in der Verweigerung von Versorgungsmöglichkeiten bestand. Als die gleichen Städte zwei Jahre später wieder ein Bündnis zum Schutz des Friedens beschworen, war die Travestadt schon wieder beteiligt, wenn auch mit einem Neutralitätsvorbehalt zugunsten des dänischen Königs[104]. Im Laufe des 14. und beginnenden 15. Jahrhunderts haben sich die Städte noch verschiedentlich zu Friedensbündnissen zusammengeschlossen – mit den Holsteiner Grafen *(... enen ganzsen steden vrede to makende unde to holdende uppe der see)*[105], mit dem dänischen König[106], mit Stettin oder auch mit Lüneburg[107]. Im einzelnen ist an dieser Stelle darauf nicht einzugehen.

---

97 Mecklenburg. UB III, 2248; UB Lübeck I, 608.

98 UB Lübeck I, 417. Dazu *Kallmerten* (wie Anm. 95), 19.

99 HUB I, 917; dazu *Mohrmann,* Landfriede (wie Anm. 95), 50ff.; *Raabe* (wie Anm. 8), 178ff.

100 Mecklenburg. UB III, 2223 - 2225, 2227.

101 Dazu *Erich Hoffmann,* in: Lübeckische Geschichte, hrsg. von Antjekathrin Graßmann, Lübeck 1988, 129 f. (dort weitere Lit.).

102 Pommersches UB III, 1659, 1779. Vorgesehen war auch die Unterstützung der verbündeten Städte gegen den eigenen Landesherrn.

103 Mecklenburg. UB V, 3263; zur polit. Situation vgl. auch *Konrad Fritze,* Der Kampf zwischen Bürgertum und Feudalfürstentum an der südwestlichen Ostseeküste zu Beginn des 14. Jahrhunderts, in: Wiss. Zs. der Ernst-Moritz-Arndt-Universität Greifswald 8 (1958/59), gesellschafts- und sprachwiss. Reihe, 243ff.

104 HUB II, 175.

105 HUB II, 633 (a. 1339).

106 Ebd., Nr. 679 (a. 1341).

107 Mecklenburg. UB XIII, 7662 [a. 1352; ohne Beteiligung Greifswalds; verlängert 1354 (UB Lübeck III, 216) im Beisein Greifswalds]; HR I, 6, 338 (a. 1417). Daneben gibt es auch Bündnisse, an denen nur Lübeck und die mecklenburg. Städte Wismar

In allen diesen Fällen handelte es sich um Bündnisse, die über die Grenzen der zunächst noch wenig gefestigten Territorien hinausgriffen: Beteiligt – als der feste Kern dieser Städtegruppe – waren das reichsunmittelbare Lübeck, die mecklenburgischen Städte Wismar und Rostock sowie die vorpommerschen Städte Stralsund und Greifswald. Ein einigendes Moment waren zunächst zweifellos „das zusammenschweißende und lebenswichtige Interesse am Fernhandel“[108] und der gemeinsame Wille, angesichts der Bedrohung dieses Handels durch Straßen- und Seeräuber ebenso wie durch Kriegs- und Fehdehandlungen rivalisierender Landesherren, einschließlich auswärtiger Mächte, befriedete Räume zu schaffen, in denen sich der Handel ungestört entfalten konnte[109]. Diesem Ziel dienten im 14. Jahrhundert im übrigen auch innerterritoriale Bündnisse der vorpommerschen[110] oder der mecklenburgischen Städte[111]. Identität stiftend konnten auch die engen verwandtschaftlichen Beziehungen wirken, die zwischen den Bürgern der „wendischen“ Städte bestanden. Doch ist dies ein Kriterium, das für die Städte galt, unabhängig davon, ob sie sich einem Städtebund angeschlossen hatten oder nicht. Eine Rolle mag schließlich auch die Gemeinsamkeit des lübischen Rechts gespielt haben, das in diesen Städten galt, wie eine in Wismar kurz nach 1260 verabschiedete Willkür ausdrücklich hervorhebt[112].

Das alles zeigt: Ein landschaftliches Raumbewußtsein mit einem offenkundig ausgeprägt gentilizischen Substrat hat es in den hier vorgestellten Gebieten des Altsiedellandes zwischen Rhein und Elbe spätestens seit dem 12. Jahrhundert gegeben; im nordostelbischen Kolonisationsgebiet dürfte sich ein solches Raumbewußtsein im Laufe des 13. Jahrhunderts herausgebildet haben. Mit der Entfaltung der spätmittelalterlichen Territorien entwickelte sich daneben ein auf sie begrenztes, herrschaftlich geprägtes Wir-Bewußtsein, das sich aus der rechtlichen Bindung an die gemeinsame Herrschaft ergab. Die Städte als Glieder des „Landes“ und der Landschaft füllten diesen Rahmen auf beiden Ebenen aus und nahmen das allgemeine Raumverständnis in die lokale Identität auf. Als Stätten hoher wirtschaftlicher, politisch-administrativer und kultureller Zentralität und als Träger einer den gemeinsamen Interessen dienenden Bündnispolitik leisteten sie zugleich einen wesentlichen Beitrag zur Verdichtung und Festigung dieser regionalen Identitäten.

---

und Rostock beteiligt waren: Mecklenburg. UB IX, 5844 (1338; Landfriede unter Beteiligung der Städte Hamburg, Lübeck, Wismar und Rostock sowie zahlreicher Landesherren); UB Lübeck V, 317 (a. 1410).

[108] *Hamann* (wie Anm. 96), 92.

[109] Vgl. *Mohrmann,* Landfriede (wie Anm. 95), 151.

[110] HUB II, 644 (a. 1339).

[111] Mecklenburg. UB XIII, 7717 (a. 1353); UB Lübeck III, 218 (a. 1354); diesen Bündnissen gehörte neben den mecklenburg. Landesherren auch Lübeck an.

[112] HR I, 1, 7. Vgl. auch *Max Kuhbier,* Die pommerschen Städtebünde bis zum Anfang des XV. Jahrhunderts, ihre Bedeutung für die pommersche Territorialpolitik und für die Hanse. Diss. phil. Münster 1922, 3.

IV.

Aus gesamthansischer Sicht ergibt sich folgendes Bild: Es dürfte deutlich geworden sein, daß die regionalen Städtebünde aus dem Bedürfnis heraus entstanden, in einer Zeit vielfältiger Bedrohungen die eigenen wirtschaftlichen und politischen Interessen zu schützen. Daß es daneben im hansischen Raum auch überregionale Bedrohungen und dementsprechend auch überregionale Städtebündnisse gegeben hat, braucht an dieser Stelle nicht besonders betont zu werden. Das vielleicht bekannteste Beispiel ist die Kölner Konföderation (1367), an der sich sogar nicht-hansische Städte beteiligten. Spezifisch „hansische" Bündniszwecke werden in den regionalen Bündnisurkunden nicht erwähnt. Erst der große sächsische Städtebund von 1426[113] enthält mit den Regelungen über die Besendung der Hansetage durch die sächsischen Städte einen direkten Bezug zur Hanse; mit dieser Frage hatten sich im übrigen die sächsischen Städte schon 1416 befaßt[114]. Aber diese Regelungen erfolgten nicht im Auftrag der Hanse, sondern aus Gründen der von den Städten erkannten Zweckmäßigkeit. Denn die getroffenen Vereinbarungen dienten der gleichmäßigen Information aller, der gleichmäßigen Verteilung der Lasten auf alle und sie waren geeignet, der Dominanz Braunschweigs und Magdeburgs vorzubeugen. Wie sehr gerade die sächsischen Städte auf die Wahrung ihrer Eigeninteressen bedacht waren, hatten sie erst wenige Jahre zuvor unter Beweis gestellt, als sie sich geweigert hatten, den 1407 wieder eingeführten Pfundzoll zur Ausrüstung von Friedeschiffen für den Kampf gegen die Vitalienbrüder zu bezahlen, und für den Fall des Ausschlusses aus der Hanse die Möglichkeit der Gründung einer Art eigener „Hanse" für möglich gehalten hatten[115]. Bezeichnend für die „Regionalität" der regionalen Städtebünde ist auch die Tatsache, daß sie, abgesehen vielleicht vom Beitritt der wendischen Städte zum Sächsischen Bund 1427 – angesichts der bevorstehenden dänisch-wendischen Auseinandersetzung[116] –, den vorgegebenen landschaftlichen Rahmen nie verlassen haben. Es ist wohl auch kein Zufall, daß die Hanse, als sie seit Beginn des 15. Jahrhunderts versuchte, die institutionell so wenig gefestigte Gemeinschaft auf dem Wege über den Abschluß gesamthansischer, überregionaler Tohopesaten auf eine festere städtebündische Grundlage zu stellen[117], nicht auf bestehende regionale Bündnisse sozusagen „zurückgriff",

---

113 HUB 6, 624.

114 UB Magdeburg II, 111; dazu Puhle (wie Anm. 86), 52 f.

115 Vgl. HR I, 5, 392 §§ 9, 15, 420; dazu *Puhle* (wie Anm. 86), 45ff.; *ders.* (wie Anm. 82), 25.

116 HR I, 8, 156; vgl. *Puhle* (wie Anm. 86), 72ff.

117 Dazu *Wilhelm Bode,* Hansische Bundesbestrebungen in der ersten Hälfte des 15. Jahrhunderts, in: HGbll. 45 (1919), 173ff.; *Matthias Puhle,* Innere Spannungen, Sonderbünde – Druck und Bedrohung von außen, in: Die Hanse – Lebenswirklichkeit und Mythos. Ausstellungskatalog, hrsg. von Jörgen Bracker, Hamburg 1989, Bd. 1, 86ff.

sondern unabhängig davon den Abschluß neuer Bündnisse, eben der Tohopesaten, betrieb. Und ebenso unabhängig von solchen hansischen Bemühungen schlossen sich die Städte dort, wo es ihnen erforderlich erschien, zu regionalen Bünden zusammen.

Das heißt, die regionalen Städtebünde entstanden unabhängig von der Hanse, aufgrund von Gegebenheiten, die in den landesgeschichtlichen Notwendigkeiten ihre Ursache hatten. Das schließt nicht aus, daß sich regionale und hansische Interessen gelegentlich decken konnten. Dennoch sind beide klar voreinander zu trennen. Die Hanse war nicht gleichsam die Summe der regionalen Städtebünde, und diese waren nie „Organe" der Hanse, sondern sie können, wenn überhaupt, allenfalls im Sinne Friedrich Bernward Fahlbuschs als „hansisch mitgenutzt" bezeichnet werden[118]. In den regionalen Städtebünden „Organe" der Hanse im eingangs beschriebenen Sinne sehen wollen, heißt das Wesen der Hanse gründlich mißverstehen. Ein konstitutives Element ihrer Geschichte und ihrer Organisation war die Anerkenntnis der landschaftlichen Besonderheiten und der Eigenständigkeit der hansischen Teilräume mit deren eigener regionaler Identität[119]. Ihren sinnfälligen Ausdruck fand diese Organisationsstruktur in den verschiedenen Drittels- und Quartierseinteilungen, die seit der Mitte des 14. Jahrhunderts innerhalb der Hanse vorgenommen wurden[120]. „Hanse" vollzog sich nicht gewissermaßen „von oben nach unten"; sie verwirklichte sich vielmehr in ihren Teilräumen. Diese in ihrer jeweiligen regionalen Besonderheit zu erkennen, ist eine wichtige Voraussetzung für ein tieferes Verständnis der Hanse und ihrer losen, flüchtigen „Bündnisstruktur".

---

118 *Fahlbusch,* Hansische Organisation (wie Anm. 73), 71.

119 Vgl. *Henn* (wie Anm. 2); *ders.,* Über die Anfänge des Brügger Hansekontors, in: HGbll. 107 (1989), 55ff., 66; *ders.,* Der Lübecker Hansetag vom Sommer 1418 (im Druck; erscheint in: Beiträge zur Dt. Volks- und Altertumskde. 26, 1988 -90); *Hergemöller* (wie Anm. 57), 57.

120 Vgl. z. B. HR I, 1, 143; *Johann Martin Lappenberg,* Urkundliche Geschichte des hansischen Stahlhofes zu London, Osnabrück 1967 (Ndr. der Ausgabe Hamburg 1851), 104; HR II, 3, 288 § 23; HR III, 3, 353 §§ 43, 107 - 109, 146.

Landesherrschaft, welfische Identität und sächsische Geschichte

Von Bernd Schneidmüller, Braunschweig

1180 und 1235 – diese beiden Jahre markieren in vielfältiger Weise historische Wendepunkte, Epochenjahre in der Geschichte der welfischen Fürstenfamilie und Zäsuren in der Verfassungshistorie des mittelalterlichen Reichs. In der Absetzung Heinrichs des Löwen 1180 gelang Kaiser Friedrich I. Barbarossa nicht nur die Beseitigung des größten Rivalen. Der Welfe hatte in der Verklammerung zweier alter Stammesherzogtümer, im zielstrebigen Ausbau seiner herzoglichen Herrschaft vor allem in Sachsen, aber auch nach Osten und in den Ostseeraum hinein, in der Pflege herrschaftlicher Traditionen wie im Ausbau Braunschweigs zu residenzartiger Stellung längst die bekannten Dimensionen fürstlichen Rangs im herrschaftlichen Spannungsbereich zwischen Königtum und Grafengewalt abgestreift und ließ dieses neue Selbstbewußtsein in seinem fast Legende gewordenen offensiven Auftreten in Chiavenna Gestalt gewinnen[1]. Im konsensualen Miteinander der Reichsfürsten[2] schuf ein politischer Prozeß[3], gängig in der Abfolge land- und lehnsrechtlicher Verfahren beschrieben[4], die Voraussetzung für eine entscheidende Neuordnung weiter Teile des *regnum Theutonicum*. Im Jahr

---

[1] Zusammenfassend *Karl Jordan*, Heinrich der Löwe. Eine Biographie, München 1979. Vgl. auch *Theodor Mayer*, Friedrich I. und Heinrich der Löwe, in: Kaisertum und Herzogsgewalt im Zeitalter Friedrichs I. Studien zur politischen und Verfassungsgeschichte des Mittelalters (Schriften des Reichsinstituts für ältere deutsche Geschichtskunde [Monumenta Germaniae historica] 9), Stuttgart 1944, 365 - 444; *Karl Jordan*, Friedrich Barbarossa und Heinrich der Löwe, in: BDLG 117 (1981), 61 - 71.

[2] Zur ständischen Abschließung *Julius Ficker*, Vom Reichsfürstenstande I - II, 1 - 3, Innsbruck (Graz) 1861 - 1923; Vom Reichsfürstenstande, hrsg. von Walter Heinemeyer, Köln/Ulm 1987.

[3] Zum Begriff *Heinrich Mitteis*, Politische Prozesse des früheren Mittelalters in Deutschland und Frankreich (SBHeidelbergAkad.Wiss., phil.-hist. Kl. 1926/27, 3), Heidelberg 1927, bes. 48ff. Vgl. *Ferdinand Güterbock*, Der Prozeß Heinrichs des Löwen. Kritische Untersuchungen, Berlin 1909; *ders.*, Die Gelnhäuser Urkunde und der Prozeß Heinrichs des Löwen (Quellen und Darstellungen zur Geschichte Niedersachsens 33), Hildesheim/Leipzig 1920.

[4] *Johannes Haller*, Der Sturz Heinrichs des Löwen, in: AUF 3 (1911), 295 - 450; *Carl Erdmann*, Der Prozeß Heinrichs des Löwen, in: Kaisertum und Herzogsgewalt (Anm. 1), 273 - 364; *Karl Heinemeyer*, Der Prozeß Heinrichs des Löwen, in: BDLG 117 (1981), 1 - 60; *Gerhard Theuerkauf*, Der Prozeß gegen Heinrich den Löwen. Über Landrecht und Lehnrecht im hohen Mittelalter, in: Heinrich der Löwe, hrsg. von Wolf-Dieter Mohrmann (VeröffentlNdsArchivverw. 39), Göttingen 1980, 217 - 248; *Odilo Engels*, Zur Entmachtung Heinrichs des Löwen, in: *ders.*, Stauferstudien, Sigmaringen 1988, 116 - 130.

1180 traten die Wittelsbacher in Bayern jene lang dauernde Herrschaft an, die der Familie bis 1918 entscheidenden Anteil am Werden des deutschen Südens bescherte[5]; 1180 vollzog sich zudem die Auflösung des alten sächsischen Dukats, der in vielfältiger Näherung und Distanz zur monarchischen Zentralgewalt seit dem 10. Jahrhundert das Reich mitgestaltet hatte[6], im tragenden wie im oppositionellen Sinn. Dafür mögen hier nur das liudolfingische Königtum des 10. und frühen 11. Jahrhunderts und die Herrschaft Lothars von Süpplingenburg (1125 - 1137) auf der einen[7], die Sachsenaufstände gegen Heinrich IV. und die Niederlage Heinrichs V. beim Welfesholz 1115 auf der anderen Seite[8] stehen. Die Zerschlagung des einheitlichen sächsischen Dukats, den die Gelnhäuser Urkunde von 1180 so hartnäckig leugnete[9], die Übertragung der herzoglichen Würde an die Askanier[10] und die Errichtung einer kölnischen Herrschaft über Westfalen[11], die Freisetzung vielfältiger, regional eingebundener gräflicher und kirchlicher Autonomiebestrebungen[12] – all dies hatte erhebliche Konsequenzen für die

---

[5] *Andreas Kraus,* Heinrich der Löwe und Bayern, in: Heinrich der Löwe (Anm. 4), 151 - 214. – Wittelsbach und Bayern, 6 Bde., hrsg. von Hubert Glaser, München/ Zürich 1980.

[6] Überblick bei *Wolfgang Giese,* Der Stamm der Sachsen und das Reich in ottonischer und salischer Zeit, Wiesbaden 1979. Vgl. auch *Eckhard Müller-Mertens,* Die Reichsstruktur im Spiegel der Herrschaftspraxis Ottos des Großen (ForschMaGesch. 25), Berlin 1980; *Wolfgang Eggert/Barbara Pätzold,* Wir-Gefühl und regnum Saxonum bei frühmittelalterlichen Geschichtsschreibern (ForschMaGesch. 31), Weimar 1984.

[7] Zuletzt *Helmut Beumann,* Die Ottonen, Stuttgart u. a. ²1991. – *Wolfgang Petke,* Kanzlei, Kapelle und königliche Kurie unter Lothar III. (ForschKaiserPapstgeschMA 5), Köln/Wien 1985.

[8] Überblicke zuletzt bei *Wolfgang Giese,* Reichsstrukturprobleme unter den Saliern – der Adel in Ostsachsen, in: Die Salier und das Reich 1, hrsg. von Stefan Weinfurter, Sigmaringen 1991, 273 - 308; *Stefan Weinfurter,* Herrschaft und Reich der Salier. Grundlinien einer Umbruchzeit, Sigmaringen 1991.

[9] In der 1180 April 13 ausgestellten Urkunde nennt Kaiser Friedrich I. Barbarossa Heinrich den Löwen *quondam dux Bawarię et Westfalię,* also nicht Herzog von Bayern und Sachsen. Verfügt wird über *ducatum, qui dicitur Westfalię et Angarię* (D FI 795).

[10] Die sächsische Herzogsherrschaft der Askanier verdient in vielfältiger Weise erneute Beachtung mit den Methoden der deutschen Landesgeschichtsforschung, vgl. zusammenfassend (mit Literaturhinweisen) *Gerd Heinrich,* Art. Askanier, in: LexMA 1 (1980), 1109 - 1112.

[11] Vgl. *Georg Droege,* Das kölnische Herzogtum Westfalen, in: Heinrich der Löwe (Anm. 4), 275 - 304; Köln/Westfalen 1180 - 1980. Landesgeschichte zwischen Rhein und Weser 1 - 2, Lengerich 1981. – Eine neue Untersuchung wird von Herrn Dr. *M. Becher* (Paderborn) vorbereitet.

[12] Zur herzoglichen Herrschaft Heinrichs des Löwen und zu ihren Widerständen vgl. neben der Anm. 1 genannten Biographie *Jordans* noch *Ruth Hildebrand,* Der sächsische „Staat“ Heinrichs des Löwen (HistStud. 302), Berlin 1937; *Wolf-Dieter Mohrmann,* Das sächsische Herzogtum Heinrichs des Löwen. Von den Wegen seiner Erforschung, in: Heinrich der Löwe (Anm. 4), 44 - 84; *Inge-Maren Peters,* Heinrich der Löwe als Landesherr, in: ebd. 85 - 126; *Berent Schwineköper,* Heinrich der Löwe und das östliche Herzogtum Sachsen, in: ebd. 127 - 150. Zu den neuen Wegen gräflicher Herrschaftsbildung im 13. Jahrhundert jetzt paradigmatisch *Lutz Fenske/Ulrich*

Geschicke des norddeutschen Raums. Er trat seit dem endgültigen Scheitern welfischer Königs- und Reichspolitik beim Ende Ottos IV. seinen so vielfach als königsfern angesprochenen Weg durch die spätmittelalterliche Reichsgeschichte an[13].

Die Entscheidungen von 1180 führten in letzter Konsequenz aber nicht allein zur Sonderung von Nord und Süd, von königsfernen und -nahen Regionen, sondern sie wiesen in ihrer territorialen Ordnungskonzeption über ältere, gentil geprägte Formationen den Weg zu neuen regionalen Gebilden, die ihre geographische Strukturierung als „Land“ ganz wesentlich dynastischer Prägung verdankten[14]; vor allem aber besaßen sie erhebliche Auswirkungen auf die objektive und auch subjektiv empfundene Stellung der welfischen Familie, auf ihren Rang in der adligen Gesellschaft des hohen Mittelalters[15]. Erst 1235 vermochten die Welfen ihre Zugehörigkeit zur Spitzengruppe des deutschen Adels zu sichern, als Kaiser Friedrich II. im Herzogtum Braunschweig-Lüneburg ein Reichsfürstentum neuen Typs konstituierte, entstanden aus Allodialbesitz ebenso wie aus Reichslehen, territorial und nicht mehr gentil definiert, nach seinen Hauptorten benannt und damit den Wandel der hochmittelalterlichen Reichsverfassung demonstrierend[16]. Darum bedeutet die Betrachtung der welfischen Geschichte mehr als bloßes Studium von Dynastenhistorie. Die Beschäftigung mit den Ereignissen des 12. und 13. Jahrhunderts und ihren Folgen für die

---

Schwarz, Das Lehnsverzeichnis Graf Heinrichs I. von Regenstein 1212/1227. Gräfliche Herrschaft, Lehen und niederer Adel am Nordostharz (VeröffentlMPIGesch. 94), Göttingen 1990. Studien zur Entwicklung herrschaftlicher Zugriffsrechte auf die sächsischen Bistümer im 13. Jahrhundert sind ein wichtiges Desiderat; sie können anknüpfen an: Das Bistum Hildesheim 3: Die Hildesheimer Bischöfe von 815 bis 1221 (1227), bearb. von Hans Goetting (Germania Sacra NF 20, 3), Hildesheim/New York 1984.

13 *Erich von Freeden,* Die Reichsgewalt und Niederdeutschland von der Mitte des 13. bis zur Mitte des 14. Jahrhunderts, Phil. Diss. Göttingen 1931; *Erhard Schmidt,* Die deutschen Könige und der Norden im späten Mittelalter, Phil. Diss. (masch.) Würzburg 1950; *Hartmut Steinbach,* Die Reichsgewalt und Niederdeutschland in nachstaufischer Zeit (1247 - 1308) (Kieler HistStud. 5), Stuttgart 1968; *Peter Moraw,* Nord und Süd in der Umgebung des deutschen Königtums im späten Mittelalter, in: Nord und Süd in der deutschen Geschichte des Mittelalters, hrsg. von Werner Paravicini (Kieler HistStud. 34), Sigmaringen 1990, 51 -70.

14 *Otto Brunner,* Land und Herrschaft. Grundfragen der territorialen Verfassungsgeschichte Österreichs im Mittelalter, Wien ^{5}1965 und die diesem wegweisenden Werk folgende Forschungsdiskussion, vgl. *Othmar Hageneder,* Der Landesbegriff bei Otto Brunner, in: Annali dell'Istituto storico italo-germanico in Trento 13 (1987), 153 - 178.

15 Dazu *Egon Boshof,* Die Entstehung des Herzogtums Braunschweig-Lüneburg, in: Heinrich der Löwe (Anm. 4), 249 - 274.

16 MG Const. 2, Nr. 197; vgl. *Karl Brandi,* Die Urkunde Friedrichs II. vom August 1235 für Otto von Lüneburg, in: Festschrift Paul Zimmermann, Wolfenbüttel 1914, 33 - 46; *Lotte Hüttebräuker,* Das Erbe Heinrichs des Löwen. Die territorialen Grundlagen des Herzogtums Braunschweig-Lüneburg von 1235 (StudVorarbHistAtlNds. 9), Göttingen 1927; *Gerhard Theuerkauf,* Art. Reichsfürsten, -stand, -rat, in: HRG 4 (1990), 573 - 576.

Geschichte des späten Mittelalters, mit ihren Spiegelungen im historischen und politischen Bewußtsein der Zeitgenossen und ihren Wertungen als Indiz für historisch begründetes Denken und Handeln verspricht vertiefte Einsichten in Herrschaftsstrukturen und sich wandelnde Identitäten, die die Geschicke des Alten Reichs entscheidend prägten. Die gut dokumentierte und durch eine reiche Quellenüberlieferung ausgezeichnete Geschichte der Welfen wie ihres adligen Eigenbewußtseins dient als Beispiel für einen historischen Wandel, der in der Zeit des beginnenden Spätmittelalters paradigmatisch für ähnliche Entwicklungen in anderen Adelsherrschaften betrachtet werden mag.

Voraussetzung für die Analyse der Ausformung welfischer Identität im Zuge der Territorialisierung der Reichsverfassung ist zunächst ein Blick auf die Geschichte von Aufstieg, Krise und Konsolidierung welfischer Herrschaft im Hochmittelalter; in drei Schritten sollen die bekannten und gut erforschten Ereigniszusammenhänge ins Gedächtnis gerufen werden.

I.

1. Ausgehend von Eigengütern im Raum nördlich des Bodensees trat die seit dem 8. Jahrhundert nachweisbare Familie der Welfen[17] spätestens seit dem 11. Jahrhundert in die große Politik ein, ausgezeichnet durch die herzogliche Würde zunächst in Kärnten, herausragend durch familiäre Beziehungen zum oberitalienischen Adel und durch eine ausgeprägte Familientradition, die selbst fehlende Kontinuität im Mannesstamm überwand. Namengebung, Besitz- und Herrschaftskontinuität halfen den söhnelosen Tod Welfs III. 1055 und die Fortführung der Linie in der Ehe Cunizas-Kunigundes mit dem Markgrafen Azzo II. v. Este zu überbrücken, zumal der aus dieser Verbindung hervorgegangene Welf IV. († 1101) als Herzog von Bayern wie in Eheverbindungen mit namhaften Damen des sächsischen und flandrischen Adels das Ansehen des Hauses noch zu steigern vermochte und seine Geltung unter den beiden letzten salischen Kaisern in weiträumigen Bezügen zur führenden Aristokratie des Reichs untermauerte[18]. Mit der errun-

[17] *Josef Fleckenstein,* Über die Herkunft der Welfen und ihre Anfänge in Süddeutschland, in: Studien und Vorarbeiten zur Geschichte des großfränkischen und frühdeutschen Adels, hrsg. von Gerd Tellenbach (ForschOberrheinLandesgesch. 4), Freiburg i.Br. 1957, 71 - 136.

[18] Vgl. Handbuch der bayerischen Geschichte 1, hrsg. von Max Spindler, München 1968, 246ff. (*Kurt Reindel,* Das welfische Jahrhundert in Bayern). Zum Herzogtum in salischer Zeit vgl. jetzt die Diskussion zwischen *Hans-Werner Goetz,* Das Herzogtum im Spiegel der salierzeitlichen Geschichtsschreibung, in: Die Salier und das Reich 1: Salier, Adel und Reichsverfassung, hrsg. von Stefan Weinfurter, Sigmaringen 1991, 253 - 271, und *Odilo Engels,* Das Reich der Salier – Entwicklungslinien, in: Die Salier und das Reich 3: Gesellschaftlicher und ideengeschichtlicher Wandel im Reich der Salier, hrsg. von Stefan Weinfurter, Sigmaringen 1991, 479 - 541, bes. 480ff.

genen Würde korrespondierte die Heiligsprechung eines frühen Angehörigen des welfischen Hauses, Bischof Konrads von Konstanz, die die familiäre Identität sichern half[19]. Damals, im frühen 12. Jahrhundert, war der Aufstieg der Welfen bereits von ungeheurer Dynamik erfaßt und hatten drei Herzöge mit Namen Heinrich durch vorteilhafte Heiraten und konsequentes Verhalten in zentralen Fragen der Reichsgeschichte im Übergang vom salischen zum staufischen Zeitalter die neuen Handlungsspielräume der Familie erkennen lassen. Heinrich der Schwarze und sein Sohn, Heinrich der Stolze, heirateten Damen aus sächsischem Adel und traten aus dem bisher süddeutsch geprägten Aktionskreis der Familie deutlich heraus. Heinrichs des Schwarzen Gattin Wulfhild, Tochter des ohne männlichen Erben 1106 verstorbenen billungischen Herzogs von Sachsen, bescherte den Welfen umfangreichen Allodialbesitz vor allem im Lüneburger Raum[20], Gertrud, die einzige Tochter Kaiser Lothars III. von Süpplingenburg und Richenzas, vermehrte diesen Komplex noch durch ihr Erbe umfangreicher Güter im Osten und Süden Sachsens[21].

Die schnelle Wahl des Staufers Konrad III. 1138 nach dem Tod von Heinrichs des Stolzen Schwiegervater, Kaiser Lothars, verschüttete freilich welfische Hoffnungen auf königliche Herrschaft im Reich und bildete den Ausgangspunkt für den ein Jahrhundert währenden Konflikt zwischen Staufern und Welfen[22]. Der von Heinrich dem Stolzen verteidigte, von seinem Sohn, Heinrich dem Löwen, schließlich behauptete Besitz zweier Herzogtümer, von Bayern und Sachsen, gepaart mit umfangreichen Allodialkomplexen der Familie und der bedeutenden Machtstellung des süddeutschen Welfenzweigs unter Welf VI.[23], verliehen Heinrich dem Löwen im zeitweiligen Mit- und schließlichen Gegeneinander zu Friedrich I. Barbarossa eine herausragende Stellung, die nicht allzu lange die entstehende strukturelle Krise sowohl im alten sächsischen Dukat[24] als auch im ganzen Reich überdeckte.

---

[19] Freiburger DiözesanArchiv 95 (1975): Der heilige Konrad – Bischof von Konstanz. Studien aus Anlaß der tausendsten Wiederkehr seines Todesjahres. Darin bes. *Otto Gerhard Oexle,* Bischof Konrad von Konstanz in der Erinnerung der Welfen und der welfischen Hausüberlieferung während des 12. Jahrhunderts, 7 - 40.

[20] Zum billungischen Besitz *Gudrun Pischke,* Herrschaftsbereiche der Billunger, der Grafen von Stade, der Grafen von Northeim und Lothars von Süpplingenburg (StudVorarbHistAtlNds. 29), Hildesheim 1984, 1ff.

[21] *Jordan* (Anm. 1), 1ff.; *Herbert W. Vogt,* Das Herzogtum Lothars von Süpplingenburg 1106 - 1125 (QuellenDarstGeschNds. 57), Hildesheim 1959; *Pischke* (Anm. 20), 61ff.

[22] Quellen und Literatur bei *Egon Boshof,* Staufer und Welfen in der Regierungszeit Konrads III.: Die ersten Welfenprozesse und die Opposition Welfs VI., in: AKG 70 (1988), 313 - 341.

[23] Vgl. *Rudolf Goes,* Die Hausmacht der Welfen in Süddeutschland, Phil. Diss. (masch.) Tübingen 1960; *Karin Feldmann,* Herzog Welf VI. und sein Sohn, Phil. Diss. Tübingen 1971. Weitere Untersuchungen werden vorbereitet. Vgl. auch die unten, Anm. 45, genannte Lit.

Die viel besprochenen Ereignisse um die Absetzung Heinrichs des Löwen lassen neben den Ansätzen zur territorialen Neuordnung weiter Reichsteile auch die Abschließung eines besonderen Reichsfürstenstandes deutlich hervortreten, der sich seit dem Wormser Konkordat zu formieren begonnen hatte und aus dem die Welfen nun herausgestoßen wurden.

2. Eben noch durch die Ehe Heinrichs des Löwen mit der englischen Königstochter Mathilde im Kontinuum staufischer Bündnispolitik[25] so sichtbar ausgezeichnet, bedeutete der Sturz des Jahres 1180 für die Welfen mehr als nur eine vorübergehende politische Krise. Heinrichs des Löwen ganzes Wirken in den letzten fünfzehn Jahren seines Lebens galt dem Ausgleich dieses Rangverlusts[26]. In den politischen Karrieren der beiden ältesten Söhne schien dies glanzvoll zu glücken. Der älteste, Heinrich, rückte nach seiner spektakulären Ehe mit der staufischen Erbin der rheinischen Pfalzgrafschaft als Pfalzgraf bei Rhein seit 1195/96 in den Reichsfürstenstand auf[27] und brachte diesen Rang in seinen beiden ersten Siegeln (mit Lehnsfahne) zum Ausdruck[28]; bis zum Tod 1227 verlieh Heinrich in den Intitulationes seiner zahlreichen Urkunden dem Anspruch seines Hauses Geltung, wenn er sich *dux Saxoniae* und *comes palatinus Rheni*[29] nannte, selbst als er seine Würde als rheinischer Pfalzgraf nach dem frühen Tod des gleichnamigen Sohns und im Gefolge des staufisch-welfischen Thronstreits an die Wittelsbacher verloren hatte[30]. Der zweite überlebende Sohn Heinrichs des Löwen, im englischen Exil der Welfen aufgewachsen und König Richard I. eng vertraut, wurde von einer Partei um den Kölner Erzbischof 1198 als Otto IV. zum römischen König erhoben[31]. Es war der „endlich“ vollzogene,

---

24 *Gudrun Pischke,* Der Herrschaftsbereich Heinrichs des Löwen. Quellenverzeichnis (StudVorarbHistAtlNds. 32), Hildesheim 1987. Vgl. auch die oben, Anm. 12, genannte Lit. Daß Heinrich der Löwe Sachsen in seinem Itinerar eindeutig bevorzugte, zeigt *Johannes Heydel,* Das Itinerar Heinrichs des Löwen, in: NdsJb 6 (1929), 1 - 166, bes. 108 f.

25 Dazu jetzt *Jens Ahlers,* Die Welfen und die englischen Könige 1165 - 1235 (QuellenDarstGeschNds. 102), Hildesheim 1987, 22ff.

26 *Jordan* (Anm. 1), 214ff.; *Boshof* (Anm. 15), 250 f.

27 *Lothar v. Heinemann,* Heinrich von Braunschweig, Pfalzgraf bei Rhein. Ein Beitrag zur Geschichte des staufischen Zeitalters, Gotha 1882; *Odilo Engels,* Art. Heinrich, in: LexMA 4 (1989), 2076.

28 *Bernd Schneidmüller,* Die Siegel des Pfalzgrafen Heinrich bei Rhein, Herzogs von Sachsen (1195/6-1227), in: NdsJbLG 57 (1985), 257 - 265; zu den heraldischen Formen der Zeit grundlegend *Lutz Fenske,* Adel und Rittertum im Spiegel früher heraldischer Formen und deren Entwicklung, in: Das ritterliche Turnier im Mittelalter. Beiträge zu einer vergleichenden Formen- und Verhaltensgeschichte des Rittertums, hrsg. von Josef Fleckenstein (VeröffentlMPIGesch. 80), 75 - 160. Zum reichsfürstlichen Rang *Boshof* (Anm. 15), 253ff.

29 *v. Heinemann* (Anm. 27), 300 f.; *Schneidmüller* (Anm. 28), 259ff.

30 *Meinrad Schaab,* Geschichte der Kurpfalz 1, Stuttgart u.a. 1988, 60ff.

31 *Franz-Reiner Erkens,* Der Erzbischof von Köln und die deutsche Königswahl. Studien zur Kölner Kirchengeschichte, zum Krönungsrecht und zur Verfassung des Reiches (Mitte 12. Jahrhundert bis 1806) (StudKölnerKiGesch. 21), Siegburg 1987,

wenn auch mit der Wahl des Staufers Philipp von Schwaben von Anfang an bestrittene Durchbruch der welfischen Familie zum Königtum, 1209 sogar durch die Kaiserkrönung durch Papst Innocenz III. mit imperialem Glanz verbrämt. Ottos Niederlage gegen den Staufer Friedrich II. und sein Tod 1218, das schließliche Ende Heinrichs 1227 in Braunschweig offenbarten das Desaster des welfischen Hauses, dem nur noch ein männlicher Erbe verblieb: Otto das Kind, Sohn von Heinrichs des Löwen drittem Sohn Wilhelm, von seinem Onkel, dem Pfalzgrafen Heinrich, 1223 als Nachfolger im welfischen Allodialkomplex feierlich eingesetzt, allerdings beschränkt auf schmale Güter in Ostsachsen, im Raum um Braunschweig und Lüneburg, deren Zugehörigkeit zudem durch den Staufer Friedrich II. bestritten wurde[32].

3. Diese faktische Demütigung, verbunden mit neuen europäischen Bündniskonstellationen, schuf die Basis für die schließliche Aussöhnung. Grundlage wurde die rechtliche Fixierung in Mainz im Sommer 1235: Durch die Verschmelzung der vom Staufer als Reichslehen beanspruchten Stadt Braunschweig mit der dem Reich aufgetragenen allodialen Burg Lüneburg entstand als in der welfischen Familie erbliches Fahnenlehen das neue Herzogtum Braunschweig-Lüneburg[33]. Es hat trotz vieler Teilungen[34] und mancher territorialer Veränderungen[35] sein Gesicht bis in die jüngste Vergangenheit behalten, bis 1918 fast ohne Pause von der welfischen Familie regiert und bis 1946 als eigenständiges staatliches Gebilde den 2. Weltkrieg überdauernd.

---

17 ff. Zu Otto IV. jetzt *Bernd Ulrich Hucker,* Kaiser Otto IV. (Schriften der MGH 34), Hannover 1990. Zum englischen Exil der Welfen *Austin Lane Poole,* Die Welfen in der Verbannung, in: DA 2 (1938), 129 - 148.

[32] *August Michels,* Leben Ottos des Kindes, ersten Herzogs von Braunschweig und Lüneburg, Phil. Diss. Göttingen 1891; *Boshof* (Anm. 15), 264 ff. – Zur Erbeinsetzung Ottos des Kindes durch seinen Onkel vgl. die Urkunde von 1223 Juli, Urkundenbuch der Stadt Braunschweig 2, hrsg. von Ludwig Hänselmann, Braunschweig 1900, Nr. 60, 22 f. (= BFW 10904), vgl. *v. Heinemann* (Anm. 27), 178 f.

[33] *Quapropter cum consilio, assensu et assistencia principum civitatem Brunswich et castrum Luneburch cum omnibus castris, hominibus et pertinenciis suis univimus et creavimus inde ducatum et imperiali auctoritate dictum consanguineum nostrum Ottonem ducem et principem facientes ducatum ipsum in feodum imperii ei concessimus, ad heredes suos filios et filias hereditarie devolvendum, et eum sollempniter iuxta consuetudinem investivimus per vexilla; de affluentiore gratia concedentes eidem decimas Goslarie imperio pertinentes* (MG Const. 2, Nr. 197).

[34] *Gudrun Pischke,* Die Landesteilungen der Welfen im Mittelalter (VeröffentlInstHistLandesforschUnivGöttingen 24), Hildesheim 1987.

[35] *Wilhelm Havemann,* Geschichte der Lande Braunschweig und Lüneburg für Schule und Haus 1 - 2, Lüneburg 1837 - 1838; *Otto von Heinemann,* Geschichte von Braunschweig und Hannover 1 - 3, Gotha 1884 - 1892; *Hermann Kleinau,* Überblick über die Gebietsentwicklung des Landes Braunschweig, in: BraunschwJb. 53 (1972), 9 - 48; *Joseph König,* Landesgeschichte, in: Braunschweigische Landesgeschichte im Überblick, hrsg. von Richard Moderhack (QuellenForschBraunschwGesch. 23), Braunschweig ^{3}1979, 61 ff.

II.

Diese Bemerkungen zum Wandel welfischer Herrschaft vom 12. zum 13. Jahrhundert führen zum Vergleich der regionalen Macht der Fürstenfamilie vor 1180 und nach 1235. Aus reichsweiten Besitzkomplexen und personalen Bindungen mit den ursprünglichen Zentren im süddeutschen Raum, vor allem in Weingarten, aus europäischen Bezügen, sichtbar in der Verwandtschaft mit dem anglonormannischen Königshaus, in einer glanzvollen Pilgerfahrt Heinrichs des Löwen ins Heilige Land und in seinem triumphalen Empfang am byzantinischen Kaiserhof, aus herzoglichen Würden in Bayern und Sachsen, aus dem Griff nach dem Kaisertum 1209 waren schmale Ländereien im Norden Deutschlands, in Sachsen um Braunschweig und Lüneburg, ererbt von sächsischen Geschlechtern, verblieben. Doch auch hier, gerade in Braunschweig, bewahrte man die Erinnerung an die welfische Glanzzeit, an die Herrschaft Heinrichs des Löwen. Er hatte Braunschweig zum bevorzugten Ort seiner herzoglichen Herrschaft in Sachsen ausgebaut und den Platz seit 1173 mit einem einzigartigen Neubau der Stiftskirche und 1166 mit der berühmten Löwensäule[36] geschmückt, deren Rang als Herrschaftssymbol den Zeitgenossen sogleich bewußt wurde und deren Errichtung als unerhörter Akt in der norddeutschen Chronistik großen Widerhall fand. Im Miteinander von Stiftskirche, Welfengrablege[37], Pfalzanlage und Burgplatz mit Löwensäule hatte sich Heinrich der Löwe einen glanzvollen Herrschaftsmittelpunkt geschaffen, der folgenden Generationen vom Rang des großen Welfen künden sollte, diesen aber auch die Endlichkeit neuer welfischer Macht im regionalen Raum bloßlegte.

Der Historiker wird nicht bei der einfachen Feststellung unterschiedlicher Machtpotentiale und Handlungsspielräume welfischer Herren vom 12. zum 13. Jahrhundert verharren. Er muß weiterfragen, ob solches Konstatie-

---

[36] *Karl Jordan/Martin Gosebruch,* 800 Jahre Braunschweiger Burglöwe 1166 - 1966 (BraunschwWerkst. 38), Braunschweig 1967; Der Braunschweiger Löwe, hrsg. von Gerd Spies (BraunschwWerkst. 62), Braunschweig 1985, dort bes. *Gerd Spies,* Der Braunschweiger Löwe, 9 - 93.

[37] Eine befriedigende, neueren Ansprüchen genügende Studie zu den welfischen Grablegen des Mittelalters fehlt. Eine ältere Zusammenstellung bietet *Carl Steinmann,* Die Grabstätten der Fürsten des Welfenhauses von Gertrudis der Mutter Heinrichs des Löwen bis auf Herzog Wilhelm von Braunschweig-Lüneburg, Braunschweig 1885. Eine zu Beginn des 16. Jahrhunderts angefertigte Tafel in St. Blasius nennt neben dem angeblichen Gründungsdatum 1030 und der Stiftsneugründung durch Heinrich den Löwen auch die Brunonin Gertrud und die Welfen, die in St. Blasius bestattet sind; zuletzt ist Herzog Heinrich der Ältere (+ 1514) aufgeführt. Die Tafel ist als Apographum Tabulae vernaculae, in Basilica S. Blasii Brunsuicensi suspensae, de rebus Ducum gedruckt von Leibniz (Anm. 140), 48. Zur Braunschweiger Grablege *Ernst Döll,* Die Kollegiatstifte St. Blasius und St. Cyriacus zu Braunschweig (BraunschwWerkst. 36), Braunschweig 1967. Zur Residenzenproblematik jetzt *Arno Weinmann,* Braunschweig als landesherrliche Residenz im Mittelalter (BeihBraunschwJb. 7), Braunschweig 1991.

ren bloß dem abwägenden Urteil des modernen Betrachters entspringt oder ob sich Reflexe davon im mittelalterlichen Bewußtsein feststellen lassen. Es gilt daher zu überprüfen, wie die Welfen und ihr klerikales Umfeld im politischen Handeln und in der Historiographie mit den Veränderungen in ihrer Geschichte umgingen.

Daß gerade das Beispiel der Welfen reiche Ergebnisse verspricht, muß hier ebenso nachdrücklich unterstrichen wie gleichzeitig bedauert werden, daß wichtige Quellenzeugnisse vor allem des 14. und 15. Jahrhunderts noch nicht hinreichend gewürdigt oder überhaupt noch nicht bekannt gemacht wurden. Nach einer kleinen Synthese der bisherigen Forschung soll darum paradigmatisch die Überlieferung vom 12. bis zum 15. Jahrhundert präsentiert werden, erneut in einem Dreischritt, der sich im Kern an vier genealogischen Bildtafeln als herausragenden Zeugnissen welfischen Selbstbewußtseins orientiert, zwei längst publiziert und gut bekannt, die beiden anderen wenig oder gar nicht beachtet.

1. In den verschiedenen historiographischen Gattungen nimmt die adlige Hausgeschichtsschreibung des hohen Mittelalters einen besonderen Rang ein[38]. Das darin zu Tage tretende adlige Bewußtsein bietet sich nicht als statische Größe dar, sondern spiegelt in seiner Eigenart wie in seiner Entwicklung unterschiedliche Sichtweisen von Haus, Sippe, Familie, Herrschaft und Amt[39]. Dieser Vorgang wurde in besonderer Weise vom Freiburger Kreis um Gerd Tellenbach und Karl Schmid beschrieben[40], die auch auf die reichhaltige Überlieferung der Welfen zurückgriffen und auf den Rang Weingartens, Hauskloster und Grablege der Welfen, hindeuteten; hier trat der enge Zusammenhang von Historiographie und Memoria deutlich zu Tage[41].

---

[38] *Karl Hauck,* Haus- und sippengebundene Literatur mittelalterlicher Adelsgeschlechter, von Adelssatiren des 11. und 12. Jahrhunderts aus erläutert, in: MIÖG 62 (1954), 121 - 145, Neufassung in: Geschichtsdenken und Geschichtsbild im Mittelalter, hrsg. von Walther Lammers (Wege der Forschung 21), Darmstadt 1961, 165 - 199; neuere, weiterführende Lit. wird in der Folge am gegebenen Ort genannt.

[39] *Karl Schmid,* Zur Problematik von Familie, Sippe und Geschlecht, Haus und Dynastie beim mittelalterlichen Adel. Vorfragen zum Thema „Adel und Herrschaft im Mittelalter“, in: ZGO 105 (1957), 1 - 62.

[40] Vgl. *Gerd Tellenbach,* Zur Erforschung des mittelalterlichen Adels (9. - 12. Jahrhundert), in: Rapports du XIIe Congrès international des sciences historiques, Wien 1965, 318 - 337; *Karl Schmid,* Über die Struktur des Adels im früheren Mittelalter, in: JbFränkLdForsch. 19 (1959), 1 - 23; *ders.,* Heirat, Familienfolge, Geschlechterbewußtsein, in: Il matrimonio nella società altomedievale (Settimane di studio del Centro italiano di studi sull'alto medioevo 24), Spoleto 1977, 103 - 137. Grundsätzlich zur Methode *Karl Schmid/Joachim Wollasch,* Societas et Fraternitas. Begründung eines kommentierten Quellenwerkes zur Erforschung der Personen und Personengruppen des Mittelalters, in: FMSt. 9 (1975), 1 - 48.

[41] *Otto Gerhard Oexle,* Memoria und Memorialüberlieferung im früheren Mittelalter, in: FMSt. 10 (1976), 70 - 95; Memoria. Der geschichtliche Zeugniswert des liturgischen Gedenkens im Mittelalter, hrsg. von Karl Schmid/Joachim Wollasch (Münstersche Mittelalter-Schriften 48), München 1984.

Anonyme Verfasser sammelten und bewahrten in geistlichen Zentren die Geschichte des Hauses im 12. Jahrhundert, im Umkreis der süddeutschen Welfen[42] wie schließlich im neuen Herrschaftszentrum St. Michael in Lüneburg[43]. Von den dunklen Anfängen des Geschlechts, durch sagenhafte Motive ausgeschmückt, führen uns die Berichte bis in die Zeit politischen Aufstiegs der Welfen im 12. Jahrhundert, gewiß angeregt durch das historische Interesse Heinrichs des Schwarzen im Zusammenhang mit der Heiligsprechung Bischof Konrads[44]. Bis zu Heinrich und seiner Gattin, der Billungerin Wulfhild, reichte eine kontinuierliche Grablegetradition in Weingarten. Aber mit ihrem Tod riß sie ab, gewiß eine tiefe Zäsur in der Familiengeschichte, die fortan ihr religiöses Zentrum an anderen Plätzen fand.

2. Neue Bezugspunkte erwuchsen aus den vermehrten politischen Möglichkeiten der Familie. Im Süden durch Welf VI. und seinen früh verstorbenen Sohn, Welf VII., vertreten[45], in den Herzogtümern Bayern und Sachsen durch Heinrich den Stolzen und Heinrich den Löwen repräsentiert, schufen die letzten süddeutschen Welfen ihre Grablege in Steingaden, während sich Heinrich der Stolze und Heinrich der Löwe bewußt nach Sachsen orientierten. Noch lange vor der politischen Katastrophe von 1180 fand die Familie ihre kultische Mitte zunächst in Königslutter, als Heinrich der Stolze in der Grablege Kaiser Lothars und Kaiserin Richenzas bestattet wurde[46], schließ-

---

[42] Historia Welforum, hrsg. von Erich König (Schwäbische Chron. der Stauferzeit 1), Sigmaringen ²1978. Vgl. *Karl Schmid,* Welfisches Selbstverständnis, in: Adel und Kirche. Gerd Tellenbach zum 65. Geburtstag, hrsg. von Josef Fleckenstein/Karl Schmid, Freiburg/Basel/Wien 1968, 389 - 416; *ders.*, Probleme um den „Grafen Kuno von Öhningen". Ein Beitrag zur Entstehung der welfischen Hausüberlieferung und zu den Anfängen der staufischen Territorialpolitik im Bodenseegebiet, ND in: *ders.*, Gebetsgedenken und adliges Selbstverständnis im Mittelalter. Ausgewählte Beiträge, Sigmaringen 1983, 127 - 179. Zu Weingarten als geistlichem Zentrum der welfischen Familie vgl. auch *Erich König,* Die süddeutschen Welfen als Klostergründer. Vorgeschichte und Anfänge der Abtei Weingarten, Stuttgart 1934; Weingarten 1056 - 1956. Festschrift zur 900-Jahr-Feier des Klosters 1056 - 1956, Weingarten 1956; *Gebhard Spahr,* Die Basilika Weingarten, Sigmaringen 1974.

[43] Dazu *Otto Gerhard Oexle,* Die „sächsische Welfenquelle" als Zeugnis der welfischen Hausüberlieferung, in: DA 24 (1968), 435 -497.

[44] *Oexle* (Anm. 43), 471 ff.; *ders.* (Anm. 19).

[45] Vgl. *Feldmann* (Anm. 23); *dies.*, Herzog Welf VI., Schwaben und das Reich, in: ZWLG 30 (1971), 308 - 326; *Heinrich Büttner,* Staufer und Welfen im politischen Kräftespiel zwischen Bodensee und Iller während des 12. Jahrhunderts, in: *ders.*, Schwaben und Schweiz im frühen und hohen Mittelalter. Gesammelte Aufsätze, hrsg. von Hans Patze (VuF 15), Sigmaringen 1972, 337 -392. Veraltet *Salo Adler,* Herzog Welf VI. 1, Phil. Diss. Göttingen 1881.

[46] Zur Geschichte des Benediktinerklosters *Christof Römer,* Artikel Königslutter, in: Die Benediktinerklöster in Niedersachsen, Schleswig-Holstein und Bremen, bearb. von Ulrich Faust (Germania Benedictina 6), St. Ottilien 1979, 253 - 298; Königslutter und Oberitalien. Kunst des 12. Jahrhunderts in Sachsen, hrsg. von Martin Gosebruch/Hans-Henning Grote, Braunschweig 1980 (darin bes. *Wolfgang Petke,* Lothar III., Stifter der Abtei Königslutter, 13 - 27); *Josef Fleckenstein,* Über Lothar von Süpplingenburg, seine Gründung Königslutter und ihre Verbindung mit den Welfen (Beiträge zur Geschichte des Landkreises und der ehemaligen Universität Helm-

lich in Braunschweig, wo sich Heinrich der Löwe und seine Gemahlin im Neubau der Stiftskirche St. Blasius ihre Grablege errichteten, die – gemeinsam mit der alten Billungergrablege St. Michael in Lüneburg – nach Aufgabe einer geplanten Grabkirche Ottos IV. in Scheverlingenburg durch die Bestattungen Ottos IV. und des Pfalzgrafen Heinrich prägend für die welfische Grablegetradition der folgenden Jahrhunderte wurde[47].

Die dem Tod Heinrichs des Schwarzen folgende Verzweigung der welfischen Familie in zwei Linien, die Übertragung der süddeutschen Welfengüter durch Welf VI. nicht an den welfischen Neffen, an Heinrich den Löwen, sondern an die staufischen Verwandten, an Friedrich I. Barbarossa und schließlich an Heinrich VI., ermöglicht die Einordnung unserer ersten Bildtafeln, des berühmten Welfenstammbaums auf der Rückseite des 13. Blatts einer Weingartener Handschrift in der hessischen Landesbibliothek Fulda, von Karl Schmid und Otto Gerhard Oexle eindringlicher Interpretation unterzogen[48]. Deren Beobachtungen knapp aufgreifend, soll hier nur auf die Form des linksgeneigten Baums[49] verwiesen werden, erwachsend aus Welf I. und Eticho, dann in Doppelbildnissen welfischer Paare bis zu Heinrich dem Schwarzen und Wulfhild geführt. An sie schließen sich zwei Paare an, Heinrich der Stolze und Gertrud, Welf VI. und Uta, während der linksgeneigte Baum von deren Söhnen Heinrich dem Löwen und Welf VII. abgeschlossen wird. Ohne daß hier auf die vielfältigen Medaillons neben dem kontinuierlichen welfischen Stammbaum eingegangen werden kann – nur auf das Herauswachsen Kaiser Karls des Kahlen über seine Mutter Judith von Welf I. soll hingewiesen werden –, müssen für das Verständnis der Bildaussage zwei wichtige Beobachtungen Oexles aufgenommen werden: Zum einen verzichtete der mittelalterliche Zeichner auf die Gattin Heinrichs des Löwen und seine Nachkommen, die den welfischen Stamm fortsetzten, zum anderen war die Linksneigung des Baums deshalb notwendig geworden, um das

stedt 3), Helmstedt 1980; *Hartmut Rötting,* Die Grablege Lothars III. in der Stiftskirche zu Königslutter, in: Kirchen, Klöster, Manufakturen. Historische Kulturgüter im Lande Braunschweig, Braunschweig 1985, 61 - 82; *Klaus Naß,* Die älteren Urkunden des Klosters Königslutter, in: AfD 36 (1990), 125 - 167.

[47] Zur Lüneburger Grablege: Die Inschriften des Lüneburger St. Michaelisklosters und des Klosters Lüne, bearb. von Eckhard Michael (Die deutschen Inschriften 24), Wiesbaden 1984, S. IX f.; *ders.,* Die Klosterkirche St. Michael in Lüneburg als Grablege der Billunger und Welfen, in: Fürstliche Residenzen im spätmittelalterlichen Europa, hrsg. von Hans Patze/Werner Paravicini (VuF 36), Sigmaringen 1991, 293 - 310. Zu Braunschweig vgl. oben, Anm. 37.

[48] Hessische Landesbibliothek Fulda, Cod. D 11. Vgl. *Schmid,* Selbstverständnis (Anm. 42), 411 ff.; *Otto Gerhard Oexle,* Welfische und staufische Hausüberlieferung in der Handschrift Fulda D 11 aus Weingarten, in: Von der Klosterbibliothek zur Landesbibliothek, hrsg. von Artur Brall, Stuttgart 1978, 203 -231, zur Hs. 207 ff.

[49] Abbildungen bei *Schmid,* Selbstverständnis (Anm. 42), nach 400; *Oexle* (Anm. 48), 217, hier auch die eindringlichste Interpretation; Die illuminierten Handschriften der Hessischen Landesbibliothek Fulda 1, Bildband, bearb. von Herbert Köllner, Stuttgart 1976, 122, Abb. 456.

Zulaufen auf seinen Gipfelpunkt möglich zu machen, recht eigentlich ein „Nebenmedaillon“, erneut über eine Judith aus der welfischen Familie herauswachsend und wieder einen Kaiser aus welfischem Stamm kennzeichnend. Obwohl das Medaillon nicht durch ein Brustbildnis ausgefüllt wurde, verrät seine Kennzeichnung *FRIDERICVS IMPERATOR* die politische Absicht, in Friedrich I. Barbarossa den Gipfel welfischer Familiengeschichte zu zeichnen, der die eigentliche männliche Deszendenz „abdrängt“. Noch klarer wird die Tendenz durch das berühmte Bild Friedrichs I. inmitten seiner Söhne, Heinrichs VI. und Friedrichs von Schwaben, auf der Vorderseite des 14. Blatts der Weingartener Handschrift[50], die der Betrachter gleichzeitig vor Augen hatte. Stellt man in Rechnung, daß die doppelte Bildtafel sich an das Nekrolog Weingartens mit der Nennung wichtiger Personen des frühen welfischen Hauses anschloß[51], so werden Absicht wie Ort der Stilisierung deutlich, vollzogen im Stammkloster der Welfen nördlich des Bodensees, das durch die Entscheidung Welfs VI. an den staufischen Neffen gelangt war. Friedrich I. und seine Söhne stellten sich nunmehr in die welfische Nachfolge, nahmen sie auf und führten sie fort, gingen ein in das Kontinuum von Toten und Lebenden, für das die Weingartener Handschrift in ihrer Verbindung von Nekrolog, genealogischer Tafel, Herrscherbildnis und Geschichtsschreibung Zeugnis ablegt.

Bezeichnenderweise besaß diese Umformung originär welfischer Traditionen im süddeutschen Welfenbesitz ein fast zeitgleiches Gegenstück in der norddeutschen Überlieferung. Wiederum kann hier weder auf Einzelheiten der Bildtafel noch auf die außerordentlich kontrovers geführte Diskussion um politische Ausdeutbarkeit und Datierung des Evangeliars Heinrichs des Löwen eingegangen werden. Die Debatte wurde seit dem Ankauf der Handschrift intensiviert und zeitigte immer wieder neue Ergebnisse und Vorschläge[52]. Für den Vergleich mit dem Weingartener Welfenstammbaum und

---

[50] Abbildung in: Die Zeit der Staufer 2, Stuttgart 1977, Abb. 166.

[51] Ediert MG Necr. 1, 221 ff. Zu den Einträgen der Welfen *Oexle* (Anm. 48), 208 ff. (dort auch Korrekturen zur Edition).

[52] Die Ausgangsbasis für die künftige Diskussion schuf die wichtige, auch weitere Quellengruppen berücksichtigende Arbeit von *Johannes Fried,* Königsgedanken Heinrichs des Löwen, in: AKG 55 (1973), 312 - 351. Von kunsthistorischer Seite wurde der vielfach verbreiteten Frühdatierung widersprochen von *Reiner Haussherr,* Zur Datierung des Helmarshausener Evangeliars Heinrichs des Löwen, in: ZsDtVer-Kunstwiss. 34 (1980), 3 - 15. Die sich daran anschließende Diskussion kann hier nicht referiert werden, verwiesen sei nur auf den Kommentarband: Das Evangeliar Heinrichs des Löwen. Kommentar zum Faksimile, hrsg. von Dierich Kötzsche, Frankfurt am Main 1989; dazu kritische Stellungnahmen von *Hermann Jakobs,* Dynastische Verheißung. Die Krönung Heinrichs des Löwen und Mathildes im Helmarshausener Evangeliar, in: Kultur und Konflikt, hrsg. von Jan Assmann/Dietrich Harth, Frankfurt am Main 1990, 215 - 259; *Johannes Fried,* „Das goldglänzende Buch“. Heinrich der Löwe, sein Evangeliar, sein Selbstverständnis. Bemerkungen zu einer Neuerscheinung, in: GGA 242 (1990), 34 - 79; *Martin Möhle,* Die Krypta als Herrscherkapelle. Die Krypta des Braunschweiger Domes, ihr Patrozinium und das Evangeliar Hein-

den genealogischen Anstrengungen der Folgezeit soll einzig das politische Programm der sogenannten Krönungstafel (fol. 171^{v}) der jetzt in Wolfenbüttel verwahrten Handschrift[53] in Erinnerung gerufen werden. Heinrich der Löwe und seine Gattin Mathilde, er knieend und sie stehend und soeben Kronen empfangend, sind im Kreis ihrer Vorfahren dargestellt. Freilich ging es dem Künstler bei seiner Komposition weniger um genealogische Vollständigkeit, sondern um die Selektion bestimmter herausragender Personen aus den jeweiligen Verwandtenkreisen. Hinter Heinrich dem Löwen stehen seine Eltern, bezeichnet als *DVX HEINRICVS* und als *DVCISSA GERTRVDIS,* dahinter seine Großeltern mütterlicherseits, der *IMPERATOR LOTHARIVS* und die *IMPERATRIX RICHENZE.* Hinter der Herzogin Mathilde stehen ihr Vater, in dieser Eigenschaft durch Mathildes Benennung als *DVCISSA MATHILDA FILIA HEINRICI REGIS ANGLICI* kenntlich gemacht, dahinter ihre Großmuter als *REGINA MATHILDA,* die Witwe des letzten salischen Kaisers Heinrich V., in zweiter Ehe mit dem Grafen Gottfried Plantagenêt verheiratet; die am Rand gezeichnete, grüngewandete Dame entzieht sich wegen fehlender Bezeichnung klarer Deutung und hat die Phantasie moderner Mediävisten erheblich beansprucht[54].

Die Krönungstafel stellt keine Welfengenealogie zusammen, sie will kein Panorama der schwäbischen, bayerischen, sächsischen oder anglonormannischen Wurzeln des regierenden herzoglichen Paares bieten; es geht ihr um den kaiserlichen und königlichen Umkreis, dem Heinrich der Löwe – im Widmungsgedicht (fol. 4^{v}) als Nachkomme Karls des Großen, als *nepos Karoli,* gepriesen[55] – und seine Gemahlin entstammten und der den Rahmen welfischer Herrschaftslegitimation in der zweiten Hälfte des 12. Jahrhunderts absteckte. Daß darum die Datierungsfrage keine Nebensächlichkeit ist, liegt angesichts des Herrschaftsanspruchs Heinrichs des Löwen[56] klar

richs des Löwen, in: AKG 73 (1991), 1 - 24. *Otto Gerhard Oexle* bekräftigte neuerdings sein Eintreten für eine Spätdatierung des Evangeliars, eine Publikation stand bei Manuskriptabschluß noch aus.

[53] Mit doppelter Signatur: Wolfenbüttel, Herzog August Bibliothek, Cod. Guelf. 105 Noviss 2° und München, Bayerische Staatsbibliothek, Clm 30055. Die hier besprochene Tafel ist vielfach abgebildet, vgl. etwa Das Evangeliar Heinrichs des Löwen und das mittelalterliche Herrscherbild (Bayerische Staatsbibliothek – Ausstellungskataloge 35), München 1986, Tafel 29.

[54] Einen Deutungsvorschlag (älteste Tochter Heinrichs des Löwen und Mathildes) hat *Eckhard Freise,* Heinrich der Löwe und sein Evangeliar aus der Sicht des Historikers, vorgelegt; Herrn Kollegen Freise danke ich für die Überlassung des Manuskripts seiner Münsteraner Antrittsvorlesung.

[55] Abbildung des Widmungsgedichts: Evangeliar (Anm. 53), Tafel 27; vgl. Kommentar (Anm. 52), 155 - 160 (*Paul Gerhard Schmidt,* Das Widmungsgedicht, Text 155); *Karl-Ernst Geith,* Carolus Magnus. Studien zur Darstellung Karls des Großen in der deutschen Literatur des 12. und 13. Jahrhunderts (Bibliotheca Germanica 19), Bern/München 1977, 116 f.; *Ulrich Victor,* Das Widmungsgedicht im Evangeliar Heinrichs des Löwen und sein Verfasser, in: ZfdA 114 (1985), 302 - 329.

[56] *Fried,* Königsgedanken (Anm. 52); *ders.,* Buch (Anm. 52). Vgl. noch *Dieter von der Nahmer,* Heinrich der Löwe – Die Inschrift auf dem Löwenstein und die

auf der Hand, denn der Unterschied zwischen der Interpretation der Tafel als Beleg königsgleicher Stellung in den siebziger Jahren oder als Zeugnis für die herzogliche Hoffnung auf ewiges Leben in verhaltener Altersweisheit nach dem Sturz von 1180 ist erheblich.

Doch nicht dieser Frage soll hier unser Interesse gelten, sondern vielmehr der Charakterisierung der Tafel als Zeugnis für die Zusammenfügung von Toten und Lebenden, als Instrument hochmittelalterlicher Memoria[57], eine Beobachtung Oexles, die die Komposition in deutliche Nähe zum so anders angelegten Weingartener Welfenstammbaum rückt.

Auch die Tafel aus dem Evangeliar verfolgt ein politisches Programm, die Einbeziehung welfischer Herrschaft in kaiserlich-königliche Zusammenhänge, aber sie hat die welfische Familiengeschichte zur Herstellung entsprechender Bezüge weitgehend selektiert. Möglich war dies geworden, weil Heinrich der Löwe und seine Gemahlin immer deutlicher in die norddeutschen Bezüge eintraten, die Heinrich der Schwarze und Heinrich der Stolze durch ihre Ehen geschaffen hatten. Nicht mehr Heinrich der Schwarze, sondern Kaiser Lothar und Kaiserin Richenza tauchen darum als Vorfahren Heinrichs des Löwen auf, der die agnatische Aszendenz der süddeutschen Welfenfamilie aus Gründen seiner Herrschaftsauffassung zu vernachlässigen begann. Dafür spricht auch die Weiheinschrift des Braunschweiger Marienaltars von 1188, die in vielem an die Krönungstafel im Evangeliar erinnert, ohne doch ganz mit ihr identisch zu sein[58]: Auch hier treten Kaiser Lothar III., König Heinrich II. von England und – nun die „Kaiserin" – Mathilde[59] neben Herzog Heinrich und Herzogin Mathilde, ein Ensemble, dem Kaiser Friedrich I. kaum etwas Gleichartiges entgegenzustellen hatte. Die Linien wurden, wie erst kürzlich Bernd Ulrich Hucker[60] und Johannes Fried[61] erneut unterstrichen haben, unter Heinrichs des Löwen Sohn, unter Otto IV., fortgesetzt: Gervasius von Tilbury und Arnold von Lübeck betonten die monarchischen Wurzeln und Verbindungen Ottos IV. deutlich[62].

---

geschichtliche Überlieferung der Welfenfamilie im 12. Jahrhundert, in: Der Braunschweiger Burglöwe (SchrKommNdsBauKunstgesch. 2), Göttingen 1985, 201 - 219.

57 *Otto Gerhard Oexle,* Adliges Selbstverständnis und seine Verknüpfung mit dem liturgischen Gedenken – Das Beispiel der Welfen, in: ZGO 134 (1986), 47 - 75.

58 Der Text der Inschrift bei *Hans-Herbert Möller,* Zur Geschichte des Marienaltars im Braunschweiger Dom, in: Deutsche Kunst und Denkmalspflege 25 (1967), 116; Korrekturen bei Haussherr (Anm. 52), 11. Auf Abweichungen weist in einem Paralleldruck hin *Fried* (Anm. 52), 41 und Anm. 18.

59 *Karl Schnith,* „Kaiserin" Mathilde, in: Großbritannien und Deutschland. Europäische Aspekte der politisch-kulturellen Beziehungen beider Länder in Geschichte und Gegenwart, München 1974, 166 - 182.

60 *Bernd Ulrich Hucker,* Die Chronik Arnolds von Lübeck als „Historia Regum", in: DA 44 (1988), 98 - 119.

61 *Fried,* Buch (Anm. 52), 49 f., 77 f.

62 Zu den Belegen in den Otia imperialia des Gervasius *Fried,* 49 und Anm. 47, 77; zu Arnolds von Lübeck Welfengenealogie *Hucker* (Anm. 60), 109; vgl. auch *dens.* (Anm. 31), 5 ff.

Könige und Kaiser wurden als Vorfahren Heinrichs des Löwen, seiner Gattin Mathilde, seines Sohnes, herausgestellt und damit selektive Genealogie gestaltet, die auf welfische Vorfahren verzichten mochte. Nicht mehr um Familiengeschichte in der strengen Folge von Vätern und Söhnen ging es, sondern um ein Herrschaftsprogramm, um eine neue monarchisch besetzte Legitimität. Klar wird dies zumal durch die räumliche Eingebundenheit in einer neuen Landschaft, an einem neuen Herrschaftsmittelpunkt, den sich Heinrich der Löwe und seine Söhne gesetzt hatten. All dies, die personalen Bezüge zum sächsischen und anglonormannischen Adel, die Verhaftung in neuen Räumen, schlug sich in der familiären Tradition der Welfen nieder, in ihrer Memoria und in ihrer Memorialüberlieferung. Trotz mancher Hinweise harrt gerade die welfische Memoria in Sachsen noch zusammenfassender Darstellung, die nicht zuletzt auf der umfangreichen Handschriftenüberlieferung des Niedersächsischen Staatsarchivs Wolfenbüttel aufbauen könnte; freilich existieren für die weit über 100 Handschriften aus dem Kollegiatstift St. Blasius, denen noch zahlreiche Manuskripte aus dem Benediktinerkloster St. Aegidien in Braunschweig und dem Kollegiatstift St. Cyriacus vor Braunschweig, schließlich auch aus der Lüneburger Überlieferung zur Seite zu rücken sind, keine modernen Ansprüchen genügenden Kataloge – und dies trotz des zunehmenden Interesses für die welfische Herrschaft in einem Stift, dessen Urkunden vielfach nur in Drucken des 18. Jahrhunderts zu benutzen sind, häufig sogar überhaupt noch nicht ediert vorliegen[63].

So können hier nur erste Ergebnisse aus einer Beschäftigung mit den Handschriften und der gedrucken Memorialüberlieferung mitgeteilt werden, die uns freilich die Eigenart der welfischen Memoria in Braunschweig – wie auch in dem zum Vergleich herangezogenen Lüneburg – deutlich werden lassen.

Die Erforschung der nekrologischen Tradition der Braunschweiger Kollegiatstifte wird erschwert durch eine schmale und vielfach späte Überlieferung. Während das Memorienregister von St. Cyriacus aus dem 14. Jahrhundert, eine nicht vollständig erhaltene Pergamenthandschrift von 12 Blättern ohne die zweite Hälfte des Monats Dezember, Angehörige der welfischen Familie des Hochmittelalters nicht aufnimmt, sondern zum 3. Juli nur des Fundators des Stifts, Ekberts II., gedenkt[64], sind aus dem wichtigeren und größeren Stift St. Blasius zwei ältere Memorienbücher und ein Memorienregister erhalten, die Hermann Dürre 1884 und 1886 veröffentlichte und kom-

---

[63] Die Urkunden aus St. Blasius in Braunschweig befinden sich im Nds. Staatsarchiv Wolfenbüttel, Abt. 7 Urk.; nur die die Stadt betreffenden Stücke sind in das bis 1350 vorliegende Braunschweiger Urkundenbuch gelangt, viele Urkunden sind im Druck der Origines Guelficae 3 - 4, Hannover 1752 - 1753, zu benutzen.

[64] Stadtarchiv Braunschweig, G II 13 Nr. 1, fol. 7v: *Ekbertus marchio obiit.*

mentierte[65]. Das umfangreichste Verzeichnis[66] mit immerhin 40 Pergamentblättern wurde bis in den Anfang des 15. Jahrhunders geführt und enthält über 300 Eintragungen, vom Markgrafen Ekbert I. († 1068) zunächst bis 1391 - 1410 reichend und mit Nachträgen versehen, sicherlich auf älteren, heute verlorenen Registern beruhend und gewiß auch nach 1410 weitergeführt[67]. Im Verzeichnis sind, teilweise mit besonderen Hinweisen auf die Gestaltung des Seelgedächtnisses, neben den sagenhaften Begründern Braunschweigs, Dankwards und Bruns, schließlich auch Ottos[68], eine Reihe bedeutender Vertreter des brunonischen Grafen- und des welfischen Herzogshauses zusammengestellt, daneben Mitglieder von edelfreien, niederadligen und bürgerlichen Familien ebenso wie zahlreiche Geistliche, Bischöfe von Hildesheim und Halberstadt, sieben Pröpste, neun Dekane, fünf *scholastici,* sechs *custodes* und zahlreiche Kanoniker und Vikare des Blasiusstifts. Dem umfangreichen Register ging ein Verzeichnis der Kirchenfeste mit nekrologischen Notizen voraus, das „dem Kerne nach von 1117 bis etwa 1240 geschrieben“[69] wurde; eine älteste Schicht nennt die letzte Brunonin, die Markgräfin Gertrud die Jüngere († 1117), Kaiser Lothar († 1137) und Kaiserin Richenza († 1141), vier weitere Namen gehören der zweiten Hälfte des 12. Jahrhunderts, sieben der Zeit bis etwa 1240 an, unter ihnen zum 19. Mai der Eintrag *Otto Romanorum imperator obiit*[70]. Das Buch – dem Kalendarium folgt ein Missale – schenkte Dekan Herwig (1203 - 1236)[71] dem Blasiusstift noch vor 1227[72]. Das zweite Register, nur aus sechs Blättern beste-

---

[65] *Hermann Dürre,* Die beiden ältesten Memorienbücher des Blasiusstiftes in Braunschweig, in: ZsHistVerNds. 1884, 67 - 117 (künftig: *Dürre I*); *ders.*, Das Register der Memorien und Feste des Blasiusstiftes in Braunschweig, in: ZsHistVerNds. 1886, 1 - 104 (künftig: *Dürre II*).

[66] Nds. Staatsarchiv Wolfenbüttel, VII B Hs 165.

[67] Zur Hs. *Dürre II* (Anm. 65), 1 - 7.

[68] *Tanquardus et Bruno comites in Brunswich obierunt (Dürre II,* 12, zu Jan. 21); *Oddo comes in Brunswich obiit (Dürre II,* 15, nach Feb. 20). In seinen Kommentaren zu diesen drei „Braunschweiger Grafen“, die in der älteren Memorialtradition fehlen, weist *Dürre* II, 70 und 72, auf die Fragwürdigkeit der Einträge hin. Im Zusammenhang mit der Nennung des Propstes Adelold (21, nach Ende März) kann der Hrsg. wahrscheinlich machen, daß der Schreiber des Memorienregisters ältere Angaben aus der Braunschweigischen Reimchronik des 13. Jahrhunderts nachbildete. Auf den fiktionalen Charakter der Einträge wies zuletzt hin *Martin Last,* Die Anfänge der Stadt Braunschweig. Mittelalterliche Tradition im Lichte moderner Forschung, in: Brunswiek 1031 – Braunschweig 1981. Folgeband zur Festschrift, hrsg. von Gerd Spies, Braunschweig 1982, 29.

[69] *Dürre I* (Anm. 65), 69. Das Memorienbuch befindet sich im Nds. Staatsarchiv Wolfenbüttel, VII B Hs 173; Edition bei *Dürre* I, 71 - 76.

[70] *Otto Romanorum imperator obiit (Dürre I,* 72, zu Mai 19); *Richeze imperatrix obiit X sol.* (72, zu Juni 11); *Luderus imperator obiit, X solidi. Magne vigilie* (76, zu Dez. 4); *Gertrudis marchionissa obiit, X solidi. Magne vigilie* (76, zu Dez. 9).

[71] *Ego Herewicus Bruneswicensis ecclesie decanus trado hunc librum sancto Johanni baptiste et sancto Blasio patronis meis pro remedio anime mee. Quicunque eum abstulerit vi vel furto, anathema sit, Dürre I* (Anm. 65), 70 f.

[72] Zur Datierung *Dürre I,* 70.

hend und aus einem alten Missale herausgetrennt[73], dürfte einem besonderen Altar des Blasiusstifts, dem Philippus- und Jacobusaltar, fundiert zwischen 1222 und 1237[74], zugehört haben, angelegt zwischen ca. 1237 und ca. 1315 von einer Hand mit 173 Einträgen, dann seit ca. 1315 von drei Händen fortgeführt bis 1344, mit einem späteren Zusatz zu 1354[75].

Diese Hinweise verdeutlichen die außerordentlich schmale und für die Frühzeit eher zufällige Überlieferung und machen den Rückgriff auf das jüngere Memorienregister notwendig, dessen Vorlagen nicht mehr eindeutig zu klären sind. Trotz dieser Einschränkungen, die für die Erforschung der Braunschweiger Memorialtradition erhebliche Bedeutung besitzen, lassen sich wichtige Beobachtungen für die welfische Memoria herausarbeiten.

Boten die ältesten nekrologischen Notizen neben der Markgräfin Gertrud Kaiser Lothar, Kaiserin Richenza und Kaiser Otto IV. auf[76], so verzeichnete das Memorienregister des Philippus- und Jacobusaltars seit ca. 1237 das Gedächtnis an die Herzöge Otto das Kind († 1252), Albrecht I. († 1279) und Wilhelm († 1292), die Herzoginnen Jutta († 1317) und Agnes († 1334) und die Brandenburger Markgrafen Johann I. († 1266) und Otto († 1267)[77], die eng mit den Welfen verwandt waren.

Das jüngere Memorienregister läßt zusätzlich zu den genannten Personen noch das Gedächtnis an führende Vertreter der brunonischen und welfischen Familie erkennen: an Markgraf Ekbert I. († 1068), Markgraf Ekbert II. († 1090), Markgräfin Gertrud die Ältere († 1077), Markgräfin Gertrud die Jüngere († 1117), Kaiser Lothar († 1137), Kaiserin Richenza († 1141), Herzog Heinrich den Löwen († 1195) und Herzogin Mathilde († 1189, das Register hat fälschlich: † 1188), als Gründer und Gründerin ausdrücklich herausgestrichen, an den Pfalzgrafen Heinrich bei Rhein († 1227), Kaiser Otto IV. († 1218) und Kaiserin Beatrix († 1212); aus der Enkelgeneration Heinrichs des Löwen an Herzog Otto das Kind († 1252); aus der nächsten Generation an Herzog Albrecht I. († 1279) mit seinen beiden Gemahlinnen Elisabeth († 1261) und Adelheid († 1285), Herzog Johann († 1277) und seinen Bruder, Bischof Otto von Hildesheim († 1279), schließlich an Herzog Wilhelm († 1292), um hier nur die im 11. bis 13. Jahrhundert verstorbenen Persönlichkeiten des brunonischen und welfischen Hauses zusammenzufüh-

---

73 Stadtarchiv Braunschweig, G II 12, Nr. 2; Edition bei *Dürre I,* 83 - 92.

74 Vgl. *Dürre I,* 81 f.

75 Ebd., 82.

76 Belege oben, Anm. 70.

77 *Ducis Ottonis IIII denarii (Dürre I,* zu Juni 9). *Ducis Alberti VIII denarii* (88, zu Aug. 15). *Ducis Willehelmi XVIII denarii* (89, zu Sept. 30; diese Memorie stiftete nach Wilhelms Tod sein Bruder, Hzg. Albrecht der Fette, 1292 Nov. 12, vgl. *Dürre I,* 106). *Jutta ducissa VI denarii* (90, zu Okt. 15). *Agnes ducissa XV denarii* (91, zu Nov. 28). *Johannis marchionis IIII denarii* (90, zu Nov. 5). *Ottonis marchionis IIII denarii* (90, zu Okt. 9).

ren[78]; auch das jüngere Memorienregister nahm die Markgrafen Johann und Otto von Brandenburg auf[79].

Eines läßt die Zusammenstellung erkennen: Die Memorialtradition von St. Blasius war auf die Besitzer Braunschweigs zugeschnitten, in der Abfolge von den Brunonen, mit Lothar und Richenza als Bindeglied zum Welfen Heinrich dem Löwen, von seinen Nachkommen fortgeführt. Die frühen Welfen, die in Weingarten ruhten, gingen nicht ins Braunschweiger Gebetsgedenken ein, nicht einmal Heinrich der Stolze, an der Seite der Schwiegereltern in Königslutter bestattet. Das Gedenken richtete sich an den Herrenfamilien Braunschweigs aus, nicht an deren Familientraditionen.

Das gleiche Ergebnis läßt sich für St. Michael in Lüneburg gewinnen, wo die Welfen durch die Heirat Wulfhilds mit Heinrich dem Stolzen in die Tradition der billungischen Memoria eintraten. Das Nekrolog des Benediktinerklosters war in einem bedeutenden Liber Capituli[80] überliefert, der neben genealogischen Notizen auch das Chronicon sancti Michaelis Luneburgensis enthielt. Die Handschrift ist im Zweiten Weltkrieg vernichtet worden, aber das Nekrolog liegt in einem recht zuverlässigen Druck Wedekinds vor[81]; das ältere Namenmaterial ging jetzt in die MGH-Edition der Totenbücher von Merseburg, Magdeburg und Lüneburg ein[82] und wurde von Gerd Althoff eindringlicher Interpretation unterzogen[83]. Seine Zusammen-

[78] Die umfangreichen Einträge mit vielfältigen Bestimmungen zu den auszuzahlenden Präsenzgeldern sollen hier nicht im einzelnen wiedergegeben werden, Belege: Ekbert I. (*Dürre II,* 11, zu Jan. zw. 10 und 16), Ekbert II. (35, zu Juli 3), Gertrud die Ältere (37, zu Juli 21; eine spätere Hand fügte *senior* zu *Ghertrudis marchionissa* hinzu; *commemoratio omnium animarum, quam fecit domina Ghertrudis marchionissa,* 49, zu Sept. 29), Gertrud die Jüngere (62, zu Dez. 9), Kaiser Lothar (60, zu Dez. 4), Kaiserin Richenza (31, zu Juni 11), Heinrich der Löwe als *illustris princeps Hinricus, dux Bawarie et Saxonie et dominus in Brunswich, fundator noster* (40, zu Aug. 6), Herzogin Mathilde als *domina nostra Mechtildis fundatrix obiit, filia regis Anglorum* (34, zu Juni 28), Pfalzgraf Heinrich (25, zu April 28), Kaiser Otto IV. als *Otto quartus Romanorum imperator, filius Hinrici, ducis Saxonie, fundatoris nostri* (28, zu Mai 19), Kaiserin Beatrix (40, zu Aug. 11), Herzog Otto das Kind als *dux Otto de Luneborch senior* (31, zu Juni 9), Herzog Albrecht I. (41, zu Aug. 15) und seine Gattinnen Elisabeth (51, nach Okt. 9 und vor Okt. 10) und Adelheid (14, zu Feb. 5), Herzog Johann (63, zu Dez. 16) und sein Bruder, Bischof Otto von Hildesheim (35, zu Juli 4), Herzog Wilhelm (50, zu Sept. 30).

[79] *Dürre II* (Anm. 65), 55 (zu Nov. 11), 50 f. (zu Okt. 9).

[80] Zuletzt Staatsarchiv Hannover, Ms. I 39. Handschriftenbeschreibung in MG Libri memoriales et necrologia NS 2, S. XXXIV f. Zur Gattung *Jean-Loup Lemaître,* Liber capituli. Le livre du chapitre, des origines au XVIe siècle. L'exemple français, in: Memoria (Anm. 41), 625 - 648. Zur Chronik des Lüneburger Klosters St. Michael in dieser Hs. jetzt *Gerd Althoff,* Anlässe zur schriftlichen Fixierung adligen Selbstverständnisses, in: ZGO 134 (1986), 34 - 46.

[81] *Anton Christian Wedekind,* Noten zu einigen Geschichtsschreibern des Deutschen Mittelalters 3, Hamburg 1836, 1 - 98.

[82] Die Totenbücher von Merseburg, Magdeburg und Lüneburg, ed. Gerd Althoff/ Joachim Wollasch, MG Libri memoriales et necrologia NS 2, 1983.

[83] *Gerd Althoff,* Adels- und Königsfamilien im Spiegel ihrer Memorialüberlieferung. Studien zum Totengedenken der Billunger und Ottonen (Münstersche Mittelalter-Schriften 47), München 1984, 31ff., Personenkommentare 289 - 427.

stellung läßt deutlich werden, daß nach der Aufgabe Weingartens als Welfengrablege (fast) „alle engeren Familienangehörigen der Welfen im Necrolog“[84] von St. Michael vereinigt wurden, beginnend mit Wulfhild und Heinrich dem Schwarzen und über Heinrich den Stolzen und seine Gattin Gertrud zu Heinrich dem Löwen, seiner Gemahlin Mathilde und seinen Kindern Richenza, Heinrich (früh verstorben, aus erster Ehe mit Clementia von Zähringen), Lothar († 1190) und Wilhelm († 1213) führend[85], während Pfalzgraf Heinrich und Kaiser Otto IV. keine Berücksichtigung fanden[86]. Wieder stellt der herrschaftliche Bezug zum Kloster, nicht die genealogische Tradition der herzoglichen Familie das Kriterium für liturgische Commemoration her, und wieder gingen die Welfen des 12. Jahrhunderts im ursprünglichen Gebetsgedenken sächsischer Herrenfamilien auf, Ausdruck der besitzbezogenen Konstituierung von Memoria.

Aus der Beobachtung, daß der welfische Personenkreis im Lüneburger Nekrolog „weder in der Größenordnung noch in der Weite des Einzugsbereichs mit dem billungischen vergleichbar ist“, gelangte Althoff zu der Vermutung, „daß die Welfen nicht mit der gleichen Intensität das Gebetsgedenken stifteten und initiierten wie die Billunger, es könnte aber auch andeuten, daß der Rückhalt des alemannischen Adelsgeschlechts in Sachsen nicht so ausgeprägt war wie der der Billunger“[87]. Dies wird noch zu überprüfen sein: Der Unterschied könnte nämlich auch auf einem Wandel personaler Bindungen oder der Bedeutung memorialer Verflechtung in der Entwicklung vom Hoch- zum Spätmittelalter beruhen; doch für eine solche Entscheidung werden erst weitere vergleichende Studien unter stärkerer Einbeziehung der spätmittelalterlichen Überlieferung weiterführen.

Der hier besprochenen, gedruckt vorliegenden nekrologischen Überlieferung aus Braunschweig sind noch einige wenige Quellenfunde zur Seite zu rücken, die das Bild von der spätmittelalterlichen liturgischen Erinnerung abrunden helfen und die herausragende Bedeutung Heinrichs des Löwen und seines Sohns, Kaiser Ottos IV., unterstreichen.

---

[84] *Althoff*, 64.

[85] Ebd. und Anm. 238; eine Zusammenstellung der im Lüneburger Nekrolog commemorierten Welfen schon bei *Oexle* (Anm. 43), 493, Anm. 238, dort auch 486ff. zur Übertragung welfischer Hausüberlieferung nach Sachsen. Zu den Kindern Heinrichs des Löwen *Karl Jordan*, Heinrich der Löwe und seine Familie, in: AfD 27 (1981), 111 - 144.

[86] Beide unterhielten kaum Beziehungen zu St. Michael, dem Erbteil ihres jüngeren Bruders Wilhelm, und förderten das rivalisierende Braunschweiger Stift.

[87] *Althoff* (Anm. 83), 64. Zur billungischen Herrschaft *Hans-Joachim Freytag*, Die Herrschaft der Billunger in Sachsen (StudVorarbHistAtlNds. 20), Göttingen 1951; *Ruth Bork*, Die Billunger, mit Beiträgen zur Geschichte des deutsch-wendischen Grenzraums im 10. und 11. Jahrhundert, Phil. Diss (masch.) Greifswald 1951; *Uta Reinhardt*, Artikel Lüneburg, St. Michaelis, in: Benediktinerklöster (Anm. 46), 325 - 348; *Karl Jordan*, Artikel Billunger, in: LexMA 2 (1983), 192 f.; *Pischke* (Anm. 20); *Gerd Althoff*, Die Billunger in der Salierzeit, in: Die Salier und das Reich 1: Salier, Adel und Reichsverfassung, hrsg. von Stefan Weinfurter, Sigmaringen 1991, 309 - 329.

In einem für die Stiftsgeschichte von St. Blasius wichtigen Missale, von verschiedenen Händen des 12. bis 14. Jahrhunderts angelegt und mit einem unvollständigen Kalendar (ohne Januar und Februar) beginnend, trug ein Schreiber des 13. Jahrhunderts in den Kanon der Feste – ein singuläres Zeugnis – zum 19. Mai einen Herrscher ein: *Otto imperator obiit*[88]. Die außerordentliche Wertschätzung Heinrichs des Löwen, der durch seinen Entschluß zum Neubau der Stiftskirche zum Neugründer der Anstalt wurde, erhellt aus bisher elf aufgefundenen Handschriften einer *Pro fundatore oratio,* von Händen des 14. oder 15. Jahrhunderts entweder ganz oder fragmentarisch liturgischen Codices eingefügt, teils an prominenter Stelle, teils als Zusatz[89]. Daß spätmittelalterliche Kanoniker nicht im eigentlichen brunonischen Gründer des 11. Jahrhunderts[90], sondern im großen Welfen ihren *fundator* sahen, hatte bereits der Eintrag im Memorienregister dokumentiert und war in der Braunschweiger Historiographie deutlich geworden.

Wenn wir das Referat zur welfischen Hausüberlieferung, zu den beiden genealogischen Tafeln aus der zweiten Hälfte des 12. Jahrhunderts und die Betrachtung der nekrologischen Überlieferung in Braunschweig mit einem Ausblick auf Lüneburg nochmals zusammenfassen, so fällt der Wandel im welfischen Familienbewußtsein auf, der sich den jeweiligen politischen und herrschaftlichen Gegebenheiten anpaßte. So wie der Weingartener Mönch den Übergang des süddeutschen Hausklosters der Welfen an die staufischen Verwandten in der Schaffung einer neuen Kontinuität verarbeitete und propagierte, so trug die Krönungstafel im Evangeliar Heinrichs des Löwen dem Rang des herzoglichen Paares in der Betonung der kaiserlichen und königlichen Deszendenz Rechnung. Heinrich der Löwe hatte – wie schon sein Vater – die süddeutschen Bindungen des Geschlechts bereits vor seinem Sturz 1180 aufgegeben und war in neue, in kaiserlich-königliche, schließlich in sächsische Bezüge eingetreten. Es war eine Neuorientierumg, die in der brunonisch-welfischen bzw. billungisch-welfischen Memorialtradition in Braunschweig und Lüneburg ihren Niederschlag fand. Zu dem bereits im 12. Jahrhundert vollzogenen Eintritt der Welfen in den Kreis des sächsischen Adels gesellte sich seit 1180, vollends seit 1218/1227/1235, die fakti-

---

[88] Nds. Staatsarchiv Wolfenbüttel, VII B Hs 170, fol. 2v. Zum hölzernen Epitaph Heinrichs des Löwen, Mathildes, Ottos IV. und Beatrix' aus dem 15. Jahrhundert (Herzog-Anton-Ulrich-Museum Braunschweig, aus St. Blasius) zuletzt *Hucker* (Anm. 31), 628 und Abb. 30; der Text bei *Frank Neidhart Steigerwald,* Das Grabmal Heinrichs des Löwen und Mathildes im Dom zu Braunschweig (BraunschwWerkst. 47), Braunschweig 1972, 114.

[89] Nds. Staatsarchiv Wolfenbüttel, VII B Hs 172, fol. 242v; 179, fol. 4 Ar; 181, fol. 182r-v; 183, fol. 246r; 189, fol. 246r; 190, fol. 198 Ar; 192, fol. 319r-v; 208, fol. 155r-v; 209, fol. 140v; 210, fol. 101r; 211, fol. 16v - 17r.

[90] Zur Fundation *Döll* (Anm. 37), 17 ff.; zur Stiftsgeschichte in welfischer Zeit vgl. auch *Bernd Schneidmüller,* Welfische Kollegiatstifte und Stadtentstehung im hochmittelalterlichen Braunschweig, in: Rat und Verfassung im mittelalterlichen Braunschweig (BraunschwWerkst. 64), Braunschweig 1986, 253 - 315.

sche Einschränkung auf den ostsächsischen Herrschaftsbereich mit seinen Zentren in Braunschweig und Lüneburg.

3. Dieser Wandlungsprozeß, der noch vergleichender Betrachtung bedarf, soll in einem dritten Schritt beschrieben werden. Einen Zugang zu der Frage, wie die herzogliche Familie und ein geschultes Klerikerpersonal im Umkreis des welfischen Hofs den politischen Wandel erkannten und verarbeiteten, findet man im Studium der reichen Historiographie in Braunschweig und Lüneburg im 13. Jahrhundert, die schon vielfach das Interesse von Historikern und Germanisten gefunden hat. Zentrum der Betrachtung war die Braunschweigische Reimchronik[91], ein gewaltiges, vermutlich in St. Blasius in Braunschweig zwischen 1279 und 1292 entstandenes und um 1298 überarbeitetes mittelhochdeutsches Versepos mit didaktischen Zügen zur Fürstenerziehung. Die intensivste Würdigung dieser Quelle als Zeugnis früher territorialer Geschichtsschreibung im Reich[92] stammt von Hans Patze[93] in seiner Untersuchung, „ob vielleicht eine Beziehung zwischen der Wiederbegründung der Herrschaft der Welfen in der Gestalt des Herzogtums Braunschweig-Lüneburg und der Funktion der braunschweigischen Reimchronik besteht“[94]. Dabei erkennt Patze als Intention des anonymen Verfassers, den Gang der sächsischen Geschichte gleichsam zielgerichtet auf das 1235 begründete welfische Herzogtum zulaufen zu lassen. Betont wird eine Kontinuität der Herrenfamilie, die zunächst über ganz Sachsen, dann „nur noch über ein nach der Stadt bezeichnetes Herzogtum“ gebot[95], eine Konstanz, die genealogisch in der Herausarbeitung billungischer und brunonischer Wurzeln verifiziert wurde, eine Eindeutigkeit, die den Bezug welfischer Herrschaft zum Mittelpunkt Braunschweig schon im 12. Jahrhundert evident werden ließ: Heinrich war *von Saxen* und *uz Beyerlant* Herzog,

---

[91] Braunschweigische Reimchronik, ed. L. Weiland, MG DtChron. 2, 430 - 574; dazu *Karl Kohlmann,* Die Braunschweiger Reimchronik auf ihre Quellen geprüft, Phil. Diss. Kiel 1876; *Rudolf Koenig,* Stilistische Untersuchungen zur Braunschweigischen Reimchronik, Phil. Diss. Halle-Wittenberg 1911; *Ludwig Wolff,* Welfisch-Braunschweigische Dichtung der Ritterzeit, in: JbVerNiederdtSprachforsch. 71/73 (1950), 68 - 89; *Gerhard Cordes,* Norddeutsches Rittertum in der deutschen Dichtung des Mittelalters, in: NdsJbLG 33 (1961), 143 - 157; *Wilfried Herderhorst,* Die Braunschweigische Reimchronik als ritterlich-höfische Geschichtsdichtung, in: NdsJbLG 37 (1965), 1 -34; *Karl Stackmann,* Kleine Anmerkung zu einer Ehrung für Albrecht den Großen, in: ZfdA 106 (1977), 16 - 24. – Einen quellenkundlichen Überblick über die Braunschweiger Geschichtsschreibung des Mittelalters bietet *Joseph König,* Quellengeschichtliche Grundlagen und Landesgeschichtsschreibung, in: Landesgeschichte (Anm. 35), 39ff.

[92] Dazu *Hans Patze,* Adel und Stifterchronik. Frühformen territorialer Geschichtsschreibung im hochmittelalterlichen Reich, in: BDLG 100 (1964), 8 - 81; 101 (1965), 67 - 128.

[93] *Hans Patze/Karl-Heinz Ahrens,* Die Begründung des Herzogtums Braunschweig im Jahre 1235 und die „Braunschweigische Reimchronik“, in: BDLG 122 (1986), 67 - 89.

[94] Ebd., 76.

[95] Ebd., 79.

auch Fürst in Braunschweig[96], und in seinem Sohn, in Heinrich dem Löwen *uz Saxenlant,* schloß sich die Herkunft aus zwei Wurzeln zu einem Baum zusammen[97]. Noch im 15. Jahrhundert griff Berthold Meier, Abt von St. Aegidien, gerade diese Vorstellung auf[98].

Vielleicht geht man zu weit, will man dem Reimchronisten unterstellen, er folge „in seiner Dichtung allein einem genealogisch-historischen Aufbau, einem Stammbaum von der Art, wie man ihn schon in der Historia Welforum findet"[99]. Doch ist die Absicht, die sächsischen Wurzeln der welfischen Herzogsfamilie herauszupräparieren und die Fürsten damit in die Kontinuität der sächsischen Geschichte zu stellen, eindeutig, und dieser Befund wiegt um so schwerer, als die Dichtung auf Anregung Herzog Albrechts I. entstanden ist[100].

Zudem bildet die Reimchronik keine Ausnahme. Sie ist vielmehr einem Verbund historiographischer Bemühungen im Umkreis des Hofs, am Stift St. Blasius, anzufügen, die ähnliche Ziele verfolgten. Auf die Braunschweiger Geschichtsschreibung jener Zeit haben Oswald Holder-Egger und Otto von Heinemann hingewiesen[101]. Das wichtigste handschriftliche Zeugnis bietet ein zu Anfang des 14. Jahrhunderts in St. Blasius entstandener Codex[102], der in eine Reihe mit dem jetzt untergegangenen Liber Capituli des Lüneburger Klosters St. Michael und dem in Wolfenbüttel aufbewahrten Ordinarius des Stifts St. Blasius[103] zu stellen ist. Der Beginn der Hand-

---

[96] *Von Saxen und uz Beyerlant / herzoge Heynrich, dher genant / was ouch vůrste in Bruneswich* (Reimchronik [Anm. 91] v. 2568 -2570).

[97] *... Heynrich dher lewe uz Saxenlant. / hi hat sich dher boum irslozen, / da her uz ist gesprozen / von zven wurzelen, als ich sprach. / zo erst ir iewedher lange plach / dhes herzochtomes zo Saxen. / Heynrich daz welph was gewaxen / von herzogen Hermannes kunne. / so seyt men, daz gewunne / dhe herzoginne ir geslechte / von herzogen Ludolfe, der zo rechte / von Bruneswich Brunes vater was, / dher besezzen hatte, als ich las, / daz herzichtoum an Saxen. / sus was dher boum gewaxen / von zwen wurzelen uzirkoren. / waz vursten sin von in geboren!* (ebd. v. 2585 - 2601). Zu den beiden sächsischen Wurzeln des Stammes von Braunschweig *Patze* (Anm. 93), 79 f.

[98] *Van der bord der vorsten van Brunszwig, wo se van anbeginne flitich sin ghewesen, goddeshuse to buwende et reliqua* (Abt Berthold Meiers Legenden und Geschichten des Klosters StAegidien zu Braunschweig, hrsg. von Ludwig Hänselmann, Wolfenbüttel 1900, CIIII - CXIIII, bes. S. CX: *HINRIK De lauwe, sone hertoghen Hinrikes gheheten dat wolp, besat van vader wegen den hertochdom to Beygeren vnde Sassen, vnde van moder wegen dat hertochdom to Brunszwig.*

[99] *Patze* (Anm. 93), 83 f.

[100] Reimchronik (Anm. 91)v. 7820 - 7822.

[101] *Oswald Holder-Egger,* Über die Braunschweiger und Sächsische Fürstenchronik und verwandte Quellen, in: NA 17 (1892), 159 - 184; *Otto von Heinemann,* Über die verschollene Chronica Saxonum, in: NA 27 (1902), 473 - 482, mit wichtigen Korrekturen dazu *Hans Butzmann,* Die mittelalterlichen Handschriften der Gruppen Extravagantes, Novi und Novissimi, Frankfurt am Main 1972, 203.

[102] Stadtbibliothek Trier, Ms. 1999/129, dazu: Beschreibendes Verzeichnis der Handschriften der Stadtbibliothek zu Trier 8, bearb. von Max Keuffer/Gottfried Kentenich, Trier 1914, 66 f. (nach Oswald Holder-Egger, MG SS 30, 1, 16 f. u. ö.); vgl. *Patze II* (Anm. 92), 102 f.

schrift ist verloren, der Text setzt innerhalb einer Braunschweiger Fürstenchronik ein, die der Reimchronik als Vorlage diente. Nicht nur dieses Chronicae principum Brunsvicensium fragmentum[104], sondern auch eine Chronica principum Saxoniae ampliata[105], die Annalium s. Blasii Brunsvicensium maiorum fragmenta[106], eine Cronica Boemorum[107] und eine Cronica Slavorum[108] hat Holder-Egger aus dem Codex ediert, der zudem Kataloge der Bischöfe von Halberstadt und Hildesheim und eine Liste der Äbte von Montecassino enthält. Stellt man diese Quellen zusammen, so ergibt sich schon aus dem Ensemble der hohe Rang, den die Kanoniker von St. Blasius an der Wende vom 13. zum 14. Jahrhundert der „Landesgeschichtsschreibung" beimaßen, einer Historiographie des eigenen geistlichen Instituts wie der herzoglichen Familie. Die Folge der welfischen Herzöge findet sich eingebunden in die Kontinuität jenes Adels, der seit dem 10. Jahrhundert über den *ducatus Saxoniae* herrschte. Das Herzogtum, nicht die Familie, stand im Zentrum der Historiographie. Ob das Fragment einer späten Fassung der Sachsenchronik aus billungischem Haus *reges, duces, marchiones et plures incliti duces [Brun]swicenses* hervorgehen ließ[109], ob die spät überlieferte Chronik der Braunschweiger Herzöge den Welfennamen, anders als es die alte welfische Haustradition getan hatte, von der billungischen Herzogstochter Wulfhild ableitete[110], stets sind es sächsische Bindungen, in die das regierende Haus hineingefügt wurde. Vom welfischen Vater sei Heinrich dem Löwen, so die fragmentarische Braunschweigische Fürstenchronik, *ducatus Bowarie et Saxonie,* von der Mutter die *proprietas liberrima hereditatis innate in Bruneswic, que eidem in bonis habundanti dignissima habebatur,* zugekommen[111]. Immerhin stellte der anonyme Verfasser dieser Fürstenchronik schon das frühe Welfengeschlecht in die Braunschweiger Geschichte hinein[112], und er unterließ es auch nicht, die Verwandtschaft der

---

103 Zum Lüneburger Liber capituli die oben, Anm. 80, genannte Lit. Der Ordinarius s. Blasii befindet sich im Nds. Staatsarchiv Wolfenbüttel, VII B Hs 129.

104 MG SS 30, 1, 21 - 27.

105 Ebd., 27 - 34. Der Braunschweiger Kanoniker erweiterte um 1294 die 1282/3 verfaßte Cronica principum Saxonie, die Oswald Holder-Egger, MG SS 25, 472 - 480, zunächst nach einer Handschrift im Stadtarchiv Goslar, B 4146, fol. 80^{r} - 87^{v}, ediert hatte.

106 Ebd., 16 - 19.

107 Ebd., 37 - 43.

108 Ebd., 35 - 37.

109 *v. Heinemann* (Anm. 101), 477.

110 Cronica ducum de Brunswick (überliefert in einer Papierhandschrift des 15. Jahrhunderts, Herzog August Bibliothek Wolfenbüttel, Ms. Extravag. 115), MG Dt.Chron. 2, cap. 11, 582: *Iste dux matrem habuit Wilphildem filiam ducis Magni, unde et Catulus sive Welp dicebatur.*

111 MG SS 30, 1, cap. 4, 23.

112 Das Kapitel *De Ethicone Aureo-curru* beginnt: *Vulgaris fama est de quodam Ethicone cum curru aureo, quod fuerit de progenitoribus in Brunswic principum, sed sciendum, quod non erat de eis qui in hac proprietate hereditarie succedebant* (MG SS 30, 1, cap. 5, 23 f.).

Brunonen mit dem salischen Kaiserhaus über *domina Gysla de Werle* herauszustreichen[113], die nach den klärenden Forschungen Eduard Hlawitschkas zuerst mit Bruno von Braunschweig, dann mit Ernst von Schwaben und schließlich mit Kaiser Konrad II. verheiratet war[114].

Die Dominanz des Amtes über die Familie tritt besonders in der erweiterten Fassung der sächsischen Fürstenchronik vor Augen, die um 1294 im Braunschweiger Stift als Erweiterung einer 1282/3 geschriebenen Vorlage entstanden ist. Hier wurden die Amtsträger im sächsischen Dukat durchgezählt bis zum *dux quintus* Magnus, auf den der *dux sextus* Lothar von Süpplingenburg folgte[115]. Daß dem Verfasser genealogische Kontinuität wichtig war, zeigt er in kommentierenden Zusätzen wie *et ita ducatus Saxonie translatus est a semine Bilingi* zum Herzogswechsel 1106, gekoppelt mit dem Trost *post dies aliquod revocandus*[116].

Tatsächlich kam der Reditus zum *semen Bilingi* zustande, zunächst unter dem *dux septimus* Heinrich (dem Stolzen), dann in der anderen Blutslinie der Eilika an die Askanier, als Bernhard *(dux decimus)* auf Heinrich den Löwen *(dux nonus)* folgte[117].

Diese sächsischen Zeugnisse des 13. und 14. Jahrhunderts schrieben nicht mehr die Geschichte der welfischen Familie, ihrer Ämter und Würden, ihrer Herrschaftsträger und Verbindungen, sondern sie rückten Sachsen in den Mittelpunkt, das Land und das herzogliche Amt. Aus Familiengeschichte, aus der Genealogia oder der Historia Welforum, aus imperialen und monarchischen Verbindungen war Landesgeschichtsschreibung geworden, Historiographie über das Schicksal Sachsens oder der braunschweigischen Herzöge.

---

113 *Domina Gysla de Werle habuit tres viros: primo ducem Swevie, postea domnum Brunonem de Bruneswic, tercio Conradum regem. Ex hiis tribus viris habuit tres filios principes. Primus filius eius de duce Swevie Hermannus dux Swevie. Secundus de Brunone Ludolphus dux in Bruneswich (!). Tercius de Conrado rege Henricus III^us^ rex, Henricus rex IIII^us^, Henricus rex V^us^. De Brunone Ludolphus dux in Bruneswich, Ecbertus, Gerthrudis marchionissa, Ricza imperatrix, Gerthrudis ducissa, Henricus Leo dux, Otto dux, Albertus dux. Hec est linea heredum descendencium a domno Brunone principe usque ad domnum Albertum ducem et principem in Bruneswich* (MG SS 30, 1, cap. 10, 26).

114 *Eduard Hlawitschka,* Untersuchungen zu den Thronwechseln der ersten Hälfte des 11. Jahrhunderts und zur Adelsgeschichte Süddeutschlands. Zugleich klärende Forschungen um „Kuno von Öhningen" (VuFSdbd. 35), Sigmaringen 1986.

115 MG SS 30, 1, 28 f.

116 Ebd., 28. Zur Sache jetzt *Wolfgang Petke,* Zur Herzogserhebung Lothars von Süpplingenburg im Jahre 1106, in: DA 46 (1990), 60 - 84.

117 *In isto (sc. Henrico) ad semen Bilingi redit ducatus* (MG SS 30, 1, 29). Zu Bernhard: *et ita de semine Wilfildis transivit ducatus ad semen Eyleke et usque hodie perseverat* (ebd., 31). Die Genealogia illustrium marchionum de Brandeburch wird erneut mit einem kurzen Abriß der askanischen Familiengeschichte seit Eilika und Otto von Ballenstedt eingeleitet.

III.

Dieser Wandel ist keine Braunschweiger Besonderheit, sondern läßt sich an vielen Stellen im deutschen Reich des beginnenden Spätmittelalters beobachten[118]. Er bringt Kunde von der Genealogisierung und Territorialisierung in der Geschichtsschreibung seit dem 13. Jahrhundert. Ansätze zur Beschreibung dieser Entwicklung hat die Landesgeschichtsforschung geboten, wenn auch eine zusammenfassende, vergleichend ausgerichtete Untersuchung noch aussteht. So sollen hier paradigmatisch Wege beschrieben werden, die noch zu gehen sind; erneut wird der Zugriff in drei kleinen Schritten erfolgen!

1. Durch ihr Heiratsverhalten verraten aristokratische Gesellschaften in besonderem Maß Grundvorstellungen politischer Orientierung. Betrachten wir, ohne genealogische Vollständigkeit anzustreben, sondern lediglich um eine Tendenz zu verdeutlichen, die Eheschließungen der Welfen vom 12. zum 13. Jahrhundert, so wird der skizzierte Wandel evident. Hatten Heinrich der Schwarze, Heinrich der Stolze und Heinrich der Löwe ihre Partnerinnen noch in Familien von Kaisern, Königen und Herzögen gefunden, vermochten der Pfalzgraf Heinrich und sein Bruder Otto IV. noch Bindungen an das rivalisierende staufische Haus zu knüpfen, konnte Pfalzgraf Heinrich seine Töchter noch mit einem Wittelsbacher und einem badischen Markgrafen verheiraten, so engte sich seit der Generation des Enkels Heinrichs des Löwen der Kreis ein. Den neuen Weg wies die Eheschließung Ottos des Kindes mit der Askanierin Mathilde/Mechthild, für die wegen Verwandtschaft im vierten Grad vom Billunger Magnus her ein päpstlicher Dispens eingeholt werden mußte[119]. Neun Kinder gingen aus dieser Verbindung hervor, sieben traten in Ehebindungen ein[120]. Aber nur die Herkunft der beiden Frauen des ältesten Sohnes, Albrechts I., läßt das alte, weitgespannte Beziehungsgeflecht der Familie erahnen. Die Geschwister fanden ihre Partner in Nord- und Mitteldeutschland, in den Familien der Grafen von Holland (König Wilhelm), Anhalt und Holstein-Schaumburg, der Landgrafen von Hessen und Thüringen, der Fürsten von Rügen und der askanischen Herzöge von Sachsen. Wenn auch der reichsfürstliche Rang welfischer Prinzessinnen und Prinzen in der Folgezeit wieder weitergespannte Eheprojekte ermöglichte, so sind die sich vertiefenden Bindungen im Norden des Reichs in der Mitte des 13. Jahrhunderts erkennbar.

2. Diese Tendenz ließe sich auch in einer Betrachtung des Welfenhofs und seiner großen Hoffeste erhärten, die an anderer Stelle vorgelegt wurde und

---

118 Zahlreiche weitere Beispiele bei *Patze* (Anm. 92).

119 MG EppSaecXIII 1, Nr. 98, 70 f.

120 Den besten Überblick bietet *Sigurd Zillmann,* Die welfische Territorialpolitik im 13. Jahrhundert (1218 - 1267) (BraunschwWerkst. 52), Braunschweig 1975, 326 f. (Exkurs IV: Zur welfischen Familienpolitik) und Stammtafel IV.

hier nur zusammenzufassen ist[121]. Zwischen 1209 und 1263 sind vier große Hoffeste in Braunschweig und Lüneburg festzustellen, Spektakel, die die norddeutschen Zeitgenossen fesselten. Hier soll lediglich auf den Kreis der Geladenen verwiesen werden: Stets zeigten sich die welfischen Herren, ob König oder Herzog, in ihrer sächsischen Umgebung, mit den sächsischen Herzögen der Askanier, dem Magdeburger Erzbischof, mit Bischöfen, Grafen und Freien, die in ihrer überwiegenden Mehrzahl aus Sachsen kamen. Es waren die *huius terre magnates*[122], die Ritter *uz Saxenlant*[123], die die Quellen als Teilhaber an der Ostentation von Herrschaft, von werdender Landesherrschaft, benennen.

3. Wir gelangen damit zu unseren spätmittelalterlichen genealogischen Tafeln, die den hier aus unterschiedlichen Perspektiven beleuchteten Wandel historisch verarbeiteten. Um 1300 entstand im Braunschweiger Stift St. Blasius ein Stemma, das im wichtigsten Verfassungsdokument der geistlichen Kommunität, im Ordinarius St. Blasii, an prominenter Stelle überliefert wurde[124]. Da wir die Bildtafel an anderer Stelle ausführlicher gewürdigt haben[125], kann der Blick hier allein den gezeigten Zusammenhängen gelten. Die historiographische Überlieferung von St. Michael in Lüneburg aufnehmend, ließ der anonyme Kompilator von den Personendarstellungen Hermann Billungs und seiner vermeintlichen Gattin Hildegard in einer zentralen Bildachse fünf Kreise mit den Namen der billungischen Herzöge von Sachsen bis hin zu Magnus († 1106) führen. Die Linie teilte sich dann in zwei Stränge, beginnend mit Wulfhild und Eilika, den Töchtern von Magnus, von denen Welfen und Staufer auf der einen, Askanier auf der anderen Seite ausgingen. Der bedeutendste Welfe des Mittelalters, Kaiser Otto IV., fand sich ebenso in die zentrale Bildachse gerückt wie die Askanierin Mechthild, die Gattin Herzog Ottos des Kindes von Braunschweig-Lüne-

---

121 *Bernd Schneidmüller,* Reichsfürstliches Feiern. Die Welfen und ihre Feste im 13. Jahrhundert, in: Feste und Feiern im Mittelalter, hrsg. von Detlef Altenburg/Jörg Jarnut/Hans-Hugo Steinhoff, Sigmaringen 1991, 165 - 180. Jetzt noch *Weinmann* (Anm. 37), 76ff.

122 Nach der Hochzeit König Wilhelms von Holland mit der Tochter Ottos des Kindes zu Beginn des Jahres 1252 kam es in Braunschweig am 25. März 1252 zu einer förmlichen Nachwahl durch die sächsischen Fürsten. Der Erfurter Annalist berichtet: *Ubi etiam sequenti die rex Wilhelmus a marchione Brandenburgense ac duce Saxonie ceterisque huius terre magnatibus in Romanum sollempniter electus est principem* (MG SS 16, 38).

123 Dies meldet der Braunschweiger Reimchronist in seinem Bericht von den Teilnehmern am großen Braunschweiger Hoffest Herzog Albrechts I. 1254, Reimchronik (Anm. 91), v. 7902.

124 Nds. Staatsarchiv Wolfenbüttel, VII B Hs 129, fol. 47v. Die Tafel schloß die ursprüngliche Fassung des 1301 angelegten Buchs ab.

125 *Bernd Schneidmüller,* Billunger – Welfen – Askanier. Eine genealogische Bildtafel aus dem Braunschweiger Blasius-Stift und das hochadlige Familienbewußtsein in Sachsen um 1300, in: AKG 69 (1987), 30 - 61, nach 60 eine verkleinerte Abb. der Bildtafel, die ebenfalls bei *Schneidmüller* (Anm. 90), 265, wiedergegeben wurde.

burg. Durch diese Ehe wurden die getrennten Linien der billungischen Nachkommenschaft wieder zusammengeführt, und die Kinder aus dieser Verbindung, deren Ehen wir bereits in den Blick genommen haben, füllten neben den an den Rand gerückten Nachfahren Kaiser Friedrichs II. den gesamten unteren Bildrand aus. In einer solchen Bildkomposition, deren politischer Zweck sich in der Postierung der einzelnen Linien und Personen verrät, blieben Welfen und Askanier, Heinrich der Schwarze und Otto von Ballenstedt, nur noch Ehemänner sächsischer Fürstentöchter. Die originäre Familiengeschichte der Welfen war aufgegeben, sie interessierte erst seit der Hochzeit Heinrichs des Schwarzen mit der Billungerin Wulfhild. Die Kontinuität dynastischer Geschichte war aufgegangen in sächsischen Bezügen und hatte die süddeutsche Herkunft der Welfen endgültig abgestreift.

Vollends wurde die genealogische Zuordnung in unserem vierten Beispiel aufgegeben, in einem in der Herzog August Bibliothek in Wolfenbüttel verwahrten genealogischen Bildtafelpaar in einer Pergamenthandschrift aus der Mitte des 15. Jahrhunderts, entstanden in der Diözese Halberstadt und nur aus zwölf Blättern bestehend[126]. Im Sexternio sind Notizen zur Reichs- und speziellen Landesgeschichte zusammengestellt, Annales Imperii 1400 - 1452 und 716 - 1440, Listen der Erzbischöfe von Magdeburg und Mainz und der Bischöfe von Halberstadt und eine historische Notiz über die Eroberung Hettstedts 1439, mit Marginalien von jüngeren Händen weitergeführt[127].

Die Doppeltafel befindet sich auf der Rückseite des elften und auf der Vorderseite des zwölften Blatts, steht dem Betrachter also gleichzeitig vor Augen, wie wir dies schon beim Ensemble von Weingartener Welfenstammbaum und Stauferbild beobachten konnten. Die erste Tafel fügt in nur teilweise genealogisch geordneten farbigen Rundbildern sächsische Fürsten des Frühmittelalters zusammen, angefangen vom Sachsenführer Widukind, der *rex Angarorum* und *primus dux de ducibus Saxonie* genannt ist, über *Umbertus christiane religionis cultor devotus* und Waltbert führend. Hieran schließen sich die Liudolfinger an, im Zentrum des Bildes, thronend und deutlich herausgehoben, *Ludolfus dux Saxonie* zwischen den stehenden Figuren *Bruno dux* (dessen Gründung Braunschweigs ausdrücklich hervorgehoben wird) und *Odo dux Saxonie.* Liudolfs Füße stehen auf dem kreisrunden Brustbild Heinrichs I. Von Heinrich I. gehen auf der linken Seite die drei bayerischen

[126] Herzog August Bibliothek Wolfenbüttel, Cod. Guelf. Weißenburg A (unpubliziert). Ein knapper Hinweis auf die Handschrift bei Oexle (Anm. 48), 225, Anm. 87. – Fol. 11^v: 47,5 x 34 cm; fol. 12^r: 47 x 34 cm. Für freundlich gewährte Auskünfte bin ich den Herren Kollegen G. Althoff (Gießen), E. Freise (Münster) und K. Naß (Wolfenbüttel) zu großem Dank verpflichtet. Die Studie von *Nora Gaedeke* zu den bildlichen Darstellungen der Nachkommen Heinrichs I. lag mir bei Manuskriptabschluß noch nicht vor.

[127] Beschreibung der Hs. von *Hans Butzmann,* Die Weißenburger Handschriften, Frankfurt am Main 1964, 79 f. (Weißenburg A gehört nicht zum ursprünglichen Fonds der Weißenburger Hss.).

Liudolfinger bis Heinrich II. aus, auf der rechten Seite dann eine *Saba* mit ihrem Sohn Adalbert, Reflex eines das gesamte Mittelalter überdauernden Wissens um die liudolfingisch-babenbergische Verwandtschaft. Bei der *Saba* unserer Bildtafel dürfte es sich nämlich um die sagenhafte Bava handeln, die seit dem Hochmittelalter als Tochter Heinrichs I. an die Liudolfinger angeschlossen und als babenbergische Stammutter propagiert wurde; ihr Sohn Adalbert muß dann – trotz dadurch entstehender erheblicher chronologischer Verwirrung – als der 906 von Ludwig enthauptete Babenberger Adalbert betrachtet werden, nach Aussage unserer Tafel also als „Enkel" Heinrichs I.

Gleichzeitig hat der Beschauer auf der Vorderseite des zwölften Blatts die Folge kreisrunder Medaillons der welfischen Herzöge vor Augen, beginnend mit Heinrich dem Stolzen, fortgeführt mit Heinrich dem Löwen, Otto IV., dem Pfalzgrafen Heinrich (ohne Herzogshut), Otto dem Kind, von dem dann die Herzöge von Braunschweig-Lüneburg ausgehen, zunächst noch namentlich bezeichnet, schließlich nur noch als Brustbilder ausgeführt. Die Umschriften geben Namen und Würden der welfischen Herzöge wieder, Zusätze und spätere Marginalien informieren über historische Ereignisse. Die genealogische Zuordnung ist aber weitgehend aufgegeben, es geht nicht mehr um einen Stammbaum oder die Generationenfolge, sondern um eine Aneinanderfügung von Amtsträgern, die zunächst über Bayern und Sachsen, dann über Sachsen und Braunschweig, schließlich über Braunschweig-Lüneburg herrschten. Im Ensemble treten dem Betrachter die Fürsten Sachsens vom frühen Mittelalter bis zum 15. Jahrhundert gegenüber, gleichsam eine prosopographische Einheit, die von der vielfach geglaubten Abstammung von Liudolfingern und Welfen aus brunonischen Wurzeln ausgehen durfte[128].

Diese Verbindung von Familie, Amt und Land fand sich, in der frühen Neuzeit ausgiebig gepflegt und propagiert, am eindrucksvollsten vielleicht in einem welfischen Stammbaum aus dem Beginn des 17. Jahrhunderts, den der unbekannte Kupferstecher Herzog Heinrich Julius (1562 - 1613) widmete. Der Baum erwächst aus der Stadt Braunschweig, beginnend mit dem Grafen Bruno von Ringelheim und Swana, der Tochter des Grafen Welf von Altdorf, über die welfischen Grafen von Altdorf emporstrebend, die Einheitlichkeit der Stammfolge durch die Reihung Heinrich der Löwe – Wil-

[128] Es stehen sowohl neuere Untersuchungen zum spätmittelalterlichen Abstammungsbewußtsein in Sachsen als auch zur brunonischen Geschichte aus; einen wichtigen Neuansatz zur brunonischen Geschichte des 11. Jahrhunderts bietet jetzt die Abhandlung von *Patrick Corbet*, L'autel portatif de la comtesse Gertrude de Brunswick (vers 1040), in: CCM 34 (1991), 97 - 120. Veraltet und korrekturbedürftig, wenn auch mit breiter Materialgrundlage, ist *Heinrich Böttger*, Die Brunonen, Vorfahren und Nachkommen des Herzogs Ludolf in Sachsen ..., Hannover 1865.

helm von Lüneburg – Otto das Kind erreichend, um schließlich die weiten europäischen Bezüge des Hauses im sich ausbreitenden Wipfel zu dokumentieren[129]. Die Welfen, aus Sachsen kommend, dort seit dem 12. Jahrhundert wieder Herrschaft ausübend, in der Nachfolge sächsischer Adelshäuser stehend – damit ist das Programm genealogischer Literatur des späten Mittelalters und der frühen Neuzeit umrissen, die ihren Höhepunkt im welfisch beförderten, von Leibniz betreuten Unternehmen des Origines Guelficae erfuhr[130].

Die Anstrengungen des 18. Jahrhunderts zur historischen Spurensuche eines fürstlichen Hauses besaßen ihre Wurzeln im 13. Jahrhundert. Der Historiographie im Umkreis des Braunschweiger Hofs und in den spätmittelalterlichen genealogischen Tafeln ging es nicht mehr um Familiengeschichte, sondern um die Einbindung der Welfen in die Kontinuität sächsischer Amtsträger. Auf die welfischen Herzöge lief die durch Widukind begründete Tradition sächsischer Herrschaft zu, im Herzogtum Braunschweig-Lüneburg war die Identifikation mit den historischen Vorläufern gewährleistet. Der Wandel welfischer Identität vom frühen 12. bis zum 15. Jahrhundert entsprach den veränderten politischen Bedingungen welfischer Herrschaft. Die Konstituierung genealogischer Kontinuität vermochte auf fiktive Ansippungen zu verzichten, wie sie aus anderen Zusammenhängen[131] bekannt sind. Vielmehr griff man aus der Gruppe der Vorfahren diejenigen Herrschaftsträger gezielt heraus, die zur historischen Legitimation der eigenen Herrschaft dienten. Für die Welfen haben wir den Befund noch zu präzisieren: Im Umkreis der Welfen betrieb man eine selektive Genealogisierung, die dem regionalen Rahmen politischer Realität Rechnung trug. Dabei wurden alte ethnische Gemeinsamkeiten des sächsischen Stammes aufgegriffen und auf den eigenen Herrschaftsverband, das welfische Herzogtum des späten Mittelalters, zugespitzt, das in der Kontinuität sächsischer Geschichte aufging. In solcher Genealogisierung und Territorialisierung bildete die klerikale Umgebung der Welfen durchaus keinen Einzelfall, wie

[129] Sehr stark verkleinerte Abbildung und Beschreibung von *Christof Römer,* Stadt im Wandel. Kunst und Kultur des Bürgertums in Norddeutschland 1150 - 1650 2, hrsg. von Cord Meckseper, Stuttgart/Bad Cannstatt 1985, Nr. 1007 a, 1140 f. Zu den weiten Bezügen der mittelalterlichen Welfen *Hans Patze,* Die Welfen in der mittelalterlichen Geschichte Europas, in: BDLG 117 (1981), 139 - 166.

[130] Origines Guelficae 1 - 5, Hannover 1750 - 1780. Vgl. auch *Gottfried Wilhelm Leibniz,* Scriptorum Brunsvicensia illustrantium tomus I - III, Hannover 1707 - 1711; dazu *Armin Reese,* Die Rolle der Historie beim Aufstieg des Welfenhauses 1680 - 1714 (QuellDarstGeschNds. 71), Hildesheim 1967; *Horst Eckert,* Gottfried Wilhelm Leibniz' Scriptores Rerum Brunsvicensium. Entstehung und historiographische Bedeutung (VeröffentlLeibnizArch. 3), Frankfurt am Main 1971.

[131] Vgl. nur *Gerd Althoff,* Genealogische und andere Fiktionen in mittelalterlicher Historiographie, in: Fälschungen im Mittelalter 1 (SchrMGH 33, I), Hannover 1988, 417 - 441; in diesem Band weitere wichtige Hinweise zum Thema.

neuere Forschungen von Jean-Marie Moeglin zu den Wittelsbachern[132] und von Gert Melville zu den Brabanter Herzögen[133] eindrucksvoll gezeigt haben.

Betrachten wir die bisher behandelten Zeugnisse für den Wandel welfischer Identität vom 12. bis zum 15. Jahrhundert im Hinblick auf ihren Entstehungszusammenhang, so können wir – mit Ausnahmen – deutlich geistige Zentren im Umkreis des welfischen Hofs als Herkunftsorte der genealogischen Tafeln und der Historiographie ausmachen, nach dem Zurücktreten Weingartens St. Blasius in Braunschweig und St. Michael in Lüneburg, Grablegen der welfischen Familie, deren geistliche Kommunitäten in vielfältigen Abhängigkeiten mit der adligen Familie verbunden waren und blieben.

Das im engeren Umkreis des herzoglichen Hofs gepflegte und tradierte historische Bewußtsein muß sich freilich auch der Frage nach seiner Akzeptanz stellen, zumal die bisher zusammengestellten Zeugnisse allenfalls einem kleinen Leser- oder Betrachterkreis zugänglich waren. Damit berühren wir ein Kernproblem politischen Denkens und seiner Trägerschichten in vormodernen Gesellschaften, die zu bestimmen auf Grund der spezifischen Quellenüberlieferung und -problematik heikel ist.

Allerdings bietet das Braunschweiger Beispiel einige weiterführende Anhaltspunkte. Die Einfügung welfischer Identität in den Lauf der sächsi-

---

132 *Jean-Marie Moeglin,* Les ancêtres du prince. Propagande politique et naissance d'une histoire nationale en Bavière au Moyen Age (Ecole pratique des hautes études. Hautes études médiévales et modernes 54), Genf 1985; *ders.*, „Das Geblüt von Bayern" et la réunification de la Bavière en 1505. Les falsifications historiques dans l'entourage du duc Albert IV (1465 - 1508); in: Fälschungen im Mittelalter 1 (Anm. 131), 471 - 496. Vgl. auch die vielfältigen weiterführenden Forschungen von *dems.,* La formation d'une histoire nationale en Autriche au Moyen Age, in: Journal des savants 1983, 169 - 218; Recherches sur la chronique rimée styrienne, in: ebd. 1987, 159 - 179; Le personnage du fondateur dans la tradition dynastique des Hohenzollern, in: MA 96 (1990), 421 - 434, und in diesem Band. – Methodisch wegweisend *Georges Duby,* Structures de parenté et noblesse. France du nord. XIe - XIIe siècles, in: Miscellanea mediaevalia in memoriam Jan Frederik Niermeyer, Groningen 1967, 149 - 165; *ders.,* Remarques sur la littérature généalogique en France au XIe et XIIe siècles, in: Comptes rendus de l'Académie des inscriptions et belles-lettres 1967, 335 - 345; *Léopold Genicot,* Les généalogies (Typologie des sources du Moyen Age occidental 15), Turnhout 1975; Famille et parenté dans l'occident médiéval, hrsg. von Georges Duby/Jacques Le Goff, Paris 1977; *Andrew W. Lewis,* Dynastic structures and Capetian throne right: the views of Giles of Paris, in: Traditio 33 (1977), 225 - 252.

133 *Gert Melville,* Vorfahren und Vorgänger. Spätmittelalterliche Genealogien als dynastische Legitimation zur Herrschaft, in: Die Familie als sozialer und historischer Verband. Untersuchungen zum Spätmittelalter und zur frühen Neuzeit, hrsg. von Peter-Johannes Schuler, Sigmaringen 1987, 203 - 309, bes. 225 ff.; *ders.,* Geschichte in graphischer Gestalt, in: Geschichtsschreibung und Geschichtsbewußtsein im späten Mittelalter, hrsg. von Hans Patze (VuF 31), Sigmaringen 1987, 57 -154. Zur habsburgischen Abstammungsvorstellung *Gerd Althoff,* Studien zur habsburgischen Merowingersage, in: MIÖG 87 (1979), 71 - 100; zum Verhältnis der Markgrafen von Baden zu den Zähringern *Hansmartin Schwarzmaier,* Staufer, Welfen und Zähringer im Lichte neuzeitlicher Geschichtsschreibung, in: ZGO 134 (1986), 76 - 87; zu Württemberg jetzt *Dieter Mertens,* Zur frühen Geschichte der Herren von Württemberg. Traditionsbildung – Forschungsgeschichte – neue Ansätze, in: ZWLG 49 (1990), 11 - 95.

schen Geschichte läßt sich nämlich nicht allein im Umkreis der Fürstenfamilie beobachten, sondern begegnet in vielfältiger Form auch in städtischen Quellen des 15. und frühen 16. Jahrhunderts.

IV.

Die reiche bürgerliche Historiographie Braunschweigs, bisher nur in Auswahl in drei Bänden der Chroniken der deutschen Städte ediert[134], hilft bei der Suche nach der Breite politischen Bewußtseins im späten Mittelalter etwas weiter[135]. Ein Rückgriff auf die kritisch edierten Texte allein verstellt aber den Zugang zur historiographischen Vielfalt[136]. Wie so häufig fällt nämlich beim Braunschweiger Beispiel auf, daß die Vorstellung von der bürgerlichen Geschichtsschreibung des Spätmittelalters von den Auswahlkriterien geprägt ist, die bürgerliche Editoren des 19. Jahrhunderts[137] bei ihren Zusammenstellungen der für sie veröffentlichungswürdigen Texte anlegten. So sind die gedruckten Zeugnisse bequem zum Studium der Braunschweiger Ereignisgeschichte, vor allem zu den innerstädtischen Unruhen[138], heranzuziehen und haben das Bild von der Rationalität bürgerlichen Denkens gehörig geprägt. Aber die reiche Geschichtsschreibung aus der Feder oder

[134] Die Chroniken der deutschen Städte vom 14. bis ins 16. Jahrhundert 6, 16, 35: Braunschweig 1 - 3, Leipzig (Stuttgart/Gotha) 1868 - 1928.

[135] Eine Analyse der in den Chroniken edierten Quellen stammt von *Joachim Ehlers,* Historiographie, Geschichtsbild und Stadtverfassung im spätmittelalterlichen Braunschweig, in: Rat und Verfassung (Anm. 90), 99 - 134. Zum Zusammenhang von Geschichtsschreibung und Geschichtsbewußtsein vgl. den in Anm. 133 genannten Sammelband, außerdem *Klaus Graf,* Exemplarische Geschichten. Thomas Lirers „Schwäbische Chronik" und die „Gmünder Kaiserchronik" (ForschGeschÄltDtLit. 7), München 1987. Stets zu vgl. sind *Heinrich Schmidt,* Die deutschen Städtechroniken als Spiegel des bürgerlichen Selbstverständnisses im Spätmittelalter (SchriftenHistKommBayerAkadWiss. 3), Göttingen 1958; *Johannes Bernhard Menke,* Geschichtsschreibung und Politik in deutschen Städten des Spätmittelalters. Die Entstehung deutscher Geschichtsprosa in Köln, Braunschweig, Lübeck, Mainz und Magdeburg, in: JbKölnGeschVer. 33 (1958), 1 - 84; 34/35 (1960), 85 - 194.

[136] Ausgeschieden werden häufig die Werke, die für die Rekonstruktion der „Ereignisgeschichte" unbrauchbar erscheinen, dafür aber den Stand historischen Wissens spiegeln. Auf die vielfältigen Absichten spätmittelalterlicher Historiographie verweist *František Graus,* Funktionen spätmittelalterlicher Geschichtsschreibung, in: Geschichtsschreibung (Anm. 133), 11 - 55; vgl. auch *Peter Johanek,* Weltchronistik und regionale Geschichtsschreibung im Spätmittelalter, ebd., 287 - 330.

[137] Zu Person und Werk des verdienstvollen Braunschweiger Stadtarchivars und Editors Ludwig Hänselmann *Manfred R. W. Garzmann,* Ludwig Hänselmann (1834 - 1904). Erster hauptamtlicher Stadtarchivar Braunschweigs (Stadtarchiv und Stadtbibliothek Braunschweig. Kleine Schriften 12), Braunschweig 1984; zur Sache *Joachim Ehlers,* Hermen Bote und die städtische Verfassungskrise seiner Zeit, in: Hermen Bote. Braunschweiger Autor zwischen Mittelalter und Neuzeit, hrsg. von Detlev Schöttker/Werner Wunderlich (Wolfenbütteler Forschungen 37), Wiesbaden 1987, 119 - 131.

[138] Zuletzt *Matthias Puhle,* Die Braunschweiger „Schichten" (Aufstände) des späten Mittelalters und ihre verfassungsrechtlichen Folgen, in: Rat und Verfassung (wie Anm. 90), 235 - 251 (mit der Lit.).

aus dem Umkreis Hermen Botes[139], immerhin zwei Weltchroniken und eine „Chronecken der Sassen", sind noch immer nur in Handschriften, in einem Mainzer Druck des Jahres 1492 oder in unzureichenden frühneuzeitlichen Ausgaben zu benutzen[140], wenn sie auch neuerdings verstärkt das Interesse von Germanisten[141] und Historikern gefunden haben[142].

---

[139] Die Forschungen zu Leben und Werk Hermen Botes werden seit einigen Jahren stark intensiviert und führten im Diskurs von Historikern und Germanisten zu erheblichen Kontroversen. An dieser Stelle soll der Gang der Diskussionen nicht ausgebreitet werden, zu verweisen ist hier nur auf *Gerhard Cordes,* Artikel Bote, Hermen (Hermann), in: Die deutsche Literatur des Mittelalters. Verfasserlexikon 1^2 (1978), 967 - 970; *Bernd Ulrich Hucker,* Hermann Bote, in: Niedersächsische Lebensbilder 9 (1976), 1 - 21; *ders.,* Artikel Bote, Hermen, in: LexMA 2 (1983), 482 - 484; *Herbert Blume,* Hermann Bote – "tollenschriver" in Braunschweig und „hogrefe" im Papenteich? Beobachtungen zu Botes Leben anhand seines ‚Zollbuchs', in: Hermen Bote (Anm. 137), 159 - 177.

[140] Weltchronik: Stadtarchiv Braunschweig, H VI 1, Nr. 28 (Prosachronik vom Anfang der Welt bis 1438, zwischen 1493 und 1502 geschrieben); Nds. Landesbibliothek Hannover, Ms XI 669 (Prosachronik vom Beginn der Welt bis 1502, ursprüngl. Fassung bis 1502, Nachträge bis 1518, teilweise erhebliche Erweiterung gegenüber der Braunschweiger Handschrift, mit wichtigen Appendices). Die Braunschweiger Hs. unvollständig gedruckt von *Caspar Abel,* Sammlung etlicher noch nicht gedruckten alten Chronicken ..., Braunschweig 1732. Vgl. *Gerhard Cordes,* Die Weltchroniken von Hermann Bote, in: BraunschwJB. 33 (1952), 75 - 101; *Heinz-Lothar Worm,* Anhang zu Botes Hannoverscher Weltchronik. Abbildung mit Edition und Übersetzung, in: Hermen Bote (Anm. 137), 31 - 67. – Umstritten ist die Zuweisung der Chronecken der Sassen (Inkunabel Mainz: Peter Schöffer 1492) zu Hermen Bote oder zu Conrad (Cord) Bothe; gedruckt von *Gottfried Wilhelm Leibniz,* Scriptorum Brunsvicensia illustrantium tomus tertius, Hannover 1711, 277 - 425 (Chronicon Brunsvicensium Picturatum, Dialecto locali conscriptum, autore Conrado Bothone cive Brunsvicensi). Literaturhinweis bei *Stackmann* (unten Anm. 143), 293 f.; *John L. Flood,* Probleme um Botes „Chronecken der sassen" (GW 4963), in: Hermen Bote (Anm. 137), 179 - 194; vgl. auch *Anna-Dorothee von den Brincken,* Die Rezeption mittelalterlicher Historiographie durch den Inkunabeldruck, in: Geschichtsschreibung (Anm. 133), 215 - 236. Eine Zusammenfügung der sicher von Hermen Bote stammenden bzw. ihm zugeschriebenen Werke ermöglichte die Nds. Landesausstellung „Stadt im Wandel" 1985, vgl. den Katalog: Stadt im Wandel 1 (Anm. 129), Nr. 475 (?), 484 - 494.

[141] *Gerhard Cordes,* Auswahl aus den Werken von Hermann Bote, Wolfenbüttel/ Hannover 1948; Hermann Bote, Der Köker, hrsg. von Gerhard Cordes (AltdtTextbibl. 60), Tübingen 1963; Hermen Botes Radbuch, hrsg. von Werner Wunderlich (Litterae. Göppinger Bausteine zur Textgesch. 105), Göppingen 1985. – Stationen der neueren Forschung (neben den o. g. Beiträgen) werden markiert von den beiden Sammelbänden Hermen Bote, Bilanz und Perspektiven der Forschung, hrsg. von Herbert Blume/ Werner Wunderlich (Göppinger Arbeiten zur Germanistik 357), Göppingen 1982; Hermen Bote (Anm. 137); s. auch *Herbert Blume,* Hermann Botes Ludeke-Holland-Lieder und ihre Überlieferung, in: BraunschwJb 66 (1985), 57 - 77. – Weitere Studien, vor allem aber auch kritische Editionen sind in Vorbereitung.

[142] *Ehlers* (Anm. 135), 137, zudem die gesamten, bei *Puhle* (Anm. 138) erwähnten Studien zu den städtischen Unruhen des Spätmittelalters, vgl. zuletzt *Hartmut Boockmann,* Eine Krise im Zusammenleben einer Bürgerschaft und ein „politologisches" Modell aus dem 15. Jahrhundert. Der Braunschweiger Chronist Hermen Bote über den Aufstandsversuch von 1445/1446, in: GWU 40 (1989), 732 -749. – *Andrea Dirsch-Weigand,* Stadt und Fürst in der Chronistik des Spätmittelalters. Studien zur spätmittelalterlichen Historiographie (Kollektive Einstellungen und sozialer Wandel im Mittelalter NF 1), 1991.

Nur sehr kurz wollen wir den Blick auf diese Quellen richten, die den Ort des eigenen politischen Gemeinwesens in der Weltgeschichte wie vor allem in der Geschichte Sachsens aufsuchten. In der Zeit des Früh- und Hochmittelalters wurde Stadtgeschichte zu einem Teil der Herrengeschichte[143]. Seit seiner sagenhaften Gründung 861 war Braunschweig die Krone des Landes Sachsen und der Fürsten von Braunschweig-Lüneburg[144] und blieb hinfort eng mit der Adelsgeschichte von Liudolfingern, Brunonen und Welfen verhaftet. Die Wurzeln des städtischen Patriziats sah der spätmittelalterliche Autor in der Burgenordnung Heinrichs I. angelegt[145], die Begründung des Herzogtums Braunschweig-Lüneburg 1235 wurde dem welfischen Herren durch *gunst der borgere* ermöglicht[146]. Eingefügt war die herzogliche Familie in den Gang sächsischer Geschichte seit ihren heidnischen Ursprüngen[147]. Den Bezug welfischer Herrschaft auf ihren Mittelpunkt, auf Braunschweig, stellte der Chronist schon für Heinrich den Löwen her[148], indem ein

---

143 *Klaus Schreiner,* Sozialer Wandel im Geschichtsdenken und in der Geschichtsschreibung des späten Mittelalters, in: Geschichtsschreibung (Anm. 133), 272 f. Zum Wandel in der Darstellung der Stadt vom hohen zum späten Mittelalter jetzt grundlegend *Karl Stackmann,* Die Stadt in der norddeutschen Welt- und Landeschronistik des 13. bis 16. Jahrhunderts, in: Über Bürger, Stadt und städtische Literatur im Spätmittelalter, hrsg. von Josef Fleckenstein/Karl Stackmann (AbhandlAkadWiss. Göttingen, phil-hist. Kl. III 121), Göttingen 1980, 289 - 310.

144 Den sagenhaften Bericht von der Gründung Braunschweigs durch Herzog Brun und seinen Bruder Dankward wie des Baus der Peters- und der Jakobskirche beschließt die Braunschweiger Handschrift (in der Literatur nach ihrem früheren Aufbewahrungsort auch Halberstädter Handschrift genannt) der Weltchronik mit der Charakterisierung von *Brunswick: unde is van daghe to daghe, van jaren to jaren beter, starcker, mechtiger geworden, unde is eyne kronen unde eyn speygel des landes to Sassen unde der fürsten to Brunswick unde Luneborch* (Stadtarchiv Braunschweig, H VI 1, Nr. 28, fol. 197r; abgedruckt von *Cordes* [Anm. 141] 14). Eine Abbildung der zum Jahr 861 eingefügten Braunschweiger Stadtansicht aus der Weltchronik (fol. 196v) in: Braunschweig. Das Bild der Stadt in 900 Jahren 2, hrsg. von Gerd Spies, Braunschweig 1985, 30.

145 Auf Heinrichs Ordnung wird die städtische Nobilität *(fry vnde eddel)* zurückgeführt, das Zitat aus der Sachsenchronik (Bl. 54v) bei *Stackmann* (Anm. 143), 301.

146 Nds. Landesbibliothek Hannover, Ms XI 669, fol. 445r.

147 Die ausführlichen Berichte vom Ursprung der Sachsen und von der sächsischen Landnahme, die in der Tradition der gelehrten lateinischen Historiographie stehen, aber auch mündliche Traditionen verarbeiten, sind teilweise abgedruckt von *Cordes* (Anm. 141), 13 f. (Braunschweiger Hs.), 19 f., 23 ff. (Hannoversche Handschrift); dazu jetzt *Hilkert Weddige,* Heldensage und Stammessage. Iring und der Untergang des Thüringerreiches in Historiographie und heroischer Dichtung (Hermaea 61), Tübingen 1989, 134 ff. – Einen mit vielfältigen Wappen versehenen Bericht *Dat amgebin der Sassen* gibt die Hannoversche Handschrift der Weltchronik, Ms XI 669, fol. 435r; fol. 438v Hinweise zu den sächsischen Fürsten von Widukind an.

148 Chronecken der Sassen (Anm. 140), Holzschnitt Heinrichs des Löwen und Mathildes mit Wappen. Das in der Stadtbibliothek Braunschweig benutzte Exemplar ohne Blattzählung; die Darstellung auch bei *Leibniz* (Anm. 140), 343; vgl. dort auch: *Hinrick van Goddes gnaden Hertoghe to Sassen unde Beyeren, Here to Brunsvvick unde Lunenborch* (343). – *He vvas eyn Hertoghe van Beyeren van svvert halve, alse van Ethico des ersten Hertoghen van Beyeren, unde der spille halven vvas he eyn Hertoghe to Sassen, unde eyn Here to Brunsvvick unde Lunenborch* (344).

Holzschnitt von 1492 den großen Welfen zum Herren von *Sassen* und *Brunswick* machte.

Diese in der Historiographie angelegte Homogenität und Kontinuität sächsischer Eliten schlug sich in widersprüchlichen Einbindungen der Stadtgeschichte in die frühe Dynastengeschichte nieder[149]. In der Hannoverschen Handschrift der Weltchronik Hermen Botes konnte neben die übliche Entfaltung Braunschweigs in brunonisch-welfischer Zeit plötzlich die liudolfingische Begründung und Beförderung der Stadt treten, offenbart im planvollen Handeln der ottonischen Könige an Braunschweig[150].

Über solche Widersprüche trat freilich die Einheit sächsischer Geschichte, die noch heute jedem Besucher des Braunschweiger Altstadtrathauses deutlich sichtbar vor Augen steht. In der Mitte des 15. Jahrhunderts ließen kommunale Eliten die Laubengänge des gotischen Baus mit einem bedeutsamen Figurenprogramm versehen[151]: Von der zentralen Figur Kaiser Lothars III. gehen in zwei Flügeln jeweils vier Paare aus, die seit der frühen Neuzeit[152] gewiß zu Recht mit liudolfingischen und welfischen Amtsträgern samt ihren Gemahlinnen identifiziert wurden, mit den ottonischen Herrschern von Heinrich I. bis zu Otto III. auf der einen, mit den Welfen Otto IV., Heinrich dem Löwen, Wilhelm von Lüneburg und Otto dem Kind auf der anderen Seite. In der Vorstellung des spätmittelalterlichen Künstlers offenbart sich jene Kontinuität von Liudolfingern und Welfen, die aus den zeitgleichen genealogischen Tafeln der Wolfenbütteler Handschrift und aus der wenig späteren Braunschweiger Gründungsgeschichte im Anhang der Han-

---

149 Vgl. dazu die Skizze von *Last* (Anm. 68), dem leider die angekündigte umfangreichere Abhandlung mit einem Belegapparat versagt blieb.

150 Notizen zur Fürsten- und Stadtgeschichte, Nds. Landesbibliothek Hannover, Ms XI 669, fol. 443r - 444v. Danach erbaute Otto der Erlauchte die Altstadt mit St. Jakob, König Heinrich I., auch sonst bekannter Städtegründer etwa Goslars, errichtete in Braunschweig die Neustadt und St. Andreas, Kaiser Otto I. wird neben der Ulrichskirche auch St. Peter und Paul in Dankwarderode verdankt (fol. 443r). Unter Otto III. gelangte die *herschop to Brunswick* an die Brunonen, Ludolf errichtete in der Altenwiek St. Magnus (fol. 443v), schließlich wurde auf einem Berg vor Braunschweig St. Cyriacus fundiert (fol. 444r). Heinrich der Löwe darf endlich den Hagen, St. Katharinen, St. Peter und den *dom* in der *borch sunte Blasius und sunte Gertruden und sunte Jurgen kerken* begründen (fol. 444v); besonderes Interesse gilt der jeweiligen Grablege von Brunonen und Welfen.

151 Vgl. z. B. Titelblatt von: Braunschweig (Anm. 144). Eine Beschreibung der Figuren gab schon *Philip Christian Ribbentrop,* Beschreibung der Stadt Braunschweig 1, Braunschweig 1789, 208 -212. Historische Nachrichten trägt zusammen *Carl Wilhelm Sack,* Alterthümer der Stadt und des Landes Braunschweig 1, 2, Braunschweig 1852, 15 ff. Zur stilistischen Einordnung *Wolfgang Scheffler,* Die gotische Plastik der Stadt Braunschweig und ihre Stellung im niedersächsischen Kunstkreis, Phil. Diss. (masch.) Göttingen 1925, 195 ff.

152 *Philipp Julius Rehtmeier,* Braunschweig-Lüneburgische Chronica 1, Braunschweig 1722, fügt nach Vorrede und Inhaltsverzeichnis und vor dem ersten Kapitel des ersten Teils sechs Kupferstichplatten ein, Tab. I - III bieten die Figuren des Altstadtrathauses, wenn auch ohne den architektonischen Bezug. Zur Identifizierung *Sack* (Anm. 151), 17.

noverschen Weltchronik Hermen Botes entgegentrat. Solche historische Einheit wurde den Braunschweiger Bürgern erfahrbar gemacht, die vor dem Altstadtrathaus ihre Huldigung an den welfischen Stadtherren leisteten[153]. Daß sich bürgerliche Eliten, die ihr Gemeinwesen 1345 als „freie Stadt" bezeichneten[154] und in vielfältiger Weise ihre Autonomie im Spannungsge-

Figurenprogramm des Braunschweiger Altstadtrathauses, Mitte 15. Jh.

Entwurf: Bernd Schneidmüller

---

153 Zum Verhältnis von Stadtgemeinde und Stadtherrn *Manfred R. W. Garzmann,* Stadtherr und Gemeinde in Braunschweig im 13. und 14. Jahrhundert (Braunschw-Werkst. 53), Braunschweig 1976.

154 *Wante van der gŏde goddes is Bruneswich en vriy stad. Dit scolen weten de na vs tokomende sin* (Urkundenbuch der Stadt Braunschweig 1, hrsg. von Ludwig Hänselmann, Braunschweig 1873, Nr. 30, 39). Zur Begrifflichkeit *Peter Moraw,* Zur Verfassungsposition der Freien Städte zwischen König und Reich, besonders im 15. Jahrhundert, in: Res publica. Bürgerschaft in Stadt und Staat (Beihefte zu Der Staat 8), Berlin 1988, 11 - 39.

füge von Stadtherr, regionalen Nachbargewalten und Reich[155] zu erringen und sichern trachteten, ihr Rathaus mit Kaisern, Königen und Herzögen schmückten, läßt manche Vorstellung über kommunales Geschichtsverständnis oder städtische Freiheit zumindest differenzierter sehen, dokumentiert aber zugleich, wie sehr die welfische Herzogsfamilie als Bewahrer und Fortsetzer sächsischer Geschichte betrachtet wurde, jedem Braunschweiger Marktbesucher sichtbar vor Augen.

V.

Die Betrachtung der reichhaltigen historiographischen Überlieferung im Umkreis der Welfen seit dem 12. Jahrhundert ermöglicht Einblicke in den Wandel adligen Bewußtseins, der durch sich verändernde politische Möglichkeiten geprägt war.

In der Folge von Krise und Neukonsolidierung welfischer Herrschaft im Norden Deutschlands, im Raum um Braunschweig und Lüneburg, wurden die süddeutschen Wurzeln der Familie immer mehr vernachlässigt und dafür der Rückgriff auf die sächsischen Wurzeln des Hauses gepflegt. Die Selektierung der eigenen Genealogie ließ die herzogliche Familie in der Kontinuität sächsischer Führungsgruppen seit dem frühen Mittelalter erscheinen, die in ununterbrochener Folge die Geschicke des neuen Territoriums bestimmten, des Herzogtums Braunschweig-Lüneburg und der Stadt Braunschweig. Die sächsische Geschichte wurde dabei auf den eigenen Ort im Lauf der Zeiten zugespitzt, zur historischen Legitimation der jeweiligen Gegenwart genutzt, die sich auf die *terra,* das *Saxenlant,* bezogen fand.

Im Hinblick auf den Entstehungszusammenhang der Quellen lassen sich zwei Ebenen unterscheiden und verschiedene soziale Gruppen als Trägerschichten jenes politisch-geographischen Bewußtseins feststellen: Der Verarbeitung der historischen Brüche im Umkreis der welfischen Familie, vor allem im Kollegiatstift St. Blasius in Braunschweig und im Benediktinerkloster St. Michael in Lüneburg, folgte die Einbeziehung der Welfen in das Kontinuum sächsischer Eliten in der spätmittelalterlichen Historiographie wie in der Architektur der Stadt Braunschweig, propagiert von Klerikern und Bürgern, die sich als Teilhaber wie als Produkt sächsischer Geschichte begriffen und ihre Herrenfamilien in diesen Horizont einbanden. Der Wan-

---

[155] *Hans Achilles,* Die Beziehungen der Stadt Braunschweig zum Reich im ausgehenden Mittelalter und zu Beginn der Neuzeit (LeipzHistAbh. 35), Leipzig 1913; *Matthias Puhle,* Die Politik der Stadt Braunschweig innerhalb des sächsischen Städtebundes und der Hanse im späten Mittelalter (Braunschw.Werkst. 63), Braunschweig 1985. – Ein Beitrag zum Verhältnis von Stadt und Reich am Beispiel der sächsischen Städte Braunschweig und Goslar, der auch Dimensionen historisch-politischen Raumbewußtseins berücksichtigen will, befindet sich in Vorbereitung und soll im NdsJbLG 64 (1992) erscheinen.

del adligen Familienbewußtseins, bedingt durch die Ausbildung welfischer Herrschaft in Braunschweig und Lüneburg, und seine Verarbeitung in der bürgerlichen Historiographie waren Indikatoren für regionale Identität, für ein Bewußtsein von der *terra* oder dem *Saxenlant,* das auf älteren gentilen Traditionen aufbaute und diese auf den eigenen Ort in der Geschichte umformte.

Einungen mindermächtiger Stände in der hessischen Wetterau

Ein Beitrag zur Identitätsbildung in einer königsnahen Landschaft

Von J. Friedrich Battenberg, Darmstadt

1. Einleitung

In einer in den vierziger Jahren des 16. Jahrhunderts entstandenen „Beschreibung der Wetterau", der ersten ihrer Art überhaupt, gibt der dort gebürtige Brandenburger Reformator und Lutherschüler Erasmus Alber die folgende Charakterisierung seiner heimatlichen Landschaft[1]: *Die Wetterau ist neun Meil wegs lang und breit, reicht in die Länge von Gelnhausen bis an Cassel diesseit Mayntz am Rein gelegen, in die Breit aber von Giessen bis gen Seligenstatt. Es ist aber die Wetterau von Gott reichlich gesegnet, denn da wächst gut Weitzen, schöne Rocken, Gersten, Habern, Erbeyßen, Flachs und guter Wein, und des mehr dann sie bedürffen, können auch die Nachbarn, so in ihrem Lande nicht Getreyds gnug haben, mit Getreyd reichlich versehen.* Nach einer genauen Beschreibung des Landes und seiner Produkte, auch einem Lobpreis auf das angenehme Wetter *(es ist ein gesunde Luft im Lande)* fährt Alber mit seiner Schilderung fort: *In dem Lande sind vier Reich-Städte: Franckfurth, Friedberg, Wetzlar, Gelnhausen. Item vier Grafen: Einer gegen Morgen, als der von Eisenberg, der andere gegen Abend, nemlich Königstein, der dritte, das ist Hanau, gegen Mittag, und Solms gegen Mitternacht.* Nach einer Aufzählung der gräflichen Städte und Dorfschaften, teilweise sogar unter Angabe von Einwohnerzahlen, kommt der Autor schließlich zu dem Schluß, es seien dort insgesamt 53 Städte und 57 Schlösser zu finden. Außerdem seien dort über 100 vom Adel und über 500 Dörfer sowie 50 Klöster und Stifte zu finden. Begrenzt sei die Landschaft durch die Gebirge des Taunus, des Vogelsberges und des Spessarts sowie durch die Flußläufe des Rheins und des Mains. Freilich hätten die das Land regierenden *Fürsten, Graven und Herrn auch anderswo Land,* (denn) *sunst kunnten sie sich nit alle allein von der Wetterau erhalten.* Alber beschließt dann seinen relativ knappen, aber informations- und detailreichen Text mit folgenden Worten: *Diß habe ich geschrieben, der Wetterau, meinem*

---

[1] Druck 1550 zu Hamburg, als Anhang zu den „Basilisken" des Autors, hrsg. von Johann Adam Bernhard, Antiquitates Wetteraviae oder Alterthümer der Wetterau, Hanau 1731, 305 - 309; zu Alter ebd., 4 f.

Vatterlande, zu Ehren, daß die Inwohner Gott dancken und loben um das schöne gute Land, das er ihnen gegeben hat.

Diese ganz vom Geist der neuaufkommenden Topographien – von denen die 1544 in Basel erstmals erschienene „Cosmographia Universalis" des Sebastian Münster die bedeutendste war[2] – geprägte Landschaftsbeschreibung[3] vermittelt das Bild einer einheitlichen Geschichtslandschaft[4], die durch natürliche Grenzen, einen fruchtbaren Boden, gesunde Luft und Bevölkerungsreichtum gesegnet erscheint. Selbst die sozialen Trägerschichten des Landes scheinen sich in dieses Bild einzupassen, ohne den natürlichen Gleichgewichtszustand zu stören. Den vier Reichsstädten nämlich entsprächen die vier Grafengeschlechter, und zwar die von Isenburg-Büdingen, von Eppstein-Königstein, von Hanau-Münzenberg und von Solms. Jedem der genannten hochadeligen Geschlechter ist zur friedlichen Verwaltung ein Landesviertel zugewiesen. Ebenso fugenlos paßt sich in dieses Bild der etwa hundertköpfige Niederadel ein. Die große Anzahl der Städte, Dörfer, Schlösser, Klöster und Stifte soll belegen, daß der Reichtum der Landschaft durchaus auch eine hohe geistige Kultur, einen für den Autor unübertrefflichen Zivilisationsstandard, hervorgebracht hat. Andererseits aber übersieht Alber auch nicht die Kleinräumigkeit der von ihm beschriebenen Landschaft, die die beteiligten Herrschaftsträger zwang, auch Einkünfte und Nutzungen von außerhalb zu beziehen. Um Defizite in der Versorgung auszugleichen, konnte das im Überschuß produzierte Getreide ausgeführt werden. Die eingesessene Bevölkerung, die er sich in einer nach außen hin abgeschlossenen und durch natürliche Grenzen geschützten Landschaft wohnend vorstellte, hatte nach ihm genügend selbstangebaute Produkte zur Verfügung, lebte in einem gesunden Klima und unter einer geordneten Obrigkeit.

Inwieweit dieses harmonisierende Bild der Wirklichkeit des frühen 16. Jahrhunderts entsprach, mag dahingestellt bleiben[5]. Die enge Verbunden-

---

[2] Zu ihrer Entstehung s. zuletzt *Karl Heinz Burmeister,* Sebastian Münster in Wort und Bild 1488 - 1988. Aus dem Briefwechsel des Kosmographen, Ingelheim 1988, 7 ff. Zu Sebastian Münster s. auch *Alexander Burger,* Sebastian Münsters Lebenslauf, in: Stadt Ingelheim (Hrsg.), Gedenkschrift zum 400. Todestag von Sebastian Münster, Ingelheim 1952, 5 - 10; *Karl Heinrich Burmeister,* Neue Forschungen zu Sebastian Münster, Ingelheim 1971, insb. 8 ff.

[3] Zu den humanistischen Topographien s. *E. H. Waterbolk,* Ubbo Emmius: Ostfriesland, Frankfurt 1982, Einleitung.

[4] Zum Begriff der Geschichtslandschaft s. *Peter Moraw,* Hessen und das deutsche Königtum im späten Mittelalter, in: Hessisches Jahrbuch für Landesgeschichte 26 (1976), 43 - 95, hier: 44; *Karl-Georg Faber,* Was ist eine Geschichtslandschaft?, in: Geschichtliche Landeskunde 5, 1 (1968), 1 - 28; *H. Schmidt,* Über die Anwendbarkeit des Begriffs „Geschichtslandschaft", in: Alfred Hartlieb v. Wallthor/Heinz Quirin (Hrsg.), Landschaft als interdisziplinäres Forschungsproblem, 1977, 25 - 33.

[5] Viele Angaben deuten darauf hin, daß sich Alber auf eher zufällige Informationen stützte, jedenfalls keine systematische Landesaufnahme mit statistischen Mitteln wiedergab.

heit Albers mit der heimatlichen Erde, in die er nach seinen Brandenburger und Wittenberger Jahren immer wieder zurückkehrte[6], mag seinen Blick für historische und statistische Genauigkeit etwas getrübt haben. Wichtiger erscheint aber, daß Alber über ein sehr ausgeprägtes Bewußtsein von der Identität seiner heimatlichen Landschaft verfügte und daß er sein *Vatterland* nicht als eine emotionale Größe hinnahm, sondern in seinen charakterischen Merkmalen, Vorteilen und Dimensionen herauszustellen versuchte. In bescheidenem Rahmen hat er damit das gleiche beabsichtigt, was siebzig Jahre später der ostfriesische Humanist und Geschichtsschreiber Ubbo Emmius aus Greetsiel für seine Heimat Ostfriesland[7] geleistet hat[8]: Eine nach seinen Begriffen wirklichkeitsgetreue geographisch-topographische Beschreibung, die die Vorzüge der heimatlichen Landschaft dem Fremden nahebringen und das Interesse an dieser Landschaft wecken sollte. Weiter ist schließlich auffallend, daß Alber diese Identität im wesentlichen durch die vier Reichsstädte (gemeint sind die Städte Frankfurt am Main, Friedberg, Gelnhausen und Wetzlar) und mehr noch durch die vier genannten Grafengeschlechter verkörpert sah. Städte- und Grafeneinungen hielt er nicht für erwähnenswert, da Städte und Grafen je ihren natürlichen Platz in der Landschaft Wetterau hatten, diesen also kaum durch Einungen untereinander und gegen Dritte erkämpfen und verteidigen mußten. Herrschaft war für ihn nicht das Ergebnis eines sich wandelnden historischen Prozesses, sondern ein in seiner Struktur beschreibbarer Zustand, der dann die höchste Stufe der Vollendung erreicht hatte, wenn er mit den natürlichen Gegebenheiten der Landschaft übereinstimmte.

Im folgenden Beitrag soll der Frage nachgegangen werden, inwieweit nicht doch die „Einung mindermächtiger Stände“, vornehmlich also das Bündnis der Grafen und Herren in der Wetterau, identitätsbildend gewirkt hat, inwieweit somit das harmonisierende Bild Albers einer Ergänzung oder gar Korrektur bedarf, auch der von ihm für das 16. Jahrhundert beobachtete Zustand das Ergebnis einer längeren Entwicklung war. Als die maßgebende politische Trägerschicht dieser Landschaft waren die Grafen und Herren möglicherweise in der Lage, ein auf diesen ihren Lebensraum bezogenes politisches Bewußtsein zu befördern, vielleicht überhaupt erst dafür zu sorgen, daß die Wetterau als einheitliche politische Landschaft von den

---

[6] Zu Erasmus Alber s. *Gustav Hammann,* Erasmus Alber, in: Neue Deutsche Biographie 1, Berlin 1953, 123; *W. Lueken,* Erasmus Alber, in: Religion in Geschichte und Gegenwart 1, Tübingen 1957^{3}, 217, m. w. N.

[7] Zur Identitätsproblematik in Ostfriesland s. den Beitrag von *Heinrich Schmidt* in diesem Band.

[8] Zu Ubbo Emmius s. auch *Günther Möhlmann,* in: Neue Deutsche Biographie 1 (wie Anm. 6), 486; *Waterbolk,* Ubbo Emmius (wie Anm. 3), XVI ("Liebe für sein Geburtsland"). Es handelt sich um die 1616 erstmals erschienene Arbeit unter dem Titel „Perihägäsis, id est accurata descriptio chorographica Frisiae Orientalis“ (in deutscher Übersetzung ediert bei Waterbolk).

Einwohnern wie von Außenstehenden wahrgenommen wurde. Grafen und Herren führten die Auseinandersetzungen mit den mächtigen politischen Nachbarn, wie den Landgrafen von Hessen, den Pfalzgrafen bei Rhein und den Kurfürsten von Mainz, und wurden sich deshalb zuerst ihrer sie untereinander verbindenden gemeinsamen Interessenlagen bewußt. Diese aber bildeten wesentliche identitätsstiftende Faktoren, die irgendwann zu einer Vorstellung vom gemeinsamen Vaterland verdichtet werden konnten, in einer Intellektuellenschicht des 16. Jahrhunderts (vornehmlich bei den Humanisten) auch verdichtet wurden. Grafen- und Herreneinungen der bezeichneten Art gab es seit 1422[9], und sie wurden, nach zeitweiliger Verbindung mit dem ganerbschaftlichen Niederadel[10], Vorbild des sich im 16. Jahrhundert konstituierenden Wetterauer Grafenvereins[11]. Nur darf der neuzeitliche Institutionalisierungsprozeß, wie er kürzlich von Georg Schmidt in mustergültiger Weise beschrieben worden ist[12], natürlich nicht ins Mittelalter zurückprojiziert werden; auch wenn man den Grafenverein durch Rückgriff auf das ältere Einungswesen zu legitimieren suchte[13], so darf dieses keineswegs von jenem aus interpretiert werden. Verbindende Elemente waren der teilweise identische Mitgliederbestand und das genossenschaftliche Prinzip bei der internen Willensbildung[14]; die entscheidenden Unterschiede beruhten auf den Fortschritten im Verdichtungsprozeß der beteiligten Grafschaften und Herrschaften, die auch einen unterschiedlichen Bürokratisierungsgrad der Einungen und Korporationen bedingten.

Eine sinnvolle Interpretation der „Einungen mindermächtiger Stände" des Mittelalters[15] ist erst dann möglich, wenn die Bedeutung der Wetterau

---

[9] Urk. von 1422 Juni 30, abgedruckt bei: *Wilhelm Fabricius,* Die Landfriedenseinungen der Wetterauer Grafen, in: Archiv für hess. Geschichte NF 3 (1904), 203 - 214, hier: 204 - 208 Nr. 1.

[10] Einungen von 1495 und 1501, *Fabricius,* Landfriedenseinungen (wie Anm. 9), 211 f.

[11] Hierzu: *Georg Schmidt,* Der Wetterauer Grafenverein. Organisation und Politik einer Reichskorporation zwischen Reformation und Westfälischem Frieden, Marburg 1989, insb. 17 ff.

[12] Siehe außer der in Anm. 11 genannten Arbeit *Georg Schmidt,* Die Wetterauer Kuriatstimme auf dem Reichstag, in: Ders. (Hrsg.), Stände und Gesellschaft im Alten Reich, Stuttgart 1989, 93 - 110, insb. 96 f.

[13] In den Akten der Grafen von Hanau-Münzenberg und von Isenburg-Büdingen, wichtigen Beteiligten des Grafenvereins, finden sich jeweils Zusammenstellungen und Abschriften der älteren Einungen des 15. Jahrhunderts, s. Staatsarchiv Darmstadt, E 1 B Nr. 1/1 (für Hanau) und Fürstlich-Ysenburgisches Archiv Büdingen, Wetterauer Grafenakten Nr. 25 und 26 (für Isenburg).

[14] Hierzu jetzt *Dietmar Willoweit,* Genossenschaftsprinzip und altständische Entscheidungsstrukturen in der frühneuzeitlichen Staatsentwicklung, in: Gerhard Dilcher/Bernhard Diestelkamp (Hrsg.), Recht, Gericht, Genossenschaft und Policey. Studien zu Grundbegriffen der germanistischen Rechtshistorie, Berlin 1986, 126 - 138.

[15] Der Begriff wurde dem Titel der Arbeit von *Angela Kulenkampff,* Einungen mindermächtiger Stände zur Handhabung Friedens und Rechtens 1422 - 1565, phil. Diss. Frankfurt 1966, entnommen.

als einer einheitlichen Geschichtslandschaft ermittelt ist. Ohne diesen Hintergrund müßten die angesprochenen Einungen als rein dynastische Verbindungen zur Begründung eines regionalen Hegemonialsystems[16] oder auch zur Abwehr fremder, fürstlicher Hegemonialbereiche[17] angesehen werden. In einem ersten Schritt soll deshalb ermittelt werden, in welchen politischen Ausprägungen sich die Wetterau als einheitliche Landschaft vor der Bildung der Einungen konstituierte und welche Relikte aus ihnen in die späteren Einungen Eingang fanden. Erst danach kann sachgerecht über den Beitrag dieser Körperschaften zur Identitätsentwicklung entschieden werden.

2. Ältere Formen Wetterauer Landschaftsbildung

Allgemein bekannt dürfte sein, daß die Wetterau als eigenständiger Gau bereits seit fränkischer Zeit in vielen Quellen nachgewiesen ist und als geographisches Einteilungsprinzip im Codex Eberhardi des Klosters Fulda[18] ebenso wie im Codex Laureshamensis des Klosters Lorsch[19] benutzt wurde. Gemeint ist die das Flüßchen Wetter begleitende Niederung, die in ihrer landschaftlichen Ausdehnung freilich noch nicht genau identifizierbar war[20], noch viel weniger bewußt wurde[21]. Doch ist anzunehmen, daß dieser frühmittelalterliche *pagus Wedereiba* im 9. Jahrhundert etwa die gleiche Ausdehnung erreichte wie die geographische Landschaft dieses Namens[22]. Daß das Bewußtsein vom Gau Wetterau[23] noch im Spätmittelalter lebendig war, zeigt eine Urkunde des Propstes von Lorsch von 1284, nach der dieser alte Besitzungen des Klosters zu Wohnbach *in pago Wetreibe* unter Berufung auf eine in den Registern des Klosters gefundene alte Urkunde von 788 rekla-

---

16 Vgl. *Moraw,* Hessen (wie Anm. 4), 93.

17 *Schmidt,* Wetterauer Kuriatstimme (wie Anm. 12), 96.

18 Ernst Friedrich Johann Dronke (Hrsg.), Traditiones et antiquitates Fuldenses, Fulda 1844, 102ff.

19 *Karl Glöckner* (Bearb.), Codex Laureshamensis, Bände 1 - 3, Darmstadt 1929 - 1936 (= Darmstadt 1975), Bd. 3, 336.

20 *Bernhard,* Antiquitates (wie Anm. 1), 118ff.; *Wilhelm Niemeyer,* Der Pagus des frühen Mittelalters in Hessen, Marburg 1968, 112ff.; *Wolf-Arno Kropat,* Reich, Adel und Kirche in der Wetterau von der Karolinger- bis zur Stauferzeit, Marburg 1965, 23ff.

21 Eine Raumerfahrung war dem früh- und hochmittelalterlichen Menschen noch kaum bewußt, wie Hanna Vollrath in einem auf dem 38. Historikertag in Bochum 1990 gehaltenen Referat gezeigt hat; s. hierzu vorläufig *Wolfgang Schmale* (Red.), Berichtsheft zum Historikertag 1990, hrsg. vom Verband der Historiker Deutschlands, 1991.

22 Karte bei *Fred Schwind,* Die Landvogtei in der Wetterau. Studien zur Herrschaft und Politik der staufischen und spätmittelalterlichen Könige, Marburg 1972, 200.

23 *Friederun Hardt-Friederichs,* Das königliche Freigericht Kaichen in der Wetterau in seiner landes- und rechtshistorischen Bedeutung, Neustadt an der Aisch 1975, 270 f.

mierte[24]. Zumeist jedoch verflüchtigte sich die Bezeichnung „Gau", und man sprach nur noch von der Wetterau als einer geographischen Ordnungseinheit, durch die man Ortschaften, Familien und Institutionen näher lokalisieren und identifizieren konnte. Schon König Friedrich II. richtete 1216 ein Mandat an seine Reichsgetreuen in der Wetterau, *omnibus imperii fidelibus per Wetreibiam constitutis*[25]. Im Jahr 1295 übertrug ein Ritter Konrad von Büches dem Kloster Engelthal verschiedene Güter, die zusammenfassend als *bona in Wedereibia* charakterisiert wurden[26]. Nach einer Urkunde der Stadt Friedberg von 1317 schließlich erhielten die Johanniter zu Nieder-Weisel Güter, deren Verkaufswert mit einer in der Wetterau gängigen Währung angegeben wurde, nämlich mit elfeinhalb Mark Pfennigen *bonorum et legalium in Wedrebia*[27]. Diese Beispiele könnten ohne Schwierigkeiten mit Belegen aus dieser und späterer Zeit vermehrt werden, beweisen aber immer nur das gleiche: Das Vorhandensein einer Landschaftsbezeichnung, die ohne Rücksicht auf konkrete Herrschaftsverhältnisse im zeitgenössischen Sprachgebrauch lebendig geblieben war, der aber nur identifizierende, nicht jedoch identitätsbildende Funktion zukam.

Eine Ausnahme davon ist daneben schon in der zitierten Urkunde von 1216[28] sichtbar. Der König teilte danach mit, daß er dem Ulrich von Münzenberg dessen Grafschaft *(suam comeciam)* restituiert habe, wie sie sein Vater schon innegehabt hatte. Spätere Nachrichten verdeutlichen, daß damit die Grafschaft Nürings gemeint war, die bisweilen auch als Grafschaft Wetterau bzw. als Grafschaft in der Wetterau bezeichnet wurde. Mit ihr belehnte 1256 Pfalzgraf Ludwig II. den münzenbergischen Erben Philipp von Falkenstein und andere *(comiciam Wedrebie)*. Nach einer weiteren Urkunde von 1273 erteilte der gleiche Pfalzgraf seine lehnsherrliche Zustimmung dazu, daß Werner von Falkenstein-Münzenberg die in der Wetterau gelegene Grafschaft *(comiciam in Wedrebie sitam)* als Wittum auf seine Ehefrau Mechthild von Diez übertrug[29]. 1312 restituierte Kaiser Heinrich VII. diese Grafschaft unter der alten Bezeichnung „Nürings" *(comitatus de Nuringis)* an Philipp von Falkenstein-Münzenberg, nachdem sie zuvor

---

[24] *Friedrich Battenberg* (Bearb.), Solmser Urkunden, Bd. 1, Darmstadt 1981, 15, Nr. 39, nach Überlieferung im Staatsarchiv Darmstadt, C 1 A Nr. 39 Bl. 17 - 17v.

[25] Urk. von 1216 Oktober 26, *Friedrich Lau* (Bearb.), Urkundenbuch der Reichsstadt Frankfurt 1, Frankfurt 1901, 21 f. Nr. 44.

[26] Ludwig Baur (Hrsg.), Hessische Urkunden, Bd. 5, Darmstadt 1873 (= Aalen 1979), 142 Nr. 162, nach Staatsarchiv Darmstadt, C 1 A Nr. 52 Bl. 114v.

[27] *M. Foltz* (Bearb.), Urkundenbuch der Stadt Friedberg, Bd. 1, Marburg 1904, 93 Nr. 215 nach Or. im Staatsarchiv Darmstadt, A 3 Nr. 260/17.

[28] Nachweise wie Anm. 25.

[29] Urk. von 1273 November 1, *Friedrich Battenberg* (Bearb.), Isenburger Urkunden, Bd. 1, Darmstadt/Marburg 1976, 37 Nr. 127; *Eigenbrodt,* Geschichte der Dynasten von Falkenstein, Herren von und zu Münzenberg, in: Archiv für hess. Geschichte (AF), Bd. 1 (1837), 1 - 84, hier: 40.

der Wetterauer Landvogt namens des Reiches eingezogen hatte[30]. Auch wenn diese Grafschaft, die seither aus den Quellen verschwindet, nur einen Teil der Landschaft ausmachte und wohl nur die spätere Herrschaft Königstein umfaßte[31], hätte sie in der Hand des königsnahen Geschlechts der Falkensteiner zum Ausgangspunkt eines dynastischen Territoriums Wetterau werden können. Daß es hierzu nicht kam, hängt außer mit dem frühen Aussterben der Falkensteiner[32] auch mit der parallelen Bildung der Landvogtei Wetterau zusammen, die die bestehenden Herrschaftsbildungsversuche der Falkenstein-Münzenberger überlagerte.

Spätestens seit dem 10. Jahrhundert war die Wetterau keiner eigenständigen herzoglichen Gewalt mehr unterworfen, sondern blieb unmittelbarer Einflußbereich des Königtums. Zahlreiche königliche Besitztitel wurden zur Grundlage einer festen Verankerung der Königsmacht in dieser Landschaft[33]. Mittel der Einflußnahme waren einerseits die Städtepolitik und die Einsetzung einer Reichsministerialität, andererseits aber auch die Einbindung edelfreier Geschlechter in den Gesamtrahmen königlicher Politik. Es waren dies im Osten die Herren von Büdingen (später von den Isenburgern beerbt) und von Hanau, im Westen die Grafen von Diez und von Eppstein, dazu auch die teilweise außerhalb der Wetterau zentrierten Familien der Grafen von Nassau und von Katzenelnbogen. Keines dieser Geschlechter war eigenständig in der Lage, eine Vormachtstellung im Raum der Wetterau zu erlangen[34], zumal in der von den Falkenstein-Münzenbergern wesentlich repräsentierten Ministerialität ein deutliches Gegengewicht bestand. So blieb das Königtum als Ordnungsmacht des Raumes stets präsent; es gab sozusagen ein ständig aktivierbares Eingriffspotential des Reichsoberhauptes[35]. Instrument königlicher Politik wurde die von Kaiser Friedrich II. geschaffene Landvogtei in der Wetterau[36].

---

[30] Urk. von 1312 Januar 22, *Valentin Ferdinand Gudenus,* Codex Diplomaticus anecdotorum res Moguntinas ... Bd. 3, Frankfurt/Leipzig 1751, 69 f Nr. 56.

[31] *Hans Otto Keunecke,* Die Münzenberger. Quellen und Studien zur Emancipation einer Reichsdienstmannenfamilie, Darmstadt 1978, 329 f.; *Otto Stamm,* Die Herrschaft Königstein, ihre Verfassung und Geschichte, phil. Diss. Frankfurt 1952, 1 ff.

[32] Hierzu *Eigenbrodt,* Geschichte (wie Anm. 29), 69 ff.; über die Erbschaftsprozesse s. *Friedrich Battenberg,* Reichserbkämmerer Konrad von Weinsberg und die Falkensteiner Erbschaft. Die Prozesse am Reichshofgericht, am Hofgericht Rottweil und am königlichen Kammergericht 1420 - 1447, in: Archiv für hess. Geschichte NF 35 (1977), 99 - 176, hier: 104 f.

[33] *Fred Schwind,* Zur staatlichen Ordnung der Wetterau von Rudolf von Habsburg bis Karl IV., in: Hans Patze (Hrsg.), Der deutsche Territorialstaat im 14. Jahrhundert, Bd. 2, Sigmaringen 1986², 199 - 228, hier: 200; vgl. auch *Friedrich Uhlhorn,* Grundzüge der Wetterauer Territorialgeschichte, in: Friedberger Geschichtsblätter, Bd. 8 (1927), 145 - 166, hier: 161 ff.

[34] *Schwind,* Staatliche Ordnung (wie Anm. 33), 202.

[35] *Schmidt,* Wetterauer Kuriatstimme (wie Anm. 12), 96.

[36] *Hans Niese,* Die Verwaltung des Reichgutes im 13. Jahrhundert. Ein Beitrag zur deutschen Verfassungsgeschichte, Innsbruck 1905 (= Aalen 1969), 283.

Auch wenn das Amt der Landvogtei de facto zu einem Annex des jeweiligen Territorialbesitzes der einheimischen hochadeligen Geschlechter wurde[37] und nur diejenigen das Amt ausüben konnten, die über eigenen Territorialbesitz in der Wetterau verfügten – es waren dies namentlich Angehörige der Häuser Hanau, Katzenelnbogen, Eppstein, Nassau und Falkenstein –, so wurde damit doch eine Integrationsfunktion geschaffen, durch die nach dem Verschwinden der herzoglichen Gewalt und nach dem Übergang der Grafschaft Wetterau in ministerialische Hand ein gewisser Gleichgewichtszustand hergestellt wurde. In ihn einbezogen waren auch die vier Wetterauer Reichsstädte Frankfurt, Friedberg, Gelnhausen und Wetzlar samt den zugehörigen Reichsburgen[38]. Obwohl diese als „Eckpfeiler der entstehenden *terra imperii*"[39] zur Grundstruktur der Landschaft Wetterau zählten und an der Identitätsentwicklung nicht unerheblich beteiligt waren, müssen diese im vorliegenden Beitrag außer acht bleiben. Das gleiche gilt für die königsnahe Sozialgruppe der Juden in der Wetterau, die kraft ihrer besonderen Beziehung zur königlichen Kammer des öfteren Eingriffe des Reichsoberhauptes in die Herrschaftsrechte der Dynasten und Städte dieser Landschaft rechtfertigten[40].

In der Landvogtei konnte demgegenüber das königliche Einflußpotential gleichsam auf Dauer institutionalisiert werden, da diese nicht an eine der Territorialgewalten oder Sozialgruppen gebunden wurde, sondern wechselte und einen vergleichsweise stark verdinglichten Charakter trug, auch eine über den lokalen Rahmen hinausgehende integrative Bedeutung für die Landschaft und das Königtum erlangte. Besonders aufschlußreich für diesen Gesichtspunkt erscheint eine Urkunde Kaiser Ludwigs des Bayern vom Mai 1336 über die Einsetzung Gottfrieds IV. von Eppstein zum Landvogt[41]. Dieser erhielt danach die Vollmacht *alle ding zu richtene, gerichte zu besitzene um recht und unrecht mit der vyr stet rade zu Weytrayben, glicherwiz, als ob wir selbir geinwortig wern.* Außerdem wurde bestimmt: *Ob yeman die achte verdynete, den mag er uz der achte dun und in die achte dun, glichirwiz, als wir selbir.* Damit wurde im Endergebnis ein wesentlicher Teil der königlichen Hofgerichtsbarkeit für den Bereich der Landvogtei Wetterau regionalisiert, auch wenn der Kaiser damit auf seine eigene Kom-

---

37 *Moraw,* Hessen (wie Anm. 4), 70.

38 *Schwind,* Landvogtei (wie Anm. 22), 10ff.; *ders.,* Staatliche Ordnung (wie Anm. 33), 213.

39 *Schwind,* Landvogtei (wie Anm. 22), 44; *Karl Bosl,* Die Reichsministerialität der Salier und Staufer. Ein Beitrag zur Geschichte des hochmittelalterlichen deutschen Volkes, Staates und Reiches, Bd. 1, Stuttgart 1950, 287ff.

40 Siehe demnächst *Friedrich Battenberg,* Artikel „Wetterau", in: Germania Judaica 3, 3, hrsg. von Arye Maimon (†) und Jacov Guggenheim, Tübingen 1992.

41 Druck bei *Lau,* Urkundenbuch Reichsstadt Frankfurt (wie Anm. 25), Bd. 2, Frankfurt 1905, 426 f. Nr. 561.

petenz nicht verzichtete[42]. Der Landvogt trat als regionaler Hofrichter an die Stelle des Kaisers mit der Befugnis, mit dem Rat der vier Wetterauer Reichsstädte gerichtlich tätig zu werden. Selbst die Achtverkündung und Achtlösung, an sich ein Vorrecht des Königtums[43], sollte ihm zustehen.

Die weitere Entwicklung der Wetterauer Landvogtei, insbesondere ihre Aufwertung unter dem von Karl IV. eingesetzten Landvogt Ulrich III. von Hanau[44], kann hier nicht im einzelnen verfolgt werden. Jedenfalls setzte unter den Königen Wenzel und Sigmund ein Niedergang ein[45]. Mit den seit 1414 eingesetzten Grafen Johann von Nassau-Wiesbaden-Idstein (zugleich Erzbischof von Mainz) und Philipp von Nassau-Weilburg[46] kamen Grafengeschlechter zum Vogteiamt, die schon aufgrund ihres territorialen Besitzes eine dominierende Rolle im Kreis der Wetterauer Grafen und Herren spielten. Für sie brachte die Vogtei keine zusätzlichen Legitimierungsmöglichkeit in der Landschaft Wetterau. Mit dem Tod des letzten Landvogts, des Mainzer Erzbischofs Johann von Nassau, im Jahre 1419 erlosch dieses Institut.

Parallel zur Landvogtei und teilweise mit ihr eng verknüpft entwickelte sich in der Wetterau ein spezifisches Landfriedenssystem, das wesentlich auf dem Prinzip der Einung mindermächtiger Stände beruhte, daneben aber auch im Königtum eine wichtige Stütze hatte. Es ergänzte die Landvogtei und hörte deshalb auch mit deren Wegfall zu bestehen auf. War die Landschaft Wetterau ursprünglich in einen größeren mittelrheinischen Landfriedensbereich einbezogen, so schälte sich unter Kaiser Ludwig dem Bayern ein regional-beschränkter Verband heraus, der sich mit dem Bereich der Landvogtei überwiegend deckte. Wichtig wurde der im Mai 1337 auf Gebot und Geheiß Kaiser Ludwigs geschlossene Landfriede, dem außer dem Landvogt Gottfried von Eppstein und den vier Reichsstädten die Herren von Isenburg-Büdingen, von Hanau und von Falkenstein-Münzenberg angehörten[47]. Wichtig erscheint in unserem Zusammenhang die Bestimmung, daß das paritätisch aus je vier Rittern und Bürgern sowie einem Obmann zu besetzende Landfriedensgericht das Recht hatte, Säumige *in die achte und*

---

[42] Vgl. dazu *Friedrich Battenberg,* Die Gerichtsstandsprivilegien der deutschen Kaiser und Könige bis zum Jahre 1451, Bd. 1, Köln/Wien 1983, 6ff.

[43] *Friedrich Battenberg,* Reichsacht und Anleite im Spätmittelalter. Ein Beitrag zur Geschichte der höchsten königlichen Gerichtsbarkeit im Alten Reich, besonders im 14. und 15. Jahrhundert, Köln/Wien 1986, 236ff., 264ff.

[44] Hierzu *Schwind,* Landvogtei (wie Anm. 22), 139ff.

[45] Ebd., 175ff.

[46] Einsetzungsurkunden bei *Usener,* Beitrag zur Geschichte der Landvögte der Wetterau und der Hauptleute des Landfriedens am Rhein und in der Wetterau, in: Archiv für hess. Geschichte (AF), Bd. 4 (1845), 1 - 13, hier: 8ff.

[47] Hierzu *Heinz Angermeier,* Königtum und Landfriede im deutschen Spätmittelalter, München 1966, 166ff.; *Schwind,* Staatliche Ordnung (wie Anm. 33), 217.

uz der achte (zu) dun, glichirwis als an des kaysers hovegerichte, und zwar mit der Begründung, *wand wir die gnade von unsirm herren dem keyser han, das wir es dun mogen*[48]. Was in der bereits zitierten Vogtei-Einsetzungsurkunde von 1336 vom Kaiser dekretiert worden war, wurde jetzt mit dem Mittel der Einung hinsichtlich der Reichsacht bestätigt. Darüber hinaus wurde klargestellt, daß das friedensgerichtliche Verfahren die gleiche Qualität hatte wie das des kaiserlichen Hofgerichts. Diese Tendenz, die höchste Gerichtsbarkeit von der Person des jeweiligen Königs zu lösen und unabhängig davon in einem fest installierten Gericht zu verankern, wie sie im Münchener Vertrag vom September 1325 zwischen den Königen Ludwig und Friedrich dem Schönen ihren Niederschlag gefunden hatte[49], wird auch in der Friedenskurkunde von 1337 sichtbar: Die regionale königliche Gerichtsbarkeit der Wetterau sollte weniger an die Person des Landvogts als an die wechselnde, zahlenmäßig und in der Zusammensetzung aber festgelegte Konstellation des Landfriedensgerichts gebunden werden.

Allerdings muß auch gesehen werden, daß dieser Landfriede sich als rein personales Bündnis zwischen verschiedenen mindermächtigen Ständen und Reichsstädten erweist, das lediglich durch die Zweckbestimmung – *durch gemeinen nutz des landis und allir guden lude,* wie es in der Friedensurkunde hieß – eine landschaftliche Bezogenheit erhielt. Obwohl praktisch den Bereich der Wetterau erfassend, wird diese mit keinem Wort erwähnt. Das gleiche muß von dem im Januar 1354 durch König Karl IV., den Mainzer Erzbischof Gerlach von Nassau, weitere Grafen von Nassau, die Grafen von Ziegenhain und Wertheim sowie die Herren von Hanau, Isenburg-Büdingen, Trimberg, Falkenstein-Münzenberg, Eppstein und Weinsberg und schließlich die vier Wetterauer Reichsstädte abgeschlossenen Landfrieden gelten[50]. Auch in ihm war in fast wörtlicher Übereinstimmung mit der Formulierung von 1337 die Befugnis zum Ausspruch der Reichsacht in einem quasi-hofgerichtlichen Verfahren vorgesehen[51]. Der faktische Geltungsbereich des Friedens wurde jedoch schon dadurch verwässert, daß der Erzbischof von Mainz mit zwei weiteren Stimmen im Landfriedensgericht eine dominierende Rolle zugesprochen erhielt. Andererseits wurde die Anbindung an die Landvogtei dadurch institutionalisiert, daß die Obmannschaft des Gerichts dem Landvogt, Ulrich III. von Hanau, übertragen wurde.

---

48 *Lau,* Urkundenbuch Frankfurt 2 (wie Anm. 41), 460ff. Nr. 611.

49 Hierzu *Friedrich Battenberg,* Urkundenregesten zur Tätigkeit des deutschen Königs- und Hofgerichts bis 1451, Bd. 5: Die Zeit Ludwigs des Bayern und Friedrichs des Schönen 1314 -1347, Köln/Wien 1987, IXff.

50 *Angermeier,* Königtum (wie Anm. 47), 214; *Schwind,* Staatliche Ordnung (wie Anm. 33), 219ff.

51 *Heinrich Reimer* (Bearb.), Urkundenbuch zur Geschichte der Herren von Hanau und der ehemaligen Provinz Hanau, Bd. 3, Leipzig 1894, 100ff. Nr. 95.

Die Gefahren des mit der Urkunde von 1354 eingeführten Systems bestanden darin, daß Landvogtei und Hauptmannschaft in Personalunion den Machtzuwachs einer Familie herbeiführen konnten, der das bestehende Gleichgewicht unter dem Hochadel der Wetterau störte und damit Gegenkräfte provozierte, die die ersten sichtbar werdenden Verdinglichungsansätze zerstörten. Die sozialen Trägerschichten der Landfriedenseinung identifizierten sich noch zu wenig mit einer abgeschlossenen Region Wetterau. Die als königliches Ordnungsinstrument auftretende Landvogtei geriet zusammen mit dem Landfriedensgericht in die Abhängigkeit von einem sich entwickelnden Hegemonialsystem[52], das von Fall zu Fall personal organisiert, noch nicht aber behördenmäßig und landschaftsbezogen verfestigt wurde. Der mit kaiserlicher Rückendeckung über ein engeres Territorium herausgreifende Landvogt Ulrich von Hanau, der sich u. a. Judenregalien für ihm nicht unterstehende Städte geben ließ[53], wurde in Auseinandersetzungen mit anderen Ständen der Wetterau verwickelt, die seine Familie noch Jahrzehnte später beschäftigten[54]. Es war nur folgerichtig, wenn Karl IV. 1368 die Wetterau wieder in die großen mittelrheinischen Landfrieden einbaute[55]. Daß die Einungsurkunde vom Februar 1368[56] einen institutionellen Fortschritt repräsentierte und eine straffere Verfolgung der Friedensverletzungen ermöglichte, daß diese darüber hinaus den *gemeynen nucz* auch von *land und leuten* im Auge hatte und damit eine landschaftliche Bezogenheit ausdrückte, die auf die wechselnde Zusammensetzung der Vertragspartner nicht unbedingt Rücksicht nahm, kann nichts daran ändern, daß die Landschaft Wetterau als Bezugspunkt aufgegeben wurde.

Im Ergebnis ist vorläufig festzuhalten, daß die Region Wetterau nach dem Verschwinden des karolingischen Gaus und einer Verflüchtigung der Grafschaft dieses Namens in Landvogtei und Landfriedenssystem unter Ludwig dem Bayern und Karl IV. zwar eine gewisse Stabilisierung und landschaftliche Bezogenheit erhielt, die wesentlich den sozialen Trägerschichten des einheimischen Hochadels zu verdanken war, daß aber andererseits die individuellen Herrschaftsinteressen einzelner Familien einer dauernden regionalen Verfestigung der Landschaft Wetterau noch im Wege standen. Identität war im wesentlichen Familienidentität, nicht landschaftliche Identifika-

[52] *Moraw,* Hessen (wie Anm. 4), 91.

[53] Urkunde von 1351 August 18, *Reimer,* Urkundenbuch Hanau 3 (wie Anm. 51), 42 f. Nr. 40.

[54] Dazu *Friedrich Battenberg,* Assenheimer Judenpogrome vor dem Reichskammergericht. Die Prozesse der Grafschaften Hanau, Isenburg und Solms um die Ausübung des Judenregals 1567 - 1573, in: Neunhundert Jahre Geschichte der Juden in Hessen. Beiträge zum politischen, wirtschaftlichen und kulturellen Leben, Wiesbaden 1983, 123 - 150, hier: insb. 127 ff.

[55] *Angermeier,* Königtum (wie Anm. 47), 217 ff.

[56] Druck bei *Reimer,* Urkundenbuch Hanau 3 (wie Anm. 51), 639 ff. Nr. 568.

tion. Der Name Wetterau wurde zum geographischen Begriff ohne verfassungsrechtliche Bedeutung reduziert, sofern er nicht die Organisation der vier Wetterauer Reichsstädte, eine Präzisierung des Vogteiamtes oder die Gruppe der Wetterauer Juden umfaßte.

3. Die Entwicklung der Wetterauer Einungen

Daß sich in den Einungen von Wetterauer Grafen und Herren seit den zwanziger Jahren des 15. Jahrhunderts Neues ankündigte, hat im wesentlichen zwei Ursachen, die für die Identitätsbildung von ausschlaggebender Bedeutung wurde. Sie müssen deshalb im folgenden vorab herausgestellt werden.

(1) Mit dem Tode Philipps VII. im Jahre 1410 war das in der Wetterau dominierende Geschlecht der Falkenstein-Münzenberger im Mannesstamm ausgestorben. Erben wurden die Grafen von Solms-Braunfels, Solms-Lich und Isenburg-Büdingen, die Herren von Eppstein-Königstein und Eppstein-Münzenberg sowie die Grafen von Virneburg und von Sayn aus nicht in der Wetterau ansässigen Geschlechtern. Vor allem Lich, Solms und Isenburg konnten nach und nach alle Erbanteile an sich bringen und damit die Position der Grafen von Hanau, Katzenelnbogen und Ziegenhain empfindlich beeinträchtigen[57]. Die beträchtlichen, durch die Ansprüche des mächtigen Reichserbkämmerers Konrad v. Weinsberg zusätzlich belasteten Verschiebungen innerhalb des Wetterauer Hochadels[58] ließen stabilisierende Mechanismen notwendig werden. Da nach dem Wegfall der Falkensteiner, die zudem durch das Kämmereramt in besonders enger Beziehung zum Königshof gestanden hatten, eine mit höherer Legitimität ausgestattete Hegemonialmacht in der Wetterau zusammengebrochen war und keines der verbliebenen Hochadelsgeschlechter ganz an deren Stelle zu treten vermochte, blieb nur das Mittel der Einung, um das Gleichgewicht einigermaßen wiederherzustellen.

(2) Eine weitere Ursache muß im Rückzug des Königtums aus der Wetterau gesehen werden[59], der mit dem Hinweis auf das Ende der Landvogtei und der regionalen Landfriedensorganisation bereits angesprochen wurde. König Sigmund, der sich in den zwanziger Jahren des 15. Jahrhunderts zumeist in seinem Stammland Ungarn aufhielt[60] und lediglich 1422 zur Organi-

---

[57] *Battenberg,* Konrad von Weinsberg (wie Anm. 32), 104ff.

[58] *Schmidt,* Wetterauer Grafenverein (wie Anm. 11), 20.

[59] *Moraw,* Hessen (wie Anm. 4), 71 f.; *Schmidt,* Wetterauer Grafenverein (wie Anm. 11), 20.

[60] Siehe hierzu die Nachweise bei: *Wilhelm Altmann* (Bearb.), Regesta Imperii 11: Die Urkunden Kaiser Sigmunds (1410 - 1437), Bd. 1 - 2, Innsbruck 1897 - 1900, Nr. 4137 a ff.

sierung der Hussitenabwehr zu einem Hoftag nach Nürnberg kam[61], überließ die Verwaltung der Reichsangelegenheiten weitgehend seinen Räten und Kommissaren. Für den Bereich der Wetterau entstand dadurch einerseits ein Defizit, da jetzt eine dominierende Ordnungsmacht wegfiel und die Territorialisierungsbestrebungen benachbarter Stände wie der Landgrafen von Hessen, der Kurfürsten von Mainz und auch der Pfalzgrafen bei Rhein stärker zum Zug kommen konnten. Wenn unter diesen Umständen nicht eine interne Einigung der in der Wetterau ansässigen Herrschaftsträger zustande kam, bestand die Gefahr, daß ihr Freiraum gegenüber einer fortschreitenden Territorialisierung stetig verkleinert wurde[62]. Andererseits wurden eben durch den Rückzug des Königtums organisatorische Verdichtungserscheinungen in die Wege geleitet, durch die das persönliche Regiment des Königs ersetzt wurde. In ihnen werden erstmals Verwaltungseinteilungen sichtbar, die auch die Wetterau als besondere politische Landschaft wieder hervortreten ließen. Deutlich wird dies zuerst in einem Konstanzer Friedensprojekt König Sigmunds von 1415[63], nach dem vier unter je einem Hauptmann stehende Viertel geschaffen werden sollten. Eines von ihnen sollte *die herren und stette, uf dem Rine, zu Elsaß und in der Wederawe gesessen,* umfassen. In der Literatur ist dieses Projekt zum Teil als erster Ansatz zur späteren Reichskreisordnung angesehen worden[64]. Die Rheinlande, das Elsaß und die Wetterau wären danach als Bezirke für eines der Reichsviertel vorgesehen gewesen. Dieses „Einkreisungsprojekt" kam nicht zur Ausführung und hatte wohl auch kaum Realisierungschancen. Wichtig aber scheint in unserem Zusammenhang, daß die Wetterau seither als gesonderte Verwaltungsregion zu einem festen Bestandteil königlicher Politik wurde. Abzulesen ist dies einmal an der Urkunde zur Einsetzung des Erzbischofs Konrad von Mainz zum Statthalter in Deutschen Landen vom August 1422[65]. Nach ihr wurden die Befugnisse des Reichsvikars in den einzeln aufgezählten Provinzen des Reiches genau umschrieben. Neben Schwaben, Bayern, Franken, dem Rhein, dem Elsaß, Hessen, Thüringen und anderen wurde besonders die Wetterau als eines der *deutschen lande* aufgezählt. Zum anderen ist es auch im Besteuerungssystem des Erbkämmerers Konrad von Weinsberg erkennbar. Aus zahlreichen seiner Abrechnungen und Instruktionen zur Einziehung der Reichs- und Judensteuern ergibt sich, daß

[61] Zum Nürnberger Hoftag von Juli/September 1422 s. *Dietrich Kerler* (Hrsg.), Deutsche Reichstagsakten unter Kaiser Sigmund, 2. Abt. (= RTA 8), Göttingen 1956², 103 f.

[62] *Schmidt,* Wetterauer Grafenverein (wie Anm. 11), 18 f.

[63] Abdruck: *Dietrich Kerler* (Hrsg.), Deutsche Reichstagsakten unter Kaiser Sigmund, 1. Abt. (= RTA 7), Göttingen 1956², 278 f. Nr. 182.

[64] *Angermeier,* Königtum (wie Anm. 47), 348. Vgl. auch *Lutz Hatzfeld,* Zur Geschichte des Reichsgrafenstandes, in: Nassauische Annalen, Bd. 70 (1959), 41 - 54; hier: 46.

[65] RTA 8 (wie Anm. 61), 78ff. Nr. 64.

er die Wetterau neben Bereichen wie Franken, Schwaben, den Rhein und Westfalen als besonderen Abrechnungsbezirk behandelte, für den bei Bedarf ein eigenständiger Steuereintreiber bestellt wurde. Rechnungen von 1438[66] und 1439[67] sowie eine Instruktion von 1444[68] lassen daran keinen Zweifel. Mittelbar wirkte sich schließlich auch die Vereinbarung von Matrikularanschlägen auf dem Nürnberger Hoftag vom August 1422 aus[69], und zwar insofern, als dadurch für die beteiligten Stände der Wetterau ein Zwang zur Definition ihrer Stellung im Reichsgefüge entstand[70]. Wer über seine Verpflichtungen zur Steuerleistung im Rahmen der Matrikel verhandeln wollte, mußte sich, um Möglichkeiten zur Verlagerung der Steuer auf seine Hintersassen ausschöpfen zu können, der geographischen Dimension der Besteuerung bewußt werden.

Im Rahmen dieser Voraussetzung nun schlossen sich im Juni 1422 die mindermächtigen Stände der Wetterau unter Ausschluß der Städte und des Niederadels zu einer Einung zur Herstellung und Verbesserung des Friedens in ihren Landen zusammen[71]. Es fällt zunächst die große Anzahl der beteiligten Grafen und Herren auf, die den Schwerpunkt ihrer Herrschaften teilweise außerhalb der Wetterau hatten. Vertragspartner waren die Grafen von Nassau-Weilburg, Katzenelnbogen, Rieneck, Ziegenhain, Wertheim und Solms sowie die Herren von Hanau, Eppstein und Isenburg-Büdingen. Untereinander verbunden waren sie einerseits durch das gemeinsame Lehnsverhältnis zu Kurmainz[72], das sie als Mitglieder eines einheitlichen im Lehnshof organisierten sozialen Verbandes agieren ließ. Andererseits waren die Beteiligten auch durch enge familiäre Verknüpfungen charakterisiert, durch die die Einung geradezu den Charakter eines Familienverbandes erhielt[73]. Einige Beispiele mögen dies deutlich machen[74]: Der beteiligte Graf

---

[66] *Gustav Beckmann* (Hrsg.), Deutsche Reichstagsakten unter König Albrecht II., 1. Abt. (= RTA 13), Göttingen 1957, 633 ff. Nr. 334.

[67] *Helmut Weigel* (Hrsg.), Deutsche Reichstagsakten unter König Albrecht II., 2. Abt. (= RTA 14), Göttingen 1957, 287 ff. Nr. 165.

[68] *Walter Kaemmerer* (Hrsg.), Deutsche Reichstagsakten unter Kaiser Friedrich III., 3. Abt. (= RTA 17), Göttingen 1963, 311 ff. Nr. 158.

[69] RTA 8 (wie Anm. 61), 156 ff. Nr. 145.

[70] *Lutz Hatzfeld,* Die Geschichte des Wetterauer Grafenvereins, in: Mitteilungsblatt des Herborner Altertums- und Geschichtsvereins 2 (1954), 17 - 60, hier: 26.

[71] Einung von 1422 Juni 30, Abdruck bei *Fabricius,* Landfriedenseinungen (wie Anm. 9), 204 - 208; ausführliches Regest auch bei *Karl E. Demandt* (Bearb.), Regesten der Grafen von Katzenelnbogen, Bd. 2, Wiesbaden 1954, Nr. 3145.

[72] *Kulenkampff,* Einungen (wie Anm. 15), 30, Anm. 2; *Schmidt,* Wetterauer Grafenverein (wie Anm. 11), 20.

[73] *Schmidt,* Wetterauer Grafenverein (wie Anm. 11), 12.

[74] Die folgenden Angaben wurden von allem den von *Walther Möller* herausgegebenen Stamm-Tafeln westdeutscher Adels-Geschlechter im Mittelalter, Bd. 1 - 3, Darmstadt 1922 - 1936, entnommen: die katzenelnbogische Stammtafel bei *Demandt,* Regesten (wie Anm. 71), Bd. 1, Wiesbaden 1953, 52 ff. (mit detaillierten Angaben zur Genealogie).

Johann IV. von Katzenelnbogen etwa war Onkel Diethers I. von Isenburg-Büdingen. Graf Thomas II. von Rieneck war Schwiegersohn Reinhards III. von Hanau. Dessen Schwägerin Elisabeth war eine mit Ulrich von Hanau verheiratete Schwester der ebenfalls beteiligten Grafen Johann II. und Gottfried IX. von Ziegenhain. Die beiden Grafen von Wertheim hatten eine Rieneck zur Mutter, und die Grafen von Solms waren mit Diether von Isenburg-Büdingen verschwägert. Ein zusätzliches Band verband die Grafen und Herren von Solms, Eppstein und Isenburg-Büdingen miteinander: Sie waren die Haupterben der Falkensteiner Erbschaft und damit Rechtsnachfolger der Grafschaft in der Wetterau[75]. Eine ganz andersartige Legitimation brachte der Initiator der Einung, Graf Philipp I. von Nassau-Weilburg mit: Er war Neffe des unter König Wenzel tätig gewesenen Wetterauer Landvogts Ruprecht VI.[76]. Er selbst hatte von 1399 bis 1403 die Hauptmannschaft des Wetterauer Landfriedens innegehabt und war schließlich 1415 noch kurzfristig zum Landvogt dieser Landschaft aufgestiegen[77]. In seiner Person verkörperte er somit die Kontinuität zur alten Landfriedensorganisation und Landvogtei.

Inhaltlich wurden vor allem die Kompetenz eines Schiedsgerichts und der Austrag von Streitigkeiten untereinander, der Untertanen und mit Dritten festgelegt. Der auf sechs Jahre geschlossene Vertrag sah feste Dingstätten zu Hanau, Eppstein und Usingen vor, auf denen das Schiedsgericht mit Mehrheitsentscheidung[78] nach schriftlichem Verfahren entscheiden konnte. In unserem Zusammenhang wichtig ist die Bestimmung, daß man die auf Feldzügen gewonnenen Städte und Schlösser in gemeinsame Verwaltung nehmen wollte, *die sulte man gemeyn halten zu unserm gemeynen notz*[79]. Eine Erweiterung der Einung sollte nur hinsichtlich *unser mage und frunde* möglich sein, also lediglich Verwandte und Verschwägerte einbeziehen. Die Hilfsverpflichtung bei einem gewaltsamen Angriff auf ein Mitglied sollte nicht gegenüber dem König, den Kurfürsten oder solchen gelten, denen gegenüber eidliche Verpflichtungen bestanden. Da damit Lehnsbindungen, etwa zur Landgrafschaft Hessen oder zum Kurfürstentum Mainz, vorgingen, war die Einung als Verteidigungsbündnis kaum geeignet. Sie diente allein der Stabilisierung der Familienbande durch Minimalisierung von Konfliktpunkten und Kanalisierung möglicher Streitigkeiten

---

[75] *Battenberg,* Konrad von Weinsberg (wie Anm. 32), 104ff.; *Uhlhorn,* Grundzüge (wie Anm. 33), 161ff.

[76] *Schwind,* Landvogtei (wie Anm. 22), 175 f.

[77] *Schwind,* Landvogtei (wie Anm. 22), 179; *Usener,* Beitrag (wie Anm. 46), 8ff.

[78] Zur Entwicklung der Mehrheitsentscheidung im Spätmittelalter s. *Friedrich Battenberg,* Das römisch-deutsche Königtum und die Legitimation mehrheitlicher Entscheidungen im Spätmittelalter, in: Zeitschrift der Savigny-Stiftung für Rechtsgeschichte, germanist. Abteilung (103) 1986, 1 - 41.

[79] *Fabricius,* Landfriedenseinungen (wie Anm. 9), 207.

in einem geordneten Verfahren. Die Landschaft Wetterau wurde nicht erwähnt.

Bemerkenswert erscheint, daß mit den Grafen und Herren von Solms, von Eppstein und von Isenburg-Büdingen die einheimischen Falkensteiner Erben beteiligt waren und mit den Herren von Hanau eine weitere Familie Vertragspartner wurde, die neben den Falkensteinern schon im 13. Jahrhundert Haupterbin der Münzenberger Erbmasse gewesen war. Diese vier Familien waren also als Rechtsnachfolger der Familie von Falkenstein-Münzenberg Inhaber der alten Grafschaft Wetterau, die sie gegen die Ansprüche des landfremden Reichserbkämmerers und königlichen Protegés Konrad von Weinsberg zu verteidigen hatten[80]. Mit Nassau-Weilburg, Katzenelnbogen und Ziegenhain kamen drei Familien hinzu, die ihren territorialen Schwerpunkt außerhalb des engeren Bereichs der Wetterau hatten, die aber kraft ihres politischen Einflusses und ihres ökonomischen Potentials zur Stabilisierung der Region beizutragen in der Lage waren. Ähnliches gilt für die Grafen von Rieneck und von Wertheim, bei denen aber weniger der politische Einfluß als die familiären Bande ausschlaggebend gewesen sein dürften.

So kann im Ergebnis festgehalten werden, daß der Vertrag von 1422 zwar noch keine Wetterauer Identität begründete, jedoch wenigstens einen institutionellen Rahmen bot, innerhalb dessen diese sich allmählich ausbilden konnte. Die Einung entsprang einem Ordnungsinteresse, durch das der Ausfall des Königtums ausgeglichen werden sollte. Sie entsprang aber zugleich einem Stabilisierungsinteresse, durch das die alte Grafschaft Wetterau und der Bestand der Falkensteiner Erbschaft gegen einen landfremden Günstling des Königs abgesichert werden sollten. Sie entsprang schließlich noch einem familiären Interesse, durch das Chancen zukünftiger Erwerbungen gerecht verteilt und mögliche Konfliktpunkte ausgeräumt werden mochten.

Bis zum Ende des Jahrhunderts kam es nun in regelmäßigen Abständen zu weiteren Einungen, die nicht im einzelnen vorgestellt werden können; es sollen nur die für unsere Fragestellung wichtigen Punkte herausgestellt werden[81]. Zunächst ist festzuhalten, daß alle folgenden Bündnisse von den Nassauer Grafen dominiert wurden und daß ihnen daneben regelmäßig nur die Grafen von Solms und von Hanau angehörten. Katzenelnbogen, Rieneck, Ziegenhain und Wertheim schieden bald durch Aussterben der Familien und durch Verlagerung ihrer territorialen Schwerpunkte aus der Wetterau

---

[80] Hierzu *Battenberg,* Konrad von Weinsberg (wie Anm. 32), 112 ff.

[81] Die Einungen bei *Fabricius,* Landfriedenseinungen (wie Anm. 9), 208 ff. Es sind dies insb. Verträge von 1428 Oktober 30 (208 Nr. 3), von 1437 September 17 (208 - 211 Nr. 4), von 1466 Dezember 11 (211) und 1474 November 8 (212). Die letztgenannten beiden Einungen nur nach *Arnoldi* (s. Anm. 87) regestiert.

aus[82], während Eppstein und Isenburg-Büdingen zeitweise abseits standen, um im 16. Jahrhundert wieder hinzuzukommen. Weitere Familien, wie die Westerburg-Schaumburg, Virneburg, Sayn und Pirmont, gewannen durch verwandtschaftliche Verbindungen zeitweise Eingang. Für die Familie von Kronberg, die in der Einung von 1437[83] erscheint, wurde in der Literatur bemerkt, daß mit ihr der Niederadel Anschluß an die Wetterauer Einungen gefunden habe[84]. Dies aber ist nur zum Teil richtig und trifft vor allem nicht den Kern des Problems. Von beiden beteiligten Kronbergern gehörte nur Frank d. J. dem Niederadel an, während Frank d. Ä., gen. der Reiche, 1429 von König Sigmund in den Herrenstand erhoben worden war, gleichzeitig mit der Erhebung Reinhards von Hanau in den Grafenstand[85]. Als Stadtherr der Stadt Assenheim war dieser letztere zugleich an der falkensteinischen Erbschaft beteiligt. Entscheidend war, daß er mit einer Frau von Isenburg (Wilburga, Tochter Gerhards von Grenzau) verheiratet war und daß mit ihm die wichtigste Linie der Kronberger im Mannesstamm ausstarb. Die Erbtochter Elisabeth, mit Johann V. von Solms-Lich verheiratet, brachte den umfangreichen kronbergischen Besitzkomplex geschlossen in solmsische Hand. Folgerichtig schied die Familie von Kronberg 1461 mit dem Erbfall[86] wieder aus den Wetterauer Einungen aus. Das Bündnis blieb ein hochadeliger Verband, die Beteiligung der Kronberger hatte nur die Funktion, das entstandene Konnubium zwecks Absicherung des zu erwartenden Erbfalls im Rahmen der Wetterauer Grafengemeinschaft zu stabilisieren. Eine Ausdehnung des Bündnisses auf den Niederadel war damit nicht verbunden.

Einen gewissen institutionellen Fortschritt brachte dann erst wieder eine im September 1493 abgeschlossene Einung[87], an der verschiedene Grafen von Nassau, Solms und Hanau beteiligt waren. Sie geht auf den Grafen Adolf III. von Nassau-Wiesbaden zurück, einen engen Vertrauten König Maximilians I.[88]. Sie war eine Reaktion auf den Machtzuwachs der Land-

[82] Zu den Grafen von Wertheim s. *Hermann Ehmer,* Geschichte der Grafschaft Wertheim, Wertheim 1989; Stammtafeln auf den Innenseiten des Umschlags.

[83] Einung von 1437 September 17, *Fabricius,* Landfriedenseinungen (wie Anm. 9), 208 - 211 Nr. 3; *Demandt,* Regesten (wie Anm. 71), Nr. 3826.

[84] *Kulenkampff,* Einungen (wie Anm. 15), 32 f.; *Schmidt,* Wetterauer Grafenverein (wie Anm. 11), 21.

[85] *Altmann,* Regesta Imperii 11 (wie Anm. 60), Nr. 7480. Siehe dazu *M. Müller-Hillebrand,* Cronberg. Geschichte eines Rittergeschlechts und seiner Burg, Frankfurt 1958², 26; *Ludwig Freiherr von Ompteta,* Die von Kronberg und ihr Herrensitz, Frankfurt 1899, 165.

[86] *Friedrich Battenberg,* Solmser Urkunden, Bd. 2, Darmstadt 1982, Nr. 1452, Urk. von 1461 Mai 29; vgl. auch die Urk. von 1462 Juni 21, ebd. Nr. 1471.

[87] Druck bei: *Johann Arnoldi,* Aufklärungen in der Geschichte des Deutschen Reichsgrafenstandes aus ungedruckten Quellen, Marburg 1802, 39ff. Siehe auch *Kulenkampff,* Einungen (wie Anm. 15), 37ff.; Regest bei *Battenberg,* Solmser Urkunden 2 (wie Anm. 86), Nr. 2177.

[88] *Schmidt,* Wetterauer Grafenverein (wie Anm. 11), 23.

grafschaft Hessen, die durch den Erwerb der Grafschaften Ziegenhain und Nidda 1350, der Grafschaft Katzenelnbogen 1479 und der halben Grafschaft Eppstein 1492 die Landschaft Wetterau territorial eingeschlossen hatte[89]. Der Abschluß des Vertrags wurde mit der zwischen den Bündnispartnern entstandenen Uneinigkeit und Zwietracht begründet, *daruß uns selbst, auch unsren landen, graveschaft, herschaften und armen luden mercklicher unrait und besunder unßer yederm solicher verderplicher schaiden daruß erwachßen ist.* Da sie auf ihre *bruderlich und siplich truwe* bedacht sein wollten und sie auch ihr *stattlich wesen als loblich graven und herren des Heiligen Richs behalten mogen,* haben sie die erwähnte Einung abgeschlossen.

Auch dieser Bündnisvertrag bestand wieder wie alle vorhergehenden Abkommen namentlich aus Vorschriften über den Austrag der internen Streitigkeiten und die Abwehr von Angriffen von außen. Hinsichtlich der Entscheidungen des Schiedsgerichts wurde festgelegt, daß gegen sie keine Appellation möglich sein solle, und zwar *als ob solicher spruch durch die keyserlich und koniglich maiestat selbst entlich gesprochen und drissig iar in crafft gestanden werde*[90]. Im Fall von Streitigkeiten mit Nichtmitgliedern sollte zunächst eine Erledigung der Sache durch Vergleich versucht werden. *Wo solich gutlicheit aber nit (er-)folgt, so wullen wir vor nyemant anders zu recht komen, dan vur die keyserlich oder romisch koniglich maiestat.* Falls dies nicht möglich sein sollte, waren sie auch bereit, vor Kurfürsten, Fürsten oder Grafen und Herren zu Recht zu stehen[91]. Die Vertragsurkunde sollte im Haus des Deutschen Ordens in Sachsenhausen unter Vereinbarung bestimmter Zugangsvoraussetzungen hinterlegt werden[92].

Man hat diesen Bund, wie er in der Urkunde selbst bezeichnet wurde, nicht zu Unrecht mit dem 1487 gegründeten Schwäbischen Bund verglichen[93], der sich ebenfalls gegen die Territorialisierungsbestrebungen eines Landesherrn, nämlich des Herzogs von Bayern[94], gerichtet hatte[95]. Entscheidend in dem hier interessierenden Zusammenhang ist, daß man sich nicht auf die üblichen schiedsvertraglichen Klauseln beschränkte, sondern für interne Streitigkeiten eine quasi-kaiserliche Gerichtsbarkeit anstrebte, nicht viel anders,

---

89 *Hatzfeld,* Geschichte des Wetterauer Grafenvereins (wie Anm. 70), 28.

90 *Arnoldi,* Aufklärungen (wie Anm. 87), 40.

91 *Arnoldi,* Aufklärungen (wie Anm. 87), 43.

92 *Arnoldi,* Aufklärungen (wie Anm. 87), 48.

93 Hierzu *Ernst Bock,* Der Schwäbische Bund und seine Verfassungen 1488 - 1534. Ein Beitrag zur Geschichte der Reichsverfassung, Breslau 1927 (= Aalen 1968), insb. 24ff. Der schwäbische Bundesvertrag und die diesbezüglichen Verhandlungen sind auch dokumentiert im Staatsarchiv Darmstadt, D 21 A (Akten der Grafschaft Hanau-Lichtenberg) Nr. 39/4.

94 *Bock,* Der Schwäbische Bund (wie Anm. 93), 20 f.

95 *Kulenkampff,* Einungen (wie Anm. 15), 44 f.; *Schmidt,* Wetterauer Grafenverein (wie Anm. 11), 24 f.

als sie in den Landfrieden von 1337 und 1354 schon praktiziert worden war. Der Initiator, Graf Adolf III. von Nassau-Wiesbaden, der bis zum Sommer 1493 als kaiserlicher Generalstatthalter in Geldern und Zütphen tätig gewesen war und dessen Kanzlei der Vertragsentwurf entstammte[96], konnte die Erfahrungen fortgeschrittener staatlicher Verhältnisse einbringen und auf die Wetterau übertragen. Der Charakter des Bundes als hochadeliger Familienverband wurde zwar auch nun beibehalten. Doch wurde er von einer institutionellen Verankerung und einer kaiserlichen Legitimität überformt, die nicht ohne Auswirkung auf die hier interessierende Identitätsfrage bleiben mußten. Sie sollten denn auch, was 1493 freilich noch kaum voraussehbar war, zur Keimzelle des späteren Wetterauer Grafenvereins und von dessen Kuriatstimme auf dem Reichstag werden[97].

Die konkrete Verknüpfung der Einung mit der Landschaft Wetterau wurde in den folgenden Jahren dann allerdings nicht von den Grafen und Herren allein, sondern von ihnen im Zusammenwirken mit der einheimischen Ritterschaft erreicht; insofern schien sich eine ähnliche Entwicklung anzubahnen, wie sie für den Schwäbischen Bund charakteristisch wurde. Ausgangspunkt war eine im Juli 1495, während des Wormser Reichstags, zustandegekommene Einung zwischen den Grafen und Herren des Bundes einerseits und der in den acht Wetterauer Ganerbschaften Friedberg, Gelnhausen, Reifenberg, Kronberg, Falkenstein, Lindheim, Staden und Dorheim vereinigten Ritterschaft andererseits[98]. Durch sie wurden die Bestimmungen des Bundes modifiziert, insbesondere eine paritätisch besetzte Schiedsinstanz geschaffen, die entweder in den gräflichen Städten Wiesbaden und Hanau oder aber in den ritterschaftlichen Burgen Friedberg und Kronberg tätig werden sollte. Auch von diesem Gericht sollte nicht weiter appelliert werden dürfen, wenngleich das schiedsgerichtliche Prozeßverfahren nach alten deutschrechtlichen Prinzipien[99] und ohne gelehrte Juristen vonstatten gehen sollte[100]. Institutionell bewegte sich der Vertrag auf traditionellen Bahnen. Für die Konstituierung des politischen Verbands Wetterau wurde er insofern bedeutsam, als er durch die Einbeziehung der ritterschaftlichen Ganerbschaften, die sich ihrerseits in einer Burgfriedenseinung von 1492 als Wetterauer Gesamtverband konstituiert hatten[101], die territoriale Basis der

---

[96] Fürstlich-Ysenburgisches Archiv in Büdingen, Wetterauer Grafenakten, Bd. 26, zu Datum; danach *Kulenkampff,* Einungen (wie Anm. 15), 44.

[97] Siehe dazu *Schmidt,* Kuriatstimme (wie Anm. 12).

[98] Original Staatsarchiv Darmstadt, A 3 Nr. 389/5; Druck: *Arnoldi,* Aufklärungen (wie Anm. 87), 51ff.; Regest: *Battenberg,* Solmser Urkunden 2 (wie Anm. 86), Nr. 2215.

[99] Siehe dazu insb. *Hermann Krause,* Die geschichtliche Entwicklung des Schiedsgerichtswesens in Deutschland, Berlin 1930, 6ff.

[100] *Kulenkampff,* Einungen (wie Anm. 15), 57; Text bei *Arnoldi,* Aufklärungen (wie Anm. 87), 53.

[101] Urkunde von 1492 September 12, Staatsarchiv Darmstadt, A 3 Nr. 389/4. Siehe dazu *Fritz Wolff,* Grafen und Herren in Hessen vom 16. bis zum 18. Jahrhundert, in: Walter Heinemeyer (Hrsg.), Das Werden Hessens, Marburg 1986, 333 - 347, hier: 334.

Grafen und Herren erweiterte und so eine annähernde Deckungsgleichheit mit der geographischen Landschaft Wetterau erzielte, wenn man von den vier Wetterauer Reichsstädten absieht.

Diese Deckungsgleichheit schlug sich denn auch sofort im Sprachgebrauch der Quellen nieder, und zwar insbesondere dann, wenn es um die Vertretung der Wetterau nach außen ging. War die Vorstellung eines auf das Gebiet der Wetterau bezogenen Verbands der Grafen, Herren und Ritter schon vorher bekannt, wie sich aus einem Rechtsgebot von 1458 ergibt[102], so wurde dieser jetzt zum verfassungsrechtlichen Institut. Dies schlug sich erstmals in einem im Januar 1496 abgeschlossenen Vertrag zwischen *graven, herren und ritterschaft in der Weteraw* mit dem entsprechenden Verband der Landschaft Franken nieder[103]. Die gleiche Festlegung traf 1498 auch Kurfürst Berthold von Mainz in einem Bericht über die Bezahlung des Gemeinen Pfennigs[104], indem er zwischen den zahlungspflichtigen Adeligen und Städten der Wetterau und Frankens differenzierte.

Zur weiteren verfassungsgeschichtlichen Entwicklung des Adels in der Wetterau muß noch angefügt werden, daß die Einung von 1495 zwar 1501 nochmals bestätigt wurde[105], jedoch keine dauernde institutionelle Wirksamkeit erlangte. Der 1502 zustandegekommene Beschluß der Grafen, Herren und Ritter über die Anlage eines geheimen Protokolls der auf den Bündnistagen zustandegekommenen Einungsbeschlüsse blieb ohne Wirkung[106]. Unter dem Druck andersartiger umfassender Entwicklungen fanden sich in der ersten Hälfte des 16. Jahrhunderts die Grafen und Herren einerseits zu einem Wetterauer Grafenverein, die reichsunmittelbare Ritterschaft dieser Landschaft zum Kanton Wetterau der Reichsritterschaft zusammen[107], der späteren Mittelrheinischen Reichsritterschaft. Der verfassungsrechtlich verfestigte Begriff der Wetterau blieb mit der Maßgabe, daß die mindermächtigen Stände des hohen Adels einerseits, die niederadeligen Mitglieder der neu entstandenen Reichsritterschaft andererseits je eine gesonderte politische Identifikation mit der neu konturierten Landschaft Wetterau zuließen. Auch die vier Wetterauer Reichsstädte Frankfurt, Friedberg, Geln-

---

[102] Rechtsgebot des Martin Forstmeister von Gelnhausen von 1458 Januar 19, s. *Friedrich Battenberg* (Bearb.), Isenburger Urkunden, Bd. 2, Darmstadt/Marburg 1976, Nr. 2105 a.

[103] Staatsarchiv Darmstadt, E 1 B Nr. 1/1 Bl. 15; *Kulenkampff,* Einungen (wie Anm. 15), 59.

[104] *Heinz Gollwitzer* (Bearb.), Deutsche Reichstagsakten unter Maximilian I., 6. Band (= RTA, Mittlere Reihe Bd. 6), Göttingen 1979, 661 Nr. 49.

[105] *Arnoldi,* Aufklärungen (wie Anm. 87), 42ff.; *Kulenkampff,* Einungen (wie Anm. 15), 59ff.

[106] *Kulenkampff,* Einungen (wie Anm. 87), 61 f.; *Schmidt,* Wetterauer Grafenverein (wie Anm. 11), 28.

[107] Siehe hierzu insb. *Volker Press,* Kaiser Karl V., König Ferdinand und die Entstehung der Reichsritterschaft, Wiesbaden 1980^2, 8 f.

hausen und Wetzlar machten eine separate korporative Entwicklung durch. Soweit sie als eigenständige politische Größen nach außen hin in Erscheinung traten, wie Frankfurt und Wetzlar, organisierten sie sich seit dem 16. Jahrhundert besonders auf Kreis- und Reichstagen je für sich, in der Regel nicht mehr als geschlossen auftretender Wetterauer Städteverband[108]. Und auch die auf die Städte Frankfurt, Friedberg und Wetzlar konzentrierten reichsstädtischen Juden organisierten sich in übergreifenden Rabbinatsverbänden, nicht mehr in einem wie auch immer gearteten Wetterauer Zahlungsverbund, wie er noch von Konrad von Weinsberg beabsichtigt worden war.

4. Ergebnisse

Ausgangspunkt der Überlegungen war der fränkische Gau Wetterau, der als politischer Landschaftsbegriff zur Bezeichnung einer karolingischen Verwaltungseinheit im Bewußtsein der zeitgenössischen sozialen Trägerschichten vorhanden war, sich aber sehr bald verflüchtigte. Unklar bleibt, ob der Begriff überhaupt auf einen abgrenzbaren Raum im Bereich der Wetterau bezogen werden darf, da es bezweifelt werden muß, ob in der fränkischen Zeit von einem Bewußtsein der Raumperzeption gesprochen werden kann. In gewisser Weise lebte der Begriff „Gau Wetterau“ in der Bezeichnung der mit der Grafschaft Nürings identischen Grafschaft Wetterau weiter, die noch im Hochmittelalter in die Hände der ministerialischen Familie von Münzenberg und später von Falkenstein-Münzenberg geriet. Spätestens mit dem Aussterben der Falkensteiner und der Aufteilung ihres Wetterauer Besitzes auf verschiedene einheimische und fremde, in einheimische Familien einheiratende Grafen- und Herrengeschlechter geriet dieses Relikt aus karolingischer Zeit in Vergessenheit. Der Begriff Wetterau blieb seither nur noch eine geographische Bezeichnung zur Identifizierung von Ortschaften, aber auch z. B. zur Festlegung einer Währungseinheit. Inwieweit er noch Raum zur Identifikation für einheimische soziale Schichten bot, läßt sich kaum noch ermitteln.

Auf ganz anderer Ebene ist es im Spätmittelalter zu einem Neuansatz gekommen. Als königsnahe Landschaft hatte die Wetterau über die Städte und die einheimischen Adelsgeschlechter ihre enge Verbindung zum Königtum gewahrt. Da eine dominierende Territorialmacht nicht vorhanden war, hatte der König die Möglichkeit, mit Hilfe seiner Amtleute als regionale Ordnungsmacht in Erscheinung zu treten. Landvogtei und Landfriedensgericht verschafften ihm den nötigen Handlungsspielraum, innerhalb dessen

---

[108] Siehe dazu allgemein: *Georg Schmidt*, Der Städtetag in der Reichsverfassung. Eine Untersuchung zur korporativen Politik der freien und Reichsstädte in der ersten Hälfte des 16. Jahrhunderts, Stuttgart 1984, insb. 39ff.

er eine von lokaler Adelsherrschaft losgelöste, wiewohl mit ihr eng verbundene regionale Landschaft ausformen konnte, die zumindest teilweise die Chance zur Identitätsbildung bot. Ausgestattet mit unmittelbarer königlicher Autorität, sichtbar vor allem in der Übertragung eines hofgerichtlichen Verfahrens an die beteiligen Herrschaftsträger, wurden der hohe Adel und die Reichsstädte der Landschaft Wetterau in die Lage versetzt, ein Machtgleichgewicht herzustellen und mögliche Konfliktbereiche zu minimalisieren. Die Gesichtspunkte der Landfriedenswahrung und der Fürsorge für den „Gemeinen Nutzen" boten unter diesem Vorzeichen Raum zur Überschreitung der engeren Herrschaftsgrenzen. Auf die Dauer jedoch funktionierte auch dieses System nicht, und der Rückzug des Königtums aus der Wetterau, von Wenzel eingeleitet und von Sigmund zu Ende geführt, machte deutlich, daß es jetzt nur noch die Alternativen einer Territorialisierung oder einer Selbstregulierung gab, die sich allenfalls der königlichen Legitimation bedienen konnten. Der Anfall der Falkensteiner Erbschaft, der zu einer Solidarisierung einheimischer Grafengeschlechter gegen die Ansprüche Konrads von Weinsberg geführt hatte[109], und der Tod des letzten Wetterauer Landvogts 1419 boten offenbar den letzten Anstoß dazu, daß man sich in einer ersten Einung im Kreis der mindermächtigen Stände zusammenfand. Diese konnte über die zu einem guten Teil an der Falkensteiner Erbschaft beteiligten und damit an der alten Grafschaft Wetterau partizipierenden Vertragspartner und auch über die Absicht zur gemeinsamen Verwaltung und Nutzung neu hinzugewonnener Güter und Rechte eine gewisse landschaftliche Verknüpfung mit der Wetterau erreichen. Sie konnte in der Person Philipps von Nassau-Weilburg darüber hinaus an die Tradition der Landfriedensbünde und der Reichsvogtei anknüpfen und damit die für die Legitimität wichtige Kontinuität fortsetzen. Im großen und ganzen jedoch blieben die seit 1422 geschlossenen Wetterauer Einungen Familienverbände zur Wahrung dynastischer Interessen in einer Region, die eher zufällig ihren Schwerpunkt in der Wetterau hatte.

Die ursprünglich nicht als dauerhaft gedachte Verbindung zwischen Landschaft und Einung wurde erst gegen Ende des 15. Jahrhunderts unter dem Territorialisierungsdruck der Landgrafen von Hessen institutionalisiert. Erneut versuchte man, sich jetzt königliche Autorität beizulegen, indem man die Schiedsinstanz des neugegründeten Bunds als quasikaiserliches Gericht ausstattete und deren Entscheidungen zu nichtappellablen, der Rechtskraft fähigen Endurteilen erklärte. Als die Grafen- und Herreneinung von 1493 im Bündnis mit den ritterschaftlichen Ganerbschaften des Landes 1496 nach außen hin handelnd in Erscheinung trat, war sie mit diesen zusammen als verfassungsrechtlich festgelegter Verband der „Grafen, Herren und Ritterschaft in der Wetterau" konstituiert. Daß der hohe

[109] *Battenberg,* Konrad von Weinsberg (wie Anm. 32), 121 ff.

Adel der Grafen und Herren sich späterhin wieder vom niederen Adel der Reichsritter absetzte und eigenständige Korporationen einging, kann als sekundäre Entwicklung angesehen werden, die die einmal entstandene Identität im Rahmen der Region Wetterau nicht mehr infrage stellte. Die Identifizierungsmöglichkeit wurde nicht dadurch gestört, daß unterschiedliche soziale Gruppen ihre jeweiligen Beziehungsräume, die hinsichtlich ihrer Reichweite und ihrer politischen Relevanz differierten, in je anderer Perspektive sehen konnten[110].

Wichtig erscheint die Feststellung, daß sich die Voraussetzungen für eine regionale Identität in der Wetterau trotz einzelner Vorläufer erst in den neunziger Jahren des 15. Jahrhunderts bildeten, in einer Zeit rapiden Verfassungswandels[111]. Das verdichtete Reich erforderte allenthalben die Ausbildung regionaler Koordinationsforen, die die Herrschaftsinteressen jeweils einheimischer sozialer Gruppen zu bündeln und politisch zu aktivieren versuchten[112]. Die zu Korporationen sich weiterentwickelnden Einungen und Friedensbünde des Mittelalters überschritten die Stufe des Familienverbandes spätestens in dem Augenblick, als sie sich auch für andere ständische Gruppen öffneten und Mitglieder aufnahmen, die nicht durch ihre Familienbande, sondern durch ihre Herrschaftsinteressen im tangierten Bereich Anschluß finden wollten. Erst in dem Augenblick, als die sich ausbildenden Handlungsverbände im Rahmen des Reichssystems politisch wirksam wurden, als Absprachen und Verträge mit gleichartigen Verbänden zur Verfolgung der eigenen Interessen notwendig wurden, konnte sich so etwas wie eine regionale Identität ausbilden, die auch solche erreichte, die nicht zu den jeweiligen Trägerschichten zählten.

Um noch einmal zum Ausgangspunkt dieses Beitrags zurückzukehren: Eben diesen zuletzt sichtbar werdenden Zustand der Identitätsentwicklung hat der Wetterauer Theologe Erasmus Alber artikuliert. Daß er die ihm nahestehende Landschaft idealisierte, Adel und Städte des Landes im Widerspruch zur historischen Entwicklung strukturierte und besonders die Wirksamkeit dynastischer und familiärer Querverbindungen sowie die Bedeutung königlicher Legitimation für das regionale Einungswesen übersah, tut dem keinen Abbruch. Im Gegenteil: Für ihn war die Landschaft Wetterau nicht ein von historischen Zufälligkeiten abhängiges und langsam gewordenes Gebilde, sondern eine natürliche Einheit, in der sich Landschaft, Gesellschaft und Struktur in glücklicher Weise ergänzten.

---

110 *Andreas Hafer,* Wimpfen. Stadt-Raum-Beziehungen im späten Mittelalter, phil. Diss. Darmstadt 1990, 14.

111 *Schmidt,* Wetterauer Grafenverein (wie Anm. 11), 26.

112 *Schmidt,* Wetterauer Grafenverein (wie Anm. 11), 28. Zum Problem der Verdichtung der Reichsverfassung s. insb. *Peter Moraw,* Von offener Verfassung zu gestalteter Verdichtung. Das Reich im späten Mittelalter 1250 bis 1490, Berlin 1985, 21ff.

Das „Land" Schwaben im späten Mittelalter

Von Klaus Graf, Koblenz

Am Ende des Mittelalters war Schwaben bekanntlich alles andere als ein Territorialstaat. Muß man somit das „Land" Schwaben, von dem im späten Mittelalter in den unterschiedlichsten Zusammenhängen die Rede war, als bloße Fiktion betrachten, der reale Bedeutung nicht zukam? War diese im Vergleich zu wirklichen Ländern doch eher merkwürdige Größe Schwaben „nur eine archaisierende Reminiszenz"[1], sozusagen ein Relikt aus der „Rumpelkammer der Majestät"[2], oder das Produkt eines „Wunschdenkens", das an die Stelle der politischen Wirklichkeit getreten war[3]? Oder ist eine am Idealtyp des neuzeitlichen Fürstenstaates und seiner „Machtpolitik" orientierte Betrachtungsweise womöglich gar nicht geeignet, den Stellenwert der von verschiedenen politischen Kräften und gesellschaftlichen Trägergruppen im Blick auf die alte gentile Einheit Schwaben entworfenen „Landes"-Modelle angemessen zu würdigen?

Drei gewichtige neuere Arbeiten zum Thema „Schwaben" lassen die Notwendigkeit und die Tragfähigkeit eines alternativen Ansatzes erkennen. 1983 hat Dieter Mertens die Frage gestellt, was die Formulierung des Nikolaus Basellius über den Tübinger Poeten Heinrich Bebel, er habe das Vaterland Schwaben ("patriam Sueviam") durch Ahnenlob in geistiger Leistung wiederhergestellt, zu besagen habe. Seine Antwort lautet: „Ein Land zu schaffen, eine patria wiederherzustellen, bedarf es offenbar nicht nur eines politischen Prozesses, durch Herrschaft oder Einung bewerkstelligt, sondern auch eines intellektuellen, indem Selbstverständnis und Selbstvergewisserung, ideelle und ideologische Momente der Bewußtseinsbildung als komplementäre Kräfte der politischen Entwicklung begriffen und gefördert werden"[4]. Anläßlich des gleichen Basellius-Zitats hat Klaus Schreiner die

---

[1] *Heinrich Mitteis,* Land und Herrschaft (1941), in: *Ders.,* Die Rechtsidee in der Geschichte. Gesammelte Abhandlungen und Vorträge, Weimar 1957, 370 hinsichtlich der Nennung der vier Länder Sachsen, Franken, Schwaben und Baiern im Sachsenspiegel.

[2] *Ernst Bock,* Der Schwäbische Bund und seine Verfassungen 1488 - 1534. Ein Beitrag zur Geschichte der Zeit der Reichsreform (Untersuchungen zur deutschen Staats- und Rechtsgeschichte 137), Breslau 1927, Nachdruck Aalen 1968, 8.

[3] So die an *Mitteis* (Anm. 1) anknüpfende Interpretation von *Josef Köhler,* Studien zum Problem des Regionalismus im späten Mittelalter, Diss. Würzburg 1971, 51.

[4] *Dieter Mertens,* „Bebelius ... patriam Sueviam ... restituit". Der poeta laureatus zwischen Reich und Territorium, in: Zeitschrift für württembergische Landesgeschichte 42 (1983), 145 - 173, hier 149 f.

Bedeutung der Traditionsbildung für die Stammes-Identität hervorgehoben: „Basellius wollte zum Ausdruck bringen: Erinnerung verbindet mit dem Strom der Generationen, begründet Zusammengehörigkeit und Heimat. Erst durch Erinnerung nimmt herrschaftlich geordnetes Land menschliche Züge an“[5]. Einen Traditionstatbestand, nämlich die schwäbische Herzogswürde, hat auch Hans-Georg Hofacker in den Mittelpunkt seines 1988 erschienenen Aufsatzes gestellt, der die Auseinandersetzungen um das „Land Schwaben“ in der zweiten Hälfte des 15. Jahrhunderts grundlegend aus den gedruckten und archivalischen Quellen aufgearbeitet hat[6].

Vermag so die Geschichte der politischen Ideen und der Traditionsbildung die gängige verfassungsgeschichtliche Fragestellung der Landesgeschichte erfolgreich auszuweiten, so ergibt sich eine weitere Veränderung des Blickfeldes, wenn man literarische Texte und ihre Landes-Entwürfe berücksichtigt. Meine Interpretation der spätmittelalterlichen Verserzählung „Friedrich von Schwaben“[7] und der fiktiven Erzählungen eines sich Thomas Lirer nennenden Autors über das Land Schwaben und seine Herzöge machte eine grundsätzliche Auseinandersetzung mit dem Landesbegriff Otto Brunners erforderlich[8]. Den daran anschließenden Versuch, die Funktionen des Schwaben-Diskurses für verschiedene Trägergruppen zu skizzieren und dem oberrheinischen „Regionalismus“ gegenüberzustellen[9], gilt es im folgenden mit Beschränkung auf das „Land“ Schwaben wieder aufzunehmen und fortzuführen.

I. Gruppenübergreifende Aspekte

Auszugehen ist von einem Ensemble von Zeugnissen, in denen von „Schwaben“ die Rede ist und das man deshalb auch als Schwaben-Diskurs

---

5 *Klaus Schreiner,* Alemannisch-schwäbische Stammesgeschichte als Faktor regionaler Traditionsbildung, in: Die historische Landschaft zwischen Lech und Vogesen. Forschungen und Fragen zur gesamtalemannischen Geschichte, hrsg. von Pankraz Fried und Wolf-Dieter Sick (Veröffentlichungen des Alemannischen Instituts Freiburg i. Br. 59), Augsburg 1988, 15 - 37, hier 19.

6 *Hans-Georg Hofacker,* Die schwäbische Herzogswürde. Untersuchungen zur landesfürstlichen und kaiserlichen Politik im deutschen Südwesten im Spätmittelalter und in der frühen Neuzeit, in: Zeitschrift für württembergische Landesgeschichte 47 (1988), 71 - 148.

7 *Klaus Graf,* Gmünder Chroniken im 16. Jahrhundert. Texte und Untersuchungen zur Geschichtsschreibung der Reichsstadt Schwäbisch Gmünd, Schwäbisch Gmünd 1984, 17 - 21.

8 *Klaus Graf,* Exemplarische Geschichten. Thomas Lirers „Schwäbische Chronik“ und die „Gmünder Kaiserchronik“ (Forschungen zur Geschichte der älteren deutschen Literatur 7), München 1987, 99 - 115.

9 *Klaus Graf,* Aspekte zum Regionalismus in Schwaben und am Oberrhein im Spätmittelalter, in: Historiographie am Oberrhein im späten Mittelalter und in der frühen Neuzeit, hrsg. von Kurt Andermann (Oberrheinische Studien 7), Sigmaringen 1988, 165 - 192. Vgl. dazu *Otto Herding,* in: Zeitschrift für württembergische Landesgeschichte 49 (1990), 531 f.

bezeichnen könnte[10]. Die Fragestellung zielt auf Semantik und Pragmatik dieses Regionalbegriffs in spätmittelalterlichen Texten, auf seinen Gebrauch in unterschiedlichen Kontexten und durch unterschiedliche Träger. Eine „realistische“ Interpretation des Begriffs erscheint dabei nicht sinnvoll. Es darf also nicht vorausgesetzt werden, daß sich die Verwendung der Gebiets- oder Personengruppenbezeichnung „Schwaben“ auf einen „Gegenstand“ bezieht, den man heute juristisch als „Gebietskörperschaft“ bezeichnen könnte. Die Frage, welches Gebiet oder welche „Vorstellung“ Schwaben im späten Mittelalter „wirklich“ war, erweist sich als sinnlos, da die Entscheidung, welcher Kontext und welche Gruppe die Bedeutung des Begriffs bestimmen darf, als „essentialistische“ Festlegung das Ergebnis der Untersuchung präjudizieren würde.

Ein Teil der zu besprechenden Zeugnisse bringt eine Zugehörigkeit von Personen und Personengruppen zu dieser Bezugsgröße Schwaben zur Sprache, für die sich die Begriffe „Landesbewußtsein“, „Wir-Gefühl“, „Selbstverständnis“, „Stammespatriotismus“, „Heimatliebe“ usw. eingebürgert haben. Jeder dieser Begriffe besitzt eine eigene Färbung, einen eigenen philosophischen oder psychologischen Verständnishintergrund. Aus grundsätzlichen Erwägungen sehe ich davon ab, mich auf einen dieser Begriffe oder eine nähere Kennzeichnung der mentalen Daten, die hinter den sprachlichen Ausdrucksformen vermutet werden, festzulegen[11].

Insbesondere jene Zeugnisse, die Schwaben mit dem Quellenbegriff „Land“ bezeichnen, bilden das Material für die Konstruktion von Landes-Modellen, mit denen zeitgenössische Konzeptionen vornehmlich im Feld des Politischen beschrieben werden sollen. Die verschiedenen Landes-Modelle lassen sich als Netz verstehen, in dem es zahlreiche Übergänge und starke Übereinstimmungen (“Familienähnlichkeiten“ im Sinne Ludwig Wittgensteins[12]) gibt, das aber auch innere Widersprüche aufweisen kann.

Trotzdem geht der Titel dieses Beitrags von „dem“ Land Schwaben aus und zielt dabei auf eine gruppenübergreifend verbindliche Lebensordnung, die „ganzheitlich“ die politischen mit den vermeintlich „unpolitischen“

---

[10] Terminologische und theoretische Voraussetzungen sind begründet bei *Graf* (Anm. 8), 9 - 24; *Ders.* (Anm. 9), 168 -170. Vgl. die Stellungnahmen von *Helmut Maurer,* in: Schriften des Vereins für Geschichte des Bodensees 107 (1989), 286 - 288 (zum Begriff „Landesbewußtsein“) und *Jan Dirk Müller,* in: Daphnis 18 (1989), 717 - 722 (zum Begriff „Diskurs“).

[11] Zu dieser auf Wittgenstein zurückgehenden Skepsis vgl. jüngst etwa aus juristischer Sicht *Walter Grasnick,* Der Strafprozeß als mentaler Diskurs und Sprachspiel. Überlegungen aus Anlaß der erweiterten Neuausgabe der Schriften Ludwig Wittgensteins zur Philosophie der Psychologie, in: Juristen-Zeitung 1991, 285 - 295.

[12] Zur Anwendung dieses Begriffs in der Geschichtswissenschaft vgl. etwa *Carlo Ginzburg,* Hexensabbat. Entzifferung einer nächtlichen Geschichte, Berlin 1989, 24; *Klaus Graf,* Thesen zur Verabschiedung des Begriffs der ‚historischen Sage‘, in: Fabula 29 (1988), 21 - 47, hier 30 f.; *Graf* (Anm. 8), 18 mit Anm. 51.

Aspekten verbindet. „Verfassung“ und „Mentalität“ wirken aufeinander ein, ohne daß etwa dem „Politischen“ stets der Primat zukäme. Verbergen sich etwa hinter den Konflikten an den (variablen) Grenzen Schwabens machtpolitische Konkurrenzen oder verbergen sich umgekehrt hinter den politischen Konflikten landsmannschaftliche Gegensätze? Das gegenseitige Versteckspiel erübrigt sich, wenn man die „Offenheit“ des Begriffs Schwaben für unterschiedliche Bedeutungen und die Existenz von „Übergängen“ zwischen unterschiedlichen Modellen ernstzunehmen gewillt ist[13].

Im Mittelpunkt dieses Beitrags stehen die Landes-Modelle der Fürsten, Adeligen, Städter, Bauern und Humanisten. Vorauszuschicken sind einige Bemerkungen zu den sachlichen Aspekten und gesellschaftlichen Segmenten, an denen sich die Konstruktion von Landes-Modellen orientiert. Jedes Landes-Modell impliziert spezifische Werte, mit denen die Verbundenheit der institutionellen oder persönlichen Mitglieder des Landes untereinander und zum Land beschrieben werden können. Wird das Land als „Nation“ oder „Vaterland“ bzw. „patria“ bezeichnet, so wird damit eine normative Festlegung über das Verhältnis zum Land getroffen. Der Patriot ist zum Stolz auf sein Land berechtigt und zur Vaterlandsliebe verpflichtet. Den „Kompatrioten“ schuldet er Solidarität. Die soeben verwendeten Begriffe gehören teilweise der Quellensprache, teilweise der Sprache der Forschung an. Heilbronn und Wimpfen schrieben 1493 den Städten im Schwäbischen Bund: *was den erbern stetten auch gemeiner swebischen nacion zu eren, nutz und gut dienen mocht, wern wir [...] zu furdern [...] geneigt*[14]. Darf die „schwäbische Nation“ in gleicher Weise wie die in der gleichen Zeit erwähnte „deutsche Nation“ als „politisch-herrschaftlicher Verband, als handlungsfähige politische Einheit der politisch berechtigten Stände, als strukturiertes Gemeinwesen und als verpflichtende politische Wertgröße“[15] aufgefaßt werden? Unverkennbar sind jedenfalls die Übereinstimmungen in den zugrundeliegenden Konzeptionen. Solche Deckungsgleichheiten (“Isomorphismen“) bestehen nicht nur zwischen den Modellen „Nation“ (als Quellenbegriff für das „Reich“) und „Nation“ = „Land Schwaben“, sondern

---

[13] Vgl. dazu auch *Heinz Gollwitzer,* Die politische Landschaft in der deutschen Geschichte des 19./20. Jahrhunderts, in: Zeitschrift für bayerische Landesgeschichte 27 (1964), 523 - 552, hier 539: „Der Regionalismus, der sich unbequem und eigenwillig in die Politik einführte, ging teils von der Landschaft als historischer Größe und Inbegriff heimatlicher Tradition aus, teils diente sie ihm nur als Gehäuse einer besonders entschiedenen politischen Gesinnung“.

[14] Urkundenbuch der Stadt Heilbronn, Bd. 2, bearb. von Moritz von Rauch (Württembergische Geschichtsquellen 15), Stuttgart 1913, 544 Nr. 1676.

[15] *Eberhard Isenmann,* Kaiser, Reich und deutsche Nation am Ausgang des 15. Jahrhunderts, in: Ansätze und Diskontinuität deutscher Nationsbildung im Mittelalter, hrsg. von Joachim Ehlers (Nationes 8), Sigmaringen 1989, 145 - 246, hier 157. Auf Bedeutungsdifferenzen zwischen „patria“ und „natio“ macht aufmerksam *Dieter Mertens,* Reich und Elsaß zur Zeit Kaiser Maximilian I., masch. Habilitationsschrift Freiburg i. Br. 1977, 65.

auch zwischen den zahlreichen, von der Forschung erarbeiteten „Staats“-Modellen, die in Betracht zu ziehen sind: Landgemeinde, Gau, Region, Landschaft, Stamm, landesherrschaftliches Amt, Territorium usw. Gefragt ist somit eine differenzierende Beschreibung, die über den spezifischen historisch-regionalen Konstellationen die zugrundeliegenden begriffsgeschichtlichen Zusammenhänge und politischen Modelle nicht aus dem Auge verliert – und umgekehrt.

Die Forderung, bei Quellen- und Forschungsbegriffen den jeweiligen begriffsgeschichtlichen Kontext nicht zu vernachlässigen, vermag auch die vorhin angemahnte Vorsicht beim Gebrauch von Begriffen der Zugehörigkeit zu rechtfertigen. Es macht beispielsweise einen Unterschied, ob von „Solidarität“, „Loyalität“, „Heimatgefühl“ oder „Treue“ die Rede ist. Wenn 1331 der didaktische Autor Konrad von Ammenhausen den Rückgang der Treue in Schwaben beklagt, so hat der Grundwert der „Treue“ hier einen anderen Bedeutungshintergrund[16] als etwa der „Patriotismus“ der Humanisten anderthalb Jahrhunderte später. Mit der Vermutung, diese Bezeichnungen bezögen sich auf ein- und dasselbe, eine psychologische oder gar soziobiologische „Grundgegebenheit“, die jeglicher „Territorialität“ zugrundeliege, ist in Wirklichkeit nichts gewonnen.

Jedes Landes-Modell bestimmt den personalen und räumlichen Geltungsbereich des Landes auf eigene Weise. Wird das Land als Personenverband aufgefaßt, so sind Hierarchien, Mitglieds- und Vertretungsrechte zu regeln. Der Raumbezug läßt hingegen räumliche Beziehungen wie die Nachbarschaft, Untergliederungen (z. B. Ober-, Niederschwaben) oder das Phänomen zentraler Orte ("Vororte") in den Vordergrund treten. Es handelt sich dabei um eine Fragestellung, die im Rahmen einer neu orientierten „historischen Geographie“ von Geographen in Zusammenarbeit mit Historikern erörtert werden müßte[17]. Auf den Befund, daß an den Grenzen Schwabens Konfliktzonen liegen, wird im nächsten Abschnitt eingegangen werden.

Personen, die einem Land angehören, können ihre personale Identität durch die Angabe der Landeszugehörigkeit bestimmen: Indem sie den Lan-

---

[16] Das Schachzabelbuch Kunrats von Ammenhausen, hrsg. von Ferdinand Vetter (Bibliothek der älteren Schriftwerke der deutschen Schweiz. Ergänzungsbd.), Frauenfeld 1892, Vers 14053. Zur „triuwe“ bei Konrad von Ammenhausen vgl. *Hubert Hoffmann,* Die geistigen Bindungen an Diesseits und Jenseits in der spätmittelalterlichen Didaktik (Forschungen zur oberrheinischen Landesgeschichte 22), Freiburg i. B. 1969, 106 - 113.

[17] Soweit ich sehe, ist von der deutschsprachigen Geographie derzeit wenig Hilfe zu erwarten, was das Mittelalter betrifft. Aus historischer Perspektive haben sich des Themas z. B. angenommen: *Michael Mitterauer,* Markt und Stadt im Mittelalter (Monographien zur Geschichte des Mittelalters 21), Stuttgart 1980; *Helmut Maurer,* Der Herzog von Schwaben. Grundlagen, Wirkungen und Wesen seiner Herrschaft in ottonischer, salischer und staufischer Zeit, Sigmaringen 1978, 33 - 127: Die „Vororte“ des Herzogs. Zur Frage „symbolischer“ Vororte vgl. etwa *Graf* (Anm. 7), 23.

desnamen nennen, weisen sie sich aus. Wird einer als Schwabe identifiziert, so weiß man bereits in einer wichtigen Hinsicht, mit wem man es zu tun hat[18]. Schwaben sind Leute, die nach Schwabenrecht leben. Ein „ganzheitliches" Verständnis des Begriffes „Recht" als Inbegriff gesellschaftlicher Normen vermag die Einsicht nahezulegen, daß dieser Satz nicht nur für das Früh-und Hochmittelalter und die Gerichtsverfassung gültig ist. Das Land-Recht bestimmt somit, in welcher Weise der Einzelne Berechtigter und Verpflichteter, in welcher Hinsicht er „frei" ist.

Ist das Land somit Friedens- und Rechtsgemeinschaft[19], so ist es auch Kriegergemeinschaft, da der Land-Frieden den Schutz der Waffen erfordert. In der Kriegergemeinschaft des Landes leben gefolgschaftliche Werte weiter, allen voran die Tapferkeit. Mit Blick auf das städtische und das bäuerliche Wehrwesen wird man sich davor hüten, das Kriegertum exklusiv für den Adel zu beanspruchen, mag auch der Bezug auf Schwaben in ritterschaftlichen Kreisen besondere Bedeutung gewonnen haben, wie zu zeigen sein wird.

Als Kulturgemeinschaft verbindet das Land Leute, die an sich gemeinsame Verhaltensformen und Eigenschaften wahrzunehmen vermeinen oder denen solche „Stereotypen" von außen zugeschrieben werden[20]. Es handelt sich dabei um eine Gemeinsamkeit, die nach allem nicht entscheidend durch Standes- oder Bildungsschranken bestimmt wird. Als Variante der Kulturgemeinschaft mag man den „Wirtschaftsraum Schwaben" ansehen. Inwieweit etwa Kaufleute den Begriff Schwaben zur Beschreibung ihres Erfahrungsraums oder bei landsmannschaftlichen Zusammenschlüssen in der Fremde verwendet haben, muß hier freilich offengelassen werden[21].

War der Stamm eine „Kultgemeinschaft", so kann das spätmittelalterliche Land als „Sakralgemeinschaft" bezeichnet werden. Jedes Land habe seinen Heiligen, weiß Sebastian Franck: Franken den hl. Kilian, Schwaben den hl. Ulrich[22]. Eine einheitliche und spezifische Frömmigkeitspraxis, wie

---

18 Belege bei *Graf* (Anm. 9), 184.

19 Die im folgenden gebrauchten Gemeinschaftsbegriffe orientieren sich bewußt an dem Abschnitt „Hauptmerkmale des Stammesbegriffes" bei *Hans K. Schulze,* Grundstrukturen der Verfassung im Mittelalter, Bd. 1, 2. Aufl., Stuttgart/Berlin/Köln 1990, 14 - 30.

20 Die materialreichste und beste Zusammenstellung bietet nach wie vor: *Albrecht Keller,* Die Schwaben in der Geschichte des Volkshumors, Freiburg 1907.

21 Nachdem Johannes Bohemus in dem Abschnitt „De Suevia Suevorumque moribus et priscis et recentibus" seines Hauptwerkes „Omnium gentium mores" (1520) die Sitten der Schwaben nach Caesar und Tacitus beschrieben hat, widmet er den Schlußteil fast ganz der Kaufmannschaft und dem Tuchhandel (Ulms): *Erich Ludwig Schmidt,* Johannes Bohemus: Das Deutsche Volk (1520) (Wissenschaftliche Beilage zum Jahresbericht des Kgl. Luisen-Gymnasiums zu Berlin, Ostern 1910), Berlin 1910, 45 - 48. Vgl. auch *Erich Schmidt,* Deutsche Volkskunde im Zeitalter des Humanismus und der Reformation (Historische Studien 47), Berlin 1904, Nachdruck Vaduz 1965, 92 f.

sie sich in Ländern der Eidgenossenschaft ausgebildet hat[23], wird man in Schwaben jedoch vergeblich suchen. Dies schließt nicht aus, daß Regionalheilige wie der Augsburger Bischof Ulrich als „schwäbische“ Heilige interpretiert werden konnten. Legenden von Regionalheiligen, die als „Regional-Herkommen“, als Medien zur Präsentation regionaler Identität, zu verstehen sind[24], finden sich nicht von ungefähr in historiographischen Werken zitiert. Das Gewicht, das Geschichtsschreiber der Bekehrung der Schwaben zum Christentum beigemessen haben, vermag ebenfalls den Stellenwert der Frömmigkeit im Gefüge „schwäbischer“ Werte zu bezeugen[25].

Wird die Identität des Landes durch Geschichte(n) präsentiert[26], so ist damit das Land als Herkommens-, Traditions- und Erinnerungsgemeinschaft erfaßt. Nicht nur in Schwaben sollte man über der Suche nach „der“ Stammessage nicht die Vielzahl anderer Erzählungen und Überlieferungen übersehen, in denen die eigene Geschichte, das „Herkommen“ Schwabens, zum Thema wurde[27]. Bei der Frage nach der Traditionsbildung kann die sich aus zahlreichen Traditionsströmen speisende Staufertradition nicht ganz ausgeklammert werden, mit der eben auch die Erinnerung an die „Herzöge von Schwaben“ wachgehalten wurde. Im 16. Jahrhundert bezeugte Überlieferungen im Raum um den Hohenstaufen lassen den Schluß zu, daß die Stauferzeit ihren Glanz auch auf die Anfänge von Landgemeinden warf und Herzogstraditionen auch im ländlichen Raum verbreitet waren und zumindest von den dörflichen Oberschichten getragen wurden[28]. Zum „gemein-

---

22 *Sebastian Franck,* Weltbuch [...], Tübingen 1535, Bl. 129 b.

23 Vgl. *Peter Ochsenbein,* Das Große Gebet der Eidgenossen. Überlieferung – Text – Form und Gehalt (Bibliotheca Germanica 24), Bern 1989, bes. 322 - 339.

24 *Klaus Graf,* Heiligenleben. Forschungsbericht zur Legendenforschung, in: Blätter für württembergische Kirchengeschichte 89 (1989), 341 - 356, hier 356. Zu dem ebd. behandelten Regionalheiligen St. Fridolin, dem Patron des Landes Glarus, vgl. jetzt auch *Konrad Kunze,* Fridolins Weg in die Legendensammlungen bis zur Reformation, in: Frühe Kultur in Säckingen, hrsg. von Walter Berschin, Sigmaringen 1991, 77 - 104. Zu Landespatronen ist nachzutragen: *Arno Borst,* Schutzheilige mittelalterlicher Gemeinschaften, in: *Ders.,* Barbaren, Ketzer und Artisten. Welten des Mittelalters, München 1988, 289 - 311.

25 Vgl. auch die Hinweise bei *Graf* (Anm. 9), Anm. 72, 98 -100; *Graf* (Anm. 8), 90, 95 f.

26 Zur „Präsentation der Identität“ vgl. grundlegend *Hermann Lübbe,* Geschichtsbegriff und Geschichtsinteresse. Analytik und Pragmatik der Historie, Basel/Stuttgart 1977, 168ff.

27 Für Sachsen vgl. *Hilkert Weddige,* Heldensage und Stammessage. Iring und der Untergang des Thüringerreiches in Historiographie und heroischer Dichtung (Hermaea NF 61), Tübingen 1989, und meine Rezension, in: Fabula 31 (1990), 374 - 377, mit Hinweis auf die Position von František Graus. Zu Fragen der Traditionsbildung ist nach wie vor unersetzt: *F. Graus,* Lebendige Vergangenheit. Überlieferungen im Mittelalter und in den Vorstellungen vom Mittelalter, Köln/Wien 1975; vgl. auch *Ders.,* Nationale Deutungsmuster der Vergangenheit in spätmittelalterlichen Chroniken, in: Nationalismus in vorindustrieller Zeit, hrsg. von Otto Dann, München 1986, 35 - 53.

28 Das Herkommen des Markts Hohenstaufen von 1535, eine ätiologische Erzählung zum Herzogswappen, ist abgedruckt bei *Jürgen Kettenmann,* Sagen im Kreis

schwäbischen Symbol“[29] hat sich im späten 15. Jahrhundert das staufische Dreilöwenwappen entwickelt.

Führt man die Abstraktion weiter, so gelangt man über den Begriff der „Erzählgemeinschaft“ zum Diskursbegriff und damit zum Ausgangspunkt zurück. Das Land wird in der Verständigung über das Land und in Auseinandersetzung mit den verschiedenen Landes-Modellen konstituiert. Was „Schwaben“ bedeutet, wird in einem Gespräch, mit Rede und Gegenrede, Frage und Antwort, ausgehandelt. Auch das politische Handeln läßt sich nach dem dialogischen Prinzip des Sprachspiels begreifen: „Zug um Zug“ werden Interessengegensätze zum Ausdruck gebracht und Ansprüche geltend gemacht.

Was es mit den gelehrten Diskussionen der Humanisten über „Schwaben“ auf sich hat, wird in einem eigenen Abschnitt zu besprechen sein. Ihr Entwurf einer „Gelehrtengemeinschaft“ mit dem Zentralwert „Bildung“ läßt sich teilweise als besondere Ausprägung der „Sprachgemeinschaft“ begreifen. Das Kriterium der gemeinsamen Sprache[30] liegt noch den modernen Versuchen, das „wirkliche“ Stammesgebiet der Alemannen zu ermitteln, zugrunde[31].

Der – notwendigerweise kursorische – Überblick hat gezeigt, daß die einzelnen Aspekte in vielfältiger Weise miteinander verflochten sind und daß darüber hinaus zahlreiche Verbindungslinien und kommunikative „Brükken“ zu anderen Konzepten und Bedeutungszusammenhängen führen. Damit liegt die Notwendigkeit einer „integrierten“ Sicht, die auch die moderne disziplinäre Parzellierung des Themas rückgängig zu machen hätte, auf der Hand.

Deutlich dürfte ebenfalls geworden sein, daß nicht alle „schwäbischen“ Werte gruppenspezifisch gebunden waren. So wichtig es ist, die einzelnen Trägergruppen in den Blick zu nehmen, so sollte man nicht übersehen, daß es „gemeinschwäbische“ Positionen gab, mit denen sich Konsens zwischen den Gruppen herstellen ließ. Wer die Berufung auf das Land Schwaben ein-

---

Göppingen, 3. Aufl. 1989, 83. Zur möglichen Quelle (Lirer) vgl. *Graf* (Anm. 8), 77. Zu den regionalen Staufertraditionen im Gmünder Raum vgl. *Graf* (Anm. 7), 103 - 106.

[29] *Hofacker* (Anm. 6), 75 mit weiteren Hinweisen (ebd., 74 f.).

[30] Zum Schwäbischen vgl. etwa die Belege bei *Adolf Socin,* Schriftsprache und Dialekte im Deutschen nach Zeugnissen alter und neuer Zeit, Heilbronn 1888, 76 - 79, 109, 180, 266 f. Zu den spätmittelalterlichen *lantsprachen* vgl. *Peter Wiesinger,* Regionale und überregionale Sprachausformung im Deutschen vom 12. bis 15. Jahrhunderte unter dem Aspekt der Nationsbildung, in: Ansätze (Anm. 15), 321 - 334; vgl. auch *Rüdiger Schnell,* Deutsche Literatur und deutsches Nationalbewußtsein in Spätmittelalter und Früher Neuzeit, ebd., 247 - 319, hier 297 f.

[31] Kritisch dazu vgl. *Dieter Geuenich,* Zur Kontinuität und zu den Grenzen des Alemannischen im Frühmittelalter, in: Die historische Landschaft (Anm. 5), 115 - 135, hier 117 mit zutreffendem Hinweis auf die „romantische Vorstellung von der inneren Identität eines Volkes über den geschichtlichen Wandel hinweg“.

seitig auf eine kleine Oberschicht beschränken will, verkennt die allgemeine Verbindlichkeit „des“ Landes-Modells. Zu einer Entmündigung der meisten Männer und Frauen, die sich als Schwaben verstanden haben, besteht kein Anlaß. Man darf hierzu vielleicht daran erinnern, daß auf die mündlich bestimmte vorreformatorische „Öffentlichkeit“ des „gemeinen Mannes“ nur äußerst selten das Licht der Quellen fällt.

II. Konflikte an den Grenzen

Helmut Maurer hat das Auseinanderleben von Schweizern und Schwaben am Hochrhein und die Ausbildung einer bis heute nachwirkenden Feindschaft im Laufe des 15. Jahrhunderts mustergültig nachgezeichnet[32]. In Konstanz, das so etwas wie eine „Hauptstadt“ des alten, ungeteilten Schwaben war[33], läßt sich beobachten, wie sich die Leute aus der Innerschweiz und die Menschen am See zunehmend fremd wurden. Bemerkenswert erscheint die Verschränkung „politischer“ und „kultureller“ Faktoren. Immer weniger kamen die Konstanzer Bürger mit der alpinen Mentalität der Innerschweizer, deren „bäurisches“ Wesen sie mit dem Symbol der „Kuh“ verspotteten, zurecht. Hinzu kamen kriegerische Konfrontationen, in denen sich Angehörige der Eidgenossenschaft und Seeschwaben als Feinde gegenüberstanden. Maurer will die am Ende des 15. Jahrhunderts an Heftigkeit zunehmende Feindseligkeit zwischen Schweizern und Schwaben auf die „Auseinander-Entwicklung des alten Schwaben in zwei völlig verschiedene soziale Systeme“[34] zurückführen: Eine vom Adel bestimmte Stadt, Konstanz, und eine vom Adel beherrschte Landschaft, der Hegau, standen einer sich formierenden „Nation“ gegenüber, deren Angehörige sich bewußt als „Bauern“ verstanden[35]. Doch ist diese Gegenüberstellung des „adeligen“ Landes Schwaben und der „bäuerlichen“ Eidgenossenschaft das Resultat eines längeren historischen Prozesses, der von einer Fülle von sozialen und politischen Faktoren bestimmt wurde[36]. Eine umfassende Darstellung der allmählichen Distanzierung der Schweiz vom „Land Schwaben“ bleibt ein Desiderat[37].

---

[32] *Helmut Maurer,* Schweizer und Schwaben. Ihre Begegnung und ihr Auseinanderleben am Bodensee im Spätmittelalter (Konstanzer Universitätsreden 136), Konstanz 1983.

[33] Vgl. ebd., 12.

[34] Ebd., 41.

[35] Vgl. dazu *Guy P. Marchal,* Die Antwort der Bauern. Elemente und Schichtungen des eidgenössischen Selbstbewußtseins am Ausgang des Mittelalters, in: Geschichtsschreibung und Geschichtsbewußtsein im späten Mittelalter, hrsg. von Hans Patze (Vorträge und Forschungen 31), Sigmaringen 1987, 757 - 790, hier 764ff.

[36] Vgl. *Maurer* (Anm. 32), 44 mit Anm. 220.

[37] Hier nur wenige Hinweise. Zahlreiche Belege zu Zugehörigkeit und Distanzierung in dem nach wie vor wichtigen Aufsatz von *Franz Ludwig Baumann,* Schwaben

Während sich die „Grenze" zwischen Schwaben und Schweizern nicht vor dem 15. Jahrhundert zu entwickeln begann, haben sich Elsässer, Breisgauer und Ortenauer im gesamten Spätmittelalter nicht als Schwaben verstanden[38]. 1488 lehnte die Reichsstadt Schlettstadt die Aufforderung des Kaisers zum Eintritt in den Schwäbischen Bund ab, *angesehen wie die Lande Schwaben und Elsas mit witem Begriff zwischen böden Landen unterscheiden sint*[39]. Bezeichnend ist, daß der emphatische Regionalismus in der Reichsreformschrift des „Oberrheinischen Anonymus" sich ganz am Rhein und am Elsaß orientiert, nicht jedoch an einer Bezugsgröße Schwaben oder Alemannien[40]. Auf den Streit zwischen elsässischen und schwäbischen Humanisten wird noch zurückzukommen sein.

Für den Kraichgau liegt die ausdrückliche Stellungnahme von Gustav Kolb zum Verhältnis zwischen landsmannschaftlichen und politischen Kon-

---

und Alemannen, ihre Herkunft und Identität (1876), in: *Ders.*, Forschungen zur schwäbischen Geschichte, Kempten 1899, 500 - 585, hier 557 - 564. Zeugnisse zum gegenseitigen Spott bei *Keller* (Anm. 20), 46 - 52. Die Klingenberger Chronik wirft aus adeliger Sicht dem Appenzeller Bund vor, er wolle *kainen herren in allem Swabenland* bleiben lassen, vgl. *Eckart Conrad Lutz*, Spiritualis Fornicatio. Heinrich Wittenwiler, seine Welt und sein ‚Ring' (Konstanzer Geschichts- und Rechtsquellen 32), Sigmaringen 1990, 144. Den Schutzvertrag des Abtes von St. Gallen mit den Eidgenossen 1479 kritisierte ein Reimspruch aus dem Umkreis der adeligen Lehensleute mit dem Argument, die Vogtei stünde nicht den Eidgenossen zu: *Dan das solt sin das römsche rich / und die edlen herzog von Schwaben glich*, vgl. *Immo Eberl*, Abt Ulrich Rösch als Landesherr, in: Ulrich Rösch, St. Gallener Fürstabt und Landesherr, hrsg. von Werner Vogler, St. Gallen 1987, 97 - 114, hier 106. In der eidgenössischen Historiographie trennt erst Brennwald „hin und wieder die Eidgenossenschaft von Schwaben", *Karl Mommsen*, Eidgenossen, Kaiser und Reich. Studien zur Stellung der Eidgenossenschaft innerhalb des heiligen römischen Reiches (Basler Beiträge zur Geschichtswissenschaft 72), Basel und Stuttgart 1958, 92. Daß der Berner Jetzerhandel „als einzig großes vergiftetes Kompliment der Schwaben an die Eidgenossen" aufgefaßt wurde, erwägt *Kathrin Tremp-Utz*, Welche Sprache spricht die Jungfrau Maria? Sprachgrenzen und Sprachkenntnisse im bernischen Jetzerhandel (1507 - 1509), in: Schweizerische Zeitschrift für Geschichte 38 (1988), 221 - 249, hier 246.

[38] Vgl. etwa die Belege bei *Baumann* (Anm. 37), 555 f. Wenn Straßburger Chronisten ein historisches Bündnis zwischen Schwaben und dem Elsaß ansprachen, so würde ich das nicht wie *Schreiner* (Anm. 5), 20, als „Bewußtsein stammesmäßiger Zusammengehörigkeit" in Anspruch nehmen. Die Trennung der Elsässer als „auf regionaler Basis erwachsene Untergruppe" der Alemannen vom Hauptvolk geht immerhin auf die Merowingerzeit zurück, *Eugen Ewig*, Spätantikes und fränkisches Gallien. Gesammelte Schriften, hrsg. von Hartmut Atsma (Beihefte der Francia 3/1), Bd. 1, München 1976, 244.

[39] *Joseph Gény*, Die Reichsstadt Schlettstadt und ihr Antheil an den socialpolitischen und religiösen Bewegungen der Jahre 1490 - 1536 (Erläuterungen und Ergänzungen zu Janssens Geschichte des deutschen Volkes I, 5 - 6), Freiburg i. Br. 1900, 4 f.

[40] Vgl. dazu *Graf* (Anm. 9), 178 - 180, und *Klaus H. Lauterbach*, Der Oberrheinische Revolutionär und Mathias Wurm von Geudertheim. Neue Untersuchungen zur Verfasserfrage, in: Deutsches Archiv für Erforschung des Mittelalters 45 (1989), 109 -172, hier 118 f., 171 mit Anm. 311. Von der Verfasserschaft des Mathias Wurm bin ich nach wie vor nicht überzeugt: Wurm war nun einmal – anders als der Oberrheiner – kein graduierter Jurist. Wenn *Schreiner* (Anm. 5), 20, behauptet, der Oberrheiner habe nach den „Ursprüngen des schwäbischen Stammes" gesucht, so wird damit ein moderner Schwabenbegriff in den Text zurückprojiziert.

flikten vor. Er weist auf die „Verschärfung des Stammesgegensatzes durch politische Vorgänge“[41] hin und schreibt über den Kraichgau: „Es bildete sich allmählich hüben und drüben im Volk eine feindselige Stimmung heraus. Ihr Untergrund war der alte Stammesgegensatz zwischen Franken und Schwaben, der in unzähligen Neckereien, Schwänken und Geschichten zutage tritt. Die Verschiebung der Landvogteigrenzen, welcher die Francia orientalis zum Opfer fiel, das schroffe Vorgehen Württembergs, des zeitweiligen Inhabers der Landvogtei und seine Verdrängung aus diesem Paradies territorialer Wachstumsmöglichkeit hatte das feindliche Gefühl gewiß nicht gemildert. Besonders heftig mußte es werden, als es nicht mehr ins Allgemeine sich zu verlieren brauchte, sondern in dem Zwist der Pfalz und Württembergs die konkreten Vorgänge fand, an die es Tag um Tag anknüpfen konnte“[42]. Als Teile des pfälzischen „Satellitensystems“ wehrten sich sowohl die Kraichgauer Ritterschaft als auch die Städte Heilbronn und Wimpfen gegen den kaiserlichen Befehl, dem gegen die Wittelsbacher gerichteten Schwäbischen Bund beizutreten[43]. So sehr die Kraichgauer Adeligen auch mit guten Gründen darauf beharrten, keine Schwaben zu sein, so wenig änderte dies an der Überzeugung der kaiserlichen Partei: *Dann wißentlich ist, daß die [. . .] Kreckgawer und Mortenawer Schwaben und auf swebischem erderich und gezirckh gesessen*[44]. Konnte die Kraichgauer Ritterschaft darauf verweisen, daß ihre Turniergesellschaft „Esel“ im System der „vier Lande“ Rheinland, Franken, Baiern und Schwaben nie zu Schwaben, sondern stets zum Rheinland gezählt hatte[45], so ließ sich die kaiserliche Position mit dem Umfang der Landvogtei Niederschwaben legitimieren. Das Land Schwaben erweist sich in den Auseinandersetzungen um den Umfang des Schwäbischen Bundes somit als politische „Anspruchsgröße“, als das Resultat verschiedener Vorverständnisse in Auseinandersetzung mit politischen Zielen[46].

---

41 *A. Gustav Kolb,* Die Kraichgauer Ritterschaft unter der Regierung des Kurfürsten Philipp von der Pfalz, Diss. Freiburg i. Br. 1909, 34 Anm. 9.

42 Ebd., 34.

43 Das Material ist ausgewertet bei *Kolb* (Anm. 41), die Quellen für Heilbronn und Wimpfen im Urkundenbuch der Stadt Heilbronn, Bd. 2 (Anm. 14). Vgl. zum Kraichgau jüngst auch *Gerhard Fouquet,* Ritterschaft, Hoch- und Domstift Speyer, Kurpfalz: Zu den Formen politischer, sozialer und wirtschaftlicher Verflechtung in einer spätmittelalterlichen Landschaft an Mittel- und Oberrhein, in: Zeitschrift für die Geschichte des Oberrheins 137 (1989), 224 - 240, hier: 238 f.

44 *Kolb* (Anm. 41), 115 Anm. 64.

45 *Kolb* (Anm. 41), 68 Anm. 77 läßt sich z. B. bestätigen durch die Zugehörigkeit des Esel-Mitglieds Pleikart Landschad zum *Reinlannd* auf dem Heidelberger Turnier 1481, *Heide Stamm,* Das Turnierbuch des Ludwig von Eyb (cgm 961). Edition und Untersuchung (Stuttgarter Arbeiten zur Germanistik 166), Stuttgart 1986, 156 f.

46 Die Spannung zwischen der Konzeption des Schwäbischen Bundes als „Territorium“, das alle „Insassen“ in seiner Fläche umfaßte, und dem darüber hinausgehenden Bündnis, das „Verwandte“ einbezog, ist in den Argumentationen über den Beitritt verschiedener Stände deutlich abzulesen, vgl. nur das Material im Urkundenbuch der Stadt Heilbronn (Anm. 14), Nr. 1469, 1501, 1529 d, 1586, 1682, 1839.

In seinen Sammlungen für eine Landesbeschreibung Oberdeutschlands bemerkt der Oberschwabe Ladislaus Sunthaim am Anfang des 16. Jahrhunderts, Heilbronner und Wimpfener *wellen nit Swabenn sein,* seien es als Kraichgauer aber doch[47]. Alle politischen Konnotationen sind in diesem Zeugnis, das sich als „ethnographischer" Befund gibt, getilgt. Das Stadtregiment der zur Landvogtei Niederschwaben gehörenden fränkischen Reichsstadt Hall wählte im 15. Jahrhundert den Namenszusatz „Schwäbisch". Nach Ansicht von Gerd Wunder geschah dies, um die Ansprüche fränkischer Landgerichte abzuwehren[48]. Die „wahre" Landeszugehörigkeit, die – Sunthaim zufolge – den Nachbarreichsstädten Heilbronn und Wimpfen so teuer war, wurde in Hall also zur politischen Disposition gestellt.

An der Lechgrenze gegen Baiern wurden im 15. Jahrhundert die Nachbarschaftskonflikte von Dörfern, die durch die Lech getrennt waren, als Gegensätze von Schwaben und Baiern begriffen. Ein Zeugenverhör von 1449 (?) gewährt aus bairischer Sicht einen Einblick in die Nutzungsstreitigkeiten zwischen den Gemeinden Ostendorf und Westendorf (nördlich von Meitingen), den *Schwaben,* und der Gemeinde Thierhaupten, den *Bairen*[49]. Ein Zeuge betonte, er könne sich an nichts anderes erinnern, *dann das die von Ostendorff und die von Tierhäpten albeg mit einander haben gezangt umb vichwaid holtz und zain.* Bemerkenswert ist, daß mehrere Befragte vom Hörensagen eine angebliche Entscheidung Kaiser Ludwigs (des Bayern) über die Lechanschwemmungen kannten: *was der Lech herüber lege gen Bairen das sol gen Bairen gehoren, und was er gen Schwaben lege das sol gen Schwaben gehören.* In den Aussagen wurden auch Grundherren und Städte zur schwäbischen „Partei" gezählt. Ein Zeuge wußte von einer Gerichtsverhandlung vor einer bairischen Schranne, wobei die Zuständigkeit mit dem Umstand begründet wurde, daß der fragliche *grund leit auf pairischem ertreich.* Das aufschlußreiche Aktenstück legt den Schluß nahe, daß zwischen Schwaben und Baiern am Lech über mehrere Generationen

---

[47] Landesbibliothek Stuttgart Cod. hist. fol. 250, Bl. 39. Weitere Belege zur Diskussion über die Zugehörigkeit des Kraichgaus zu Schwaben bei *Klaus Graf,* Der Kraichgau, Bemerkungen zur historischen Identität einer Region, in: Die Kraichgauer Ritterschaft in der frühen Neuzeit, hrsg. von Stefan Rhein, erscheint Sigmaringen 1992.

[48] So *Gerd Wunder,* in: Handbuch der historischen Stätten Deutschlands, Bd. 6: Baden-Württemberg, hrsg. von Max Miller und Gerhard Taddey, 2. Aufl., Stuttgart 1980, 723; *Ders.,* Bauer, Bürger, Edelmann. Ausgewählte Aufsätze, hrsg. von Kuno Ulshöfer (Forschungen aus Württembergisch Franken 25), Sigmaringen 1984, 33, 180, 219.

[49] Die Quelle ist abgedruckt bei *Christian Häutle,* Entscheidung des Kaisers Ludwig des Bayers über die Zugehörigkeit von Lechanschwemmungen an Bayern und Schwaben, in: Archivalische Zeitschrift NF 5 (1894), 286 - 289 (hiernach die folgenden Zitate). Zur Lechgrenze vgl. auch *Pankraz Fried,* Zur Entstehung und frühen Geschichte der alamannisch-baierischen Stammesgrenze am Lech, in: Bayerisch-schwäbische Landesgeschichte an der Universität Augsburg 1975 - 1977, hrsg. von Pankraz Fried (Augsburger Beiträge zur Landesgeschichte Bayerisch-Schwabens 1), Sigmaringen 1979, 47 - 67 (ohne dieses Zeugnis).

hinweg so tiefe landsmannschaftliche Gegensätze bestanden haben, daß sogar der Kaiser eingreifen mußte, um den Streit beizulegen.

Zusammenfassend muß festgestellt werden, daß sich die besprochenen Konflikte nicht auf ein einheitliches Schema reduzieren lassen. Der Gegensatz Schwaben-Nichtschwaben betraf sowohl die hohe Reichspolitik (im Kraichgau) als auch die Bauern (am Lech), sowohl eine sehr „alte“ Grenze (am Lech) wie eine relativ „junge“ (zur Schweiz). Es erscheint mir fraglich, ob die nicht gegebene Einheitlichkeit der Auseinandersetzungen mit dem sich in eine vermeintliche „mentale“ Realität flüchtenden Begriff des „Kontrastbewußtseins“ hergestellt werden kann.

III. Das Land der Fürsten

Mit dem Tode Konradins 1266 endete das staufische Herzogtum Schwaben. Die wiederholten Versuche, das Herzogtum Schwaben wiederherzustellen, blieben im Spätmittelalter erfolglos, da sich der König und der schwäbische Adel nicht auf eine Herzogsdynastie einigen konnten[50]. Exemplarisch hat Helmut Maurer den Versuch Herzog Rudolfs IV. von Österreich behandelt, in den Jahren nach 1358 den Titel eines Herzogs von Schwaben für sich zu beanspruchen[51]. Kaiser Karl IV. stand der Wiederherstellung der Herzogswürde zugunsten Rudolfs, der als Reichslandvogt in Schwaben wirkte, zunächst positiv gegenüber. Als aber Rudolf in Schwaben sich auf einem Lehentag 1361 mit herzoglichen Insignien zeigte, wurde er von Karl zur Aufgabe seiner Ansprüche gezwungen. Eine Zwischengewalt in Schwaben, die ein voll funktionsfähiges Land Schwaben mit hochadeligen Landleuten geschaffen hätte, konnte nicht im Interesse des Kaisers liegen, da sie die Reichsrechte im deutschen Südwesten geschwächt hätte.

Hundert Jahre später rivalisierten Habsburg und Württemberg um die schwäbische Herzogswürde. Es braucht hier nicht wiederholt werden, was Hofacker ausführlich dargestellt hat. 1474 bat Herzog Sigmund von Tirol, der Herr der habsburgischen Herrschaften in Schwaben und den Vorlanden, Kaiser Friedrich III., ihm das Herzogtum Schwaben zu verleihen. Das vor allem von den Grafen getragene „interterritoriale System“ zwischen den Hegemonialmächten sollte mit Hilfe der erneuerten Herzogswürde aufgelöst und die Grafen ausschließlich an Habsburg gebunden werden[52]. Bündnisse mit Herren und Städten sowie der Versuch, die territorialen Befugnisse

---

[50] Vgl. die Hinweise bei *Maurer* (Anm. 27), 298 - 300.

[51] *Helmut Maurer,* Karl IV. und die Erneuerung des Herzogtums Schwaben, in: Blätter für deutsche Landesgeschichte 114 (1978), 645 - 657. Auf Maurers Überschätzung des Lehenrechts kann hier nicht eingegangen werden.

[52] Fürstenbergisches Urkundenbuch, Bd. 7, Tübingen 1891, 102 f. Nr. 49; vgl. *Hofacker* (Anm. 6), 84.

Habsburgs in Oberschwaben auszubauen, dienten ebenfalls dem vorrangigen Ziel Sigmunds, dem Plan eines Landesfürstentums Schwaben.

Kaiser Friedrich III. war jedoch nicht gewillt, die Konsequenzen der Politik seines Vetters zu tragen und die kleinen Stände Schwabens auf Dauer dem Einfluß des Reichs zu entziehen. Hinzu kam, daß die Schwäche Württembergs und die damit verbundene Stärkung der Position Sigmunds lebhafte bündische Aktivitäten der schwäbischen Stände auslösten. Resultat dieser Vorgänge war ein Bündnis der Herren und Städte im Jahr 1485, das von Württemberg und Habsburg gemeinsam angeführt wurde[53]. Als Herzog Sigmund 1486/87 seine Position in Schwaben den Wittelsbachern überlassen wollte, verstärkte der Kaiser seine Bemühungen um eine allgemeine Einung in Schwaben. Das Gründungsmandat des Schwäbischen Bundes vom 4. Oktober 1487 formulierte kompromißlos den kaiserlichen Anspruch: Da das Land zu Schwaben dem Reich *on alles mittel* unterworfen und außer dem Kaiser keinen eigenen Fürsten habe, sei er verpflichtet, dafür zu sorgen, daß die schwäbischen Stände nicht ihrem *rechten herrn* und dem Reich entfremdet würden. Das Mandat bezeichnet Schwaben als das *recht vatterland* der Stände, dem sie nach göttlichem und natürlichem Recht treuepflichtig seien[54]. Die konkrete Gestalt, die das Bündnis schließlich gewann, war jedoch ein Kompromiß zwischen allen Beteiligten, kein Diktat des Kaisers. Was das „Land zu Schwaben" bedeutete, wurde in zähen Verhandlungen ausgehandelt – erinnert sei nur an die oben erwähnten Auseinandersetzungen mit der Kraichgauer Ritterschaft.

Hier nicht mehr zu verfolgen ist die Schwabenpolitik Maximilians, der Reichspolitik und habsburgische Territorialpolitik in Schwaben in Personalunion betreiben konnte. Seit 1500 nannte er sich in seinem Herrschertitel „Fürst in Schwaben". Besondere Bedeutung kam dabei im frühen 16. Jahrhundert der Aufnahme welfisch-staufischer Herrschaftstraditionen in Oberschwaben zu[55].

Deutlich wird am Ringen um die schwäbische Herzogswürde, daß es sich nicht um einen leeren Titel gehandelt haben kann. Der Anspruch bezog sich auf die Geltung eines Landes-Modells, das auch die hochadeligen Landleute, die Landherren, auf land- und lehensrechtlicher Grundlage einem herzogsgleichen Landesherrn unterstellte. Diese Unterordnung basierte auf dem Konsensprinzip, auf dem Einverständnis der so „Mediatisierten". Eine doppelte Hürde hatte Sigmund zu nehmen: Er brauchte den Kaiser für die Verleihung des Herzogtums Schwaben, und er brauchte den Konsens der Stände. Auch Machtpolitiker können weltfremd sein – der vermeintlich so

---

53 *Hofacker* (Anm. 6), 103.

54 Ebd., 109.

55 Vgl. ebd., 114 - 147.

kühl kalkulierende Sigmund hätte in Rechnung stellen müssen, daß die zu mediatisierenden „ungehorsamen“ Grafen mit allen diplomatischen und rechtlichen Mitteln versuchen würden, ihre Selbständigkeit zu behalten.

Was sich auf den ersten Blick als machtpolitische Interessenwahrung darstellt, ist bei näherem Zusehen durchsetzt mit traditionellen Werten aus Landes-Modellen, die nicht als „modernstaatlich“ beschrieben werden können. Dieser Befund betrifft natürlich auch die Stellung Schwabens in der Reichsverfassung. Der Herzog von Schwaben war eine der vier Säulen, auf denen das Reich ruhte – das behauptete jedenfalls das im frühen 15. Jahrhundert entstandene Quaternionensystem, jene Deutung der Reichsverfassung, die am weitesten verbreitet war, zugleich aber am wenigsten der politischen „Wirklichkeit“ entsprach[56].

Überprüfen läßt sich die Hypothese, daß traditionelle Modelle wie das „Land Schwaben“ wichtige Bausteine für die noch „brüchige“ und ungesicherte Staatlichkeit der werdenden Territorien liefern konnten, an der anderen Hegemonialmacht in Schwaben, der Grafschaft Württemberg. Graf Ulrich V. von Württemberg-Stuttgart wollte 1463 das kaiserliche Hofgericht Rottweil, das beispielsweise der Reichsstadt Buchau als *obrist lantgericht* des Landes Schwaben galt[57], nach Stuttgart verlegen lassen[58]. Ein nach 1477 entstandener Plan des Kaisers, die Württemberger zu Herzögen „in“ Schwaben zu machen, blieb ein nur kurzfristig betriebenes Projekt[59]. Daß es weitere Versuch der Grafen gegeben hat, ihre fürstengleiche Stellung reichsrechtlich mit einem Bezug auf Schwaben zu sanktionieren, darf man wohl einem Schreiben Kaiser Friedrichs III. aus dem Jahr 1487 entnehmen, in dem es über den widerspenstigen Grafen Eberhard im Bart heißt, er und seine Vorgänger hätten seit langem *nach dem lannde zu Swaben gestanden*[60]. Der Wunsch ging selbst 1495 nicht in Erfüllung, denn Eberhard wurde zum Herzog von Württemberg und nicht von Schwaben erhoben[61].

Im ältesten württembergischen Geschichtswerk in deutscher Sprache, der „Stuttgarter Stiftschronik vom Hause Wirtemberg“ (entstanden nach 1463) heißt es von Graf Eberhard dem Milden, zu seiner Zeit sei *quoter fryden in Swaben* gewesen, *wan er gar ain fridlich herr was*[62]. Der Württemberger ist

---

[56] Vgl. die Nachweise ebd., 74 und allgemein *Rainer A. Müller,* Quaternionenlehre und Reichsstädte, in: Reichsstädte in Franken, München 1987, 78 - 97. Vgl. auch den Hinweis von *Hofacker,* 116, Anm. 208, auf eine Auskunft des Unterherolds Jörg Rugen an Graf Eberhard im Bart.

[57] *Hofacker* (Anm. 6), 73.

[58] Ebd., 79 f.

[59] Ebd., 93.

[60] Ebd., 112.

[61] Vgl. ebd., 115.

[62] Ediert bei *Christoph Friedrich von Stälin,* Zu den Annales Stuttgartienses, in: Württembergische Jahrbücher 1864, 251 - 261, hier 259; zu den Anfängen der würt-

also für den Landfrieden der „alten" Einheit Schwaben verantwortlich, sein Handlungsraum wird mit Schwaben gleichgesetzt. Von der Mutter Eberhards des Erlauchten berichtet der Text, sie habe nach der durch einen Kaiserschnitt vorgenommenen Geburt prophezeit, das Kind werde zeit seines Lebens *allem Swabenland* mit Kriegen zu schaffen machen[63]. Diese Zeugnisse mag man als Indiz dafür werten, daß die werdende Landesherrschaft Württemberg, die sich erst in der zweiten Hälfte des 15. Jahrhunderts verstärkt als „Land Württemberg" und nicht mehr nur als „Herrschaft Württemberg" verstanden hat[64], sich nur in Auseinandersetzung mit dem „alten" Land Schwaben entwickeln konnte, das im deutschen Südwesten als Geltungsraum des schwäbischen Landrechtes und als Reichsfürstentum traditionell das Landes-Modell bestimmte[65].

Von außen betrachtet waren die Begriffe Schwaben und Württemberg tatsächlich weitgehend austauschbar. Dafür nur zwei Belege pfälzischer Provenienz: In Michel Beheims „Pfälzischer Reimchronik" ist die Niederlage gegen die Württemberger bei Beilstein eine solche gegen die Schwaben[66], und als Pfalzgraf Philipp 1479 die Heilbronner vor falschen Münzen in Schwaben warnte, tat er dies aufgrund einer Mitteilung Graf Ulrichs von Württemberg und seines Sohnes über die Ausgabe gefälschter Münzen in ihrem Land[67]. Bezeichnend ist auch ein Schreiben der Stadt Widdern bei Heilbronn, die sich 1458 an die *herrschaft und ritterschaft und landschaft zu Schwaben unsers gnädigen herrn von Württemberg* wandte[68]. Auf die Konflikte zwischen Württemberg und der Pfalz im Kraichgau, die zugleich Aus-

tembergischen Landesgeschichtsschreibung vgl. *Graf* (Anm. 8), 209 - 224, zum Text ebd., 213 - 220. Zu den dort behandelten Texten ist zu ergänzen Universitätsbibliothek Bonn S 310, fol. 163 - 164 vom Ende des 15. Jahrhunderts (Nikolaus Basellius), eine kurze Chronik der Grafen von Württemberg, die bezeichnenderweise mit dem Ende des staufischen Herzogtums einsetzt.

[63] *Stälin* (Anm. 62), 259. In der lateinischen Vorlage (Annalenreihe A 2 nach 1419): *non erit pax in terra ipsius, Franz Joseph Mone,* Annales Stutgardini. 1265 - 1422, in: Anzeiger für Kunde des deutschen Mittelalters 3 (1834), 137 - 140, hier 139.

[64] Vgl. *Dieter Stievermann,* Landesherrschaft und Klosterwesen im spätmittelalterlichen Württemberg, Sigmaringen 1989, 159 f. Seiner Behauptung, daß „Land" und „Herrschaft" als Quellenbegriffe austauschbar seien (ebd., 159), möchte ich widersprechen. Auf breiterer Quellenbasis wäre zu fragen, wann und in welchen Kontexten man beginnt, das Territorium in gleicher Weise wie Schwaben als „Land Württemberg" zu bezeichnen. Das frühe Vorkommen von mit „Land" zusammengesetzten Termini oder die Verwendung von Formeln wie „Land und Leute" sind keine Gegenargumente.

[65] So *Graf* (Anm. 8), 216.

[66] Quellen und Erörterungen zur Bayerischen und Deutschen Geschichte, Bd. 3, München 1863, 77 Str. 439; vgl. auch ebd., 82 Str. 470; 133 Str. 762; 177 Str. 1012; 232 Str. 1334.

[67] Urkundenbuch der Stadt Heilbronn (Anm. 14), 129 f. Nr. 1053 f.

[68] Württembergische Landtagsakten, Bd. I, 1: 1498 - 1515, bearb. von Wilhelm Ohr und Erich Kober, Stuttgart 1913, XXV. Vgl. auch Württemberg im Spätmittelalter, Stuttgart 1985, 186 Abb. 84.

einandersetzungen zwischen Schwaben und Franken waren, wurde bereits hingewiesen.

Nicht erst seit dem 18. Jahrhundert wurde von „schwäbischer Art gesprochen [...], wo württembergische gemeint ist“[69]. Den Ruhm der Schwaben verband in der ersten Hälfte des 16. Jahrhunderts ein Marbacher Dichter Michael Mehrer mit dem Lob der württembergischen Dynastie[70], und der württembergische Chronist Sebastian Küng belegte wenig später das Herkommen des Herrschergeschlechts als *rechte eingesessne Schwaben*[71] mit einem Exkurs über das ursprüngliche Siedlungsgebiet der Schwaben.

Württemberger mußten sich als Schwaben bezeichnen lassen und haben sich selbst als Schwaben bezeichnet. Wenn die Herren Württembergs Schwaben als ihren Handlungs- und Erfahrungsraum ansahen und ebenso wie die Habsburger die schwäbische Herzogswürde anstrebten, so wollten sie personale und territoriale Identität wieder zur Deckung bringen.

IV. Das Land der Ritter und des Niederadels

In stärkerem Maße als Fürsten, Städte und Bauern beriefen sich die Mitglieder der schwäbischen Ritterschaft und des Niederadels auf das Land Schwaben und die mit ihm verbundenen Herzogstraditionen. Als „freie Schwaben“ konnten sie den unmittelbaren Bezug zu Kaiser und Reich wahren und sich gegen die Versuche der Landesfürsten, sie zu „Landsassen“ zu machen, auf Dauer wirksam behaupten. Zu den Quellen der folgenden Ausführungen ist anzumerken, daß die Einbeziehung fiktionaler literarischer

---

69 *Adolf Rapp,* Die Ausbildung der württembergischen Eigenart, in: Archiv für Kulturgeschichte 11 (1914), 196 - 240, hier 200. Für das 18. Jahrhundert vgl. *Gunter Volz,* Schwabens streitbare Musen. Schwäbische Literatur des 18. Jahrhunderts im Wettstreit der deutschen Stämme (Veröffentlichungen der Kommission für geschichtliche Landeskunde in Baden-Württemberg B 107), Stuttgart 1986, der freilich die Ausführungen von *Keller* (Anm. 20), 256 - 287 ebensowenig kennt wie die maßgeblichen Überlegungen von *Hugo Moser,* Schwäbische Vorromantik, in: *Ders.,* Kleine Schriften, Bd. 2: Studien zur deutschen Dichtung des Mittelalters und der Romantik, Berlin 1984, 231 - 244. Vgl. auch *Moser,* ebd., 257: „Für die Württemberger war die Suevia [...] ein rhetorisch schwungvoller, panegyrischer, die schwäbische Vergangenheit beschwörender Beiname für das eigene Territorium“.

70 *Gustav Bossert,* Ein unbekannter Marbacher Dichter, in: Württembergische Jahrbücher 1911, 79 - 83, hier 82 f.

71 *Ingrid Karin Sommer,* Die Chronik des Stuttgarter Ratsherrn Sebastian Küng. Edition und Kommentar (Veröffentlichungen des Archivs der Stadt Stuttgart 24), Stuttgart 1971, 27. Zum – zunächst wohl eher geringen – Stellenwert der württembergischen Staufertradition vgl. *Hofacker* (Anm. 6), 115, Anm. 208; *Mertens* (Anm. 4), 171 f.; *Ders.,* Zur frühen Geschichte der Herren von Württemberg. Traditionsbildung – Forschungsgeschichte – neue Ansätze, in: Zeitschrift für württembergische Landesgeschichte 49 (1990), 11 - 95, hier 54; *Friedrich Weigend, Bodo M. Baumunk, Thomas Brune,* Keine Ruhe im Kyffhäuser. Das Nachleben der Staufer. Ein Lesebuch zur deutschen Geschichte, Stuttgart und Aalen 1978, 14 f.

Texte, die man als „Adelsliteratur“ verstehen kann, sich zugleich als Plädoyer gegen eine beschränkte Sicht der Adelsgeschichte versteht, die adelige Werte ausschließlich aus Urkunden und Akten erheben will.

Vielleicht am Anfang des 15. Jahrhunderts, jedenfalls zwischen 1314 und 1464 entstanden ist der in sieben Handschriften überlieferte Abenteuerroman „Friedrich von Schwaben“. Er besaß „offenbar die Funktion, ein auf das staufische Stammesherzogtum zurückbezogenes Landesbewußtsein zu propagieren“[72]. Durch die märchenhafte Verbindung des Titelhelden Herzog Friedrich von Schwaben mit der feenartigen Königstochter Angelburg erhielt das zur Abfassungszeit nicht mehr existierende Haus der Herzöge von Schwaben eine geheimnisvolle Ahnfrau zugeschrieben. Da die Dynastie nicht mehr bestand, kam das so erwirtschaftete „symbolische Kapital“ des Herzogsherkommens dem schwäbischen Adel des Spätmittelalters zugute, der sich in den Medien episch-höfischer Idealität über sein eigenes Herkommen und seine Identität verständigen konnte[73].

Das vom Text entworfene Landes-Modell war das der höfischen Epik: Die Landesherren handelten im Konsens mit den Landherren, den Grafen, Rittern und Dienstmannen[74]. Ein Reflex spätmittelalterlicher Verhältnisse mag die nachdrückliche Warnung vor Landesteilungen sein, die *arm fúrsten*[75] entstehen lasse. Wiederholt lobt der Text *Von Schwauben die edel ritterschaft*[76] und ihren Mut im Kampf. Von der auch sonst in literarischen Texten wiederholt überlieferten Erzählung, wie Gerold von Schwaben das Vorstreitrecht für die Schwaben als ältester Fürst im Tal *Runtzifal* von Karl dem Großen erworben habe[77], darf wohl behauptet werden, daß sie, indem sie die Stiftung des Landes Schwaben als ritterlicher Kriegergemeinschaft beschrieb, dem schwäbischen Adel die „Stammessage“ ersetzen konnte[78]. Die Schwaben sollten aufgrund von Gerolds Sieg über die Heiden *gefreit sein ymmer,* daß niemand vor ihnen fechten solle[79].

---

[72] *Paul Sappler,* ‚Friedrich von Schwaben‘, in: Positionen des Romans im späten Mittelalter, hrsg. von Walter Haug und Burghart Wachinger, Tübingen 1991, 136 - 145, hier 136 im Anschluß an *Graf* (Anm. 7), 17 - 21. Zur Datierung ins 15. Jahrhundert vgl. *Sappler*, 144, Anm. 6. Auch Frau *Brigitte Schöning* (Berlin), der ich für die Auskunft danke, will den Text „eher um 1400 als um 1300“ ansetzen, vgl. jetzt *B. Schöning,* „Friedrich von Schwaben“. Aspekte des Erzählens im spätmittelalterlichen Versroman (Erlanger Studien 90), Erlangen 1991.

[73] *Klaus Graf,* Genealogisches Herkommen bei Konrad von Würzburg und im ‚Friedrich von Schwaben‘, in: Jahrbuch der Oswald von Wolkenstein Gesellschaft 5 (1988/1989), 285 - 295, hier 295.

[74] Vgl. *Graf* (Anm. 7), 20.

[75] Friedrich von Schwaben aus der Stuttgarter Handschrift, hrsg. von Max Hermann Jellinek (Deutsche Texte des Mittelalters 1), Berlin 1904, Vers 1641.

[76] Ebd., Vers 5673.

[77] Ebd., Vers 5741 - 5761.

[78] Zum Vorstreitrecht vgl. die bei *Maurer* (Anm. 178), 151, Anm. 150 zusammengestellte Literatur sowie *Keller* (Anm. 20), 28 - 35 und *Schöning* (Anm. 72), 142.

[79] Friedrich von Schwaben (Anm. 75), Vers 5759.

Als ein gelehrter Jurist im Streit um die Grafschaft Heiligenberg 1430 über schwäbisches Erbrecht zu gutachten hatte, bezog er sein Wissen vermutlich ganz aus Sachsenspiegel und Schwabenspiegel. Schwäbisches Erbrecht führt der Schwabenspiegel auf das Privileg Karls des Großen zurück, das dieser den Schwaben aufgrund der Tapferkeit Herzog Gerolds von Schwaben bei der Belagerung Roms zugestanden habe. Der Gutachter nennt auch das beim gleichen Anlaß verliehene Vorstreitrecht und fügt hinzu: *dise recht und andere gůte recht die hánd die Swǎbe verdient mit irer frómikait umb den Rómischen kaiser*[80]. In einer Augsburger Handschrift aus der zweiten Hälfte des 15. Jahrhunderts wird der Beginn der Anrede mit „Ihr“ auf einen Herzog Gerhard von Schwaben zurückgeführt: *Der erst menschs der dau ge yrstz ist worden haut dǎn I bǎpst zu Rom ain hertzog von Swaben hiesß Gerhart*[81]. Von dieser Stelle führt wiederum eine Querverbindung zu der Einführung der Anrede „Herr“, die an die Stelle des allgemeinen Duzens trat, durch Kaiser Julius in Lirers „Schwäbischer Chronik“. Julius gab diese *gnad und freiheit* dem Herzog Bremo (Brennus) für die Schwaben und alle Deutschen, die ihrer durch ritterliche Taten würdig seien, weiter. Beglaubigt wurde diese Fiktion durch den Verweis auf Urkunden und Briefe in der *Schwäbischen kantzeleie*[82]. Die Überlieferungen verbinden die Tapferkeit der Schwaben mit der Rechtsstiftung durch Privileg, also mit der „Freiheit“ der Schwaben, und mit dem kollektiven Achtungsanspruch, also der „Ehre“ der Schwaben. „Recht“ und „Identität“ erscheinen eng aufeinander bezogen[83].

Der Verfahrensaspekt des Rechts kam hinzu in der Erklärung, die Ritter Ulrich von Rechberg zu Hohenrechberg 1478 vor einem Schiedsgericht abgab, das seinen Streit mit Graf Eberhard d. J. von Württemberg beilegen sollte. Er wehrte sich gegen das Einholen von Zeugenaussagen hinsichtlich

---

[80] Fürstenbergisches Urkundenbuch, Bd. 6, Tübingen 1889, 298. Zu dem Prozeß vgl. zuletzt *Jürgen Weitzel,* Dinggenossenschaft und Recht. Untersuchungen zum Rechtsverständnis im fränkisch-deutschen Mittelalter, 2 Bde. (Quellen und Forschungen zur höchsten Gerichtsbarkeit im alten Reich 15), Köln/Wien 1985, 99, 1283.

[81] *Klaus-Jürgen Seidel,* Der Cgm 379 der Bayerischen Staatsbibliothek und das „Augsburger Liederbuch“ von 1454 (Diss. München), Augsburg 1972, 119.

[82] *Thomas Lirer,* Schwäbische Chronik. Mit einem Kommentar von Peter Amelung, Leipzig 1990, Bl. f 4 b. Zu der Brennus-Erzählung vgl. *Graf* (Anm. 8), 61, 71, 93; *Ders.* (Anm. 9), 172.

[83] Zu dem Erzähltyp „Privileg wird einer Gruppe für Tapferkeit verliehen“ gehören die Freiheitsüberlieferungen der Schweiz, vgl. *Marchal* (Anm. 35), 769 f.; *Ochsenbein* (Anm. 23), 327 f., und Frieslands, vgl. *Almuth Salomon,* Friesisches Geschichtsbewußtsein im Mittelalter, in: Geschichtsbewußtsein und historisch-politisches Lernen, hrsg. von Gerhard Schneider (Jahrbuch für Geschichtsdidaktik 1), Pfaffenweiler 1988, 49 - 64, hier 53ff., aber auch Traditionen von Städten, vgl. für Rottweil *Maurer* (Anm. 17), 109 f., und von Handwerkern, vgl. *Elfriede Moser-Rath,* Handwerker, in: Enzyklopädie des Märchens, Bd. 6 Lief. 2/3, Berlin/New York 1989, 472 - 481; *Klaus Graf,* Schlachtengedenken in der Stadt, in: Stadt und Krieg, hrsg. von Bernhard Kirchgässner und Günter Scholz (Stadt in der Geschichte 15), Sigmaringen 1989, 83 - 104, hier 100.

einer Angelegenheit, die den Juden Salomo von Schaffhausen betraf – sie hätten ihn nach allem schwer belastet. In einer Erwiderung führte Ulrich aus, der Beweisantrag Eberhards befremde ihn. Er wolle einen Eid über sein Verhalten ablegen. Die Sache berühre seine Ehre: *er wer ain geborner edelman und ain ritter [...] darzů ain fryer schwaub*. In einer weiteren Erwiderung wandte sich Ulrich erneut gegen die beantragte Kundschaft und argumentierte etwas ausführlicher: *darzů so wer er ain fryer edelman, ouch ain ritter, und deshalb gefryet, also dz er nit schuldig wer, die recht ze wißen. Zů dem allem so wer er ain fryer schwab, deshalb im ouch billich der schwaben fryhait sölt zůgelaßen werden, dann landkúndig wer, wie die selb fryhait verdient herkommen und gehalten wer und in sonder uf dem kaißerlichen hofgericht zů Rotwile, da das gar claurlich erfunden möcht werden und wie wol es nit ain geschriben recht wer, so wer es doch bis her also gehalten worden, darumb so wer sin hoffen, er sölt zů sinem rechten innhalt der schwaben frihait gelaßen und die zúgen, von der widerparty dargebotten nit gehört werden*[84]. Man könnte dieses eigenartige Zeugnis auf sich beruhen lassen, gäbe es nicht ein zweites zur gleichen Zeit entstandenes, das eine unerwartete Bestätigung der hier behaupteten schwäbischen Rechtspraxis liefert.

Im ersten gedruckten deutschsprachigen Kanzleihandbuch, dem „Formulare und deutsch Rhetorica", dessen Erstausgabe 1479 in Ulm erschien, findet sich ein merkwürdiger Passus über ein prozessuales Vorrecht der Schwaben, auf das bereits Paul Joachimsohn aufmerksam geworden ist. In einem freiwilligen Schiedsgerichtsverfahren soll der Beklagte, wenn ihm Brief und Siegel fehlen, sein Recht mit dem Eid dartun können. Auf die Frage, wie dieses Recht nach Schwaben gekommen sei und wem es zustehe, gibt das Handbuch die Antwort: *Die Schwaben habends gar vor vil iaren umb das römisch reich herttiklich verdienet mit irer endlicheyt und grosser frümmkeyt unnd ires blůts vil umb die und ander ir freiheyt vergossen und ist dasselb recht von römischen keysern unnd künigen von eynem an den andern ye seidher bestätiget worden unnd gebůrt an eynen yegklichen frummen freyen schwaben*[85]. Auch Ulrich von Rechberg spielte darauf an, daß allgemein bekannt sei, wie die Schwabenfreiheit „verdient" worden sei.

Eine weitere Variante für die offenbar mündlich verbreiteten Erzählungen über den Ursprung der Schwabenfreiheit findet sich bei dem 1458 gestorbenen Dichter Hermann von Sachsenheim. In der 1453 entstandenen „Mörin" heißt es im Verlauf eines Minne-Prozesses[86]:

---

[84] Hauptstaatsarchiv Stuttgart A 184 Bü 1.

[85] *Paul Joachimsohn*, Gesammelte Aufsätze, hrsg. von Notker Hammerstein, Bd. 2, Aalen 1983, 112. Zur Quelle vgl. *Franz Josef Worstbrock*, in: Die deutsche Literatur des Mittelalters. Verfasserlexikon, 2. Aufl., Bd. 2, Berlin/New York 1980, 794 f.

[86] *Hermann von Sachsenheim*, Die Mörin, hrsg. von Horst Dieter Schlosser (Deutsche Klassiker des Mittelalters NF 3), Wiesbaden 1974, Vers 1771 f. Vgl. *Jürgen Glocker,*

Hie stet der man und büt sin recht
Und spricht, er sye ain fryer Swăb.

Wenig später wird der Sachsenspiegel als *schwebschu recht* bezeichnet und die Herkunft der Schwabenfreiheit angeblich aus einer *kronnig* erzählt: Bei der Belagerung Mailands durch einen römischen Kaiser trug ein Herzog Gerung von Schwaben das Banner. Er erfocht den Schwaben den Vorstreit und *fryhait me dann gnůg*[87]. Damals seien die Gebeine der Heiligen Drei Könige nach Köln gekommen (die Überführung erfolgte 1164). Demnach sah der Autor nicht Karl den Großen, sondern Kaiser Friedrich Barbarossa als Verleiher der Schwabenfreiheit an.

Obwohl Hermann von Sachsenheim als Rat und Amtsträger in württembergischen Diensten stand, bestimmte er seine Identität nie als Württemberger, sondern stets als Schwabe. Am Ende des „Spiegel“ kehrt der Ich-Erzähler in seine Heimat zurück[88]:

ich sih gar vil der vesten
die mir sint wol bekant:
wir sint in Swabenlant
und myner heymat nach.

Schwaben war Erfahrungs- und Handlungsraum auch in einem weiteren Werk Hermanns, dem „Schleiertüchlein“. Ein Junge, der dem Ich-Erzähler begegnet, bekennt[89]:

Zu Swaben, in dem kreis,
Bin ich myn dag erczogen.

Im „Spiegel“ spielte Hermann auch einmal auf die staufische Herzogstradition an, indem er einen Vergleich mit dem Hof Herzog Konrads von Schwaben auf dem Hohenstaufen zog[90].

Wiederholt haben sich Mitglieder des schwäbischen Niederadels mit dem Argument, sie seien „freie Schwaben“, gegen landesfürstliche Bestrebungen gewehrt, sie zu „Landsässigen“ zu machen[91]. Noch in der Beschreibung des Landgerichts Höchstädt aus dem Jahr 1560 heißt es vom Schloß Altenberg

---

ritter-minne-trüwe, Untersuchungen zur ‚Mörin‘ Hermanns von Sachsenheim, Diss. Tübingen 1987, 286, 300.

87 Ebd., Vers 1850, 1857, 1865.

88 *Hermann von Sachsenheim,* Des Spiegels Abenteuer, hrsg. von Thomas Kerth (Göppinger Arbeiten zur Germanistik 451), Göppingen 1986, Vers 2628 - 2631. Weitere Schwabennennungen in den Versen 361, 387, 395, 1152 f. *(ist das der mynner sitten / zu Swaben in dem land?),* 1330.

89 *Donald K. Rosenberg,* The Schleiertüchlein of Hermann von Sachsenheim. A critical edition with introduction and notes (Göppinger Arbeiten zur Germanistik 260), Göppingen 1980, Vers 184 f. Vgl. Vers 1614 (Rückkehr nach Schwaben).

90 *Hermann von Sachsenheim* (Anm. 88), Vers 1328 - 1331.

91 *Franz Quarthal,* Landstände und landständisches Steuerwesen in Schwäbisch-Österreich (Schriften zur südwestdeutschen Landeskunde 16), Stuttgart 1980, 34, 65; *Graf* (Anm. 9), 188 mit Anm. 97; vgl. auch *Kolb* (Anm. 41), 115 Anm. 64.

des Wolf Rudolf von Westerstetten, das württembergisches Lehen war: *Soll sonnsten ain frey schwebisch Gutt sein; und ligt doch on Mittel im Lanndtgericht*[92].

Eine umfassende Zusammenstellung, wer sich in welchem Kontext auf „schwäbisches Landrecht“[93] bezogen hat, steht noch aus. Allerdings darf man bereits jetzt annehmen, daß seine Geltung sich zunehmend auf die Herrschaften des reichsunmittelbaren Adels beschränkte, nachdem Städte und Fürsten eigene Rechtskreise entwickelt hatten.

Die 1485/86 in drei Auflagen in Ulm bei Konrad Dinckmut erschienene fiktive „Schwäbische Chronik“ eines sich „Thomas Lirer“ nennenden anonymen Autors aus dem Umkreis der Grafen von Montfort kann als adeliger Diskurs über das Land Schwaben verstanden werden, der im Medium erfundener Historie und unter Verwendung höfisch-ritterlicher Traditionen Grundfragen aristokratischer Existenz diskutiert und erzählerisch bewältigt[94]. Der erst in den letzten Jahren wieder vermehrt beachtete Text, der in der „restaurativen“ Bildungswelt des schwäbischen Adels fußt, entwirft ein Landes-Modell, das ganz von der Ritterschaft als der Rechtsgemeinschaft der Landleute in Schwaben getragen wird. Die Hegemonialmächte Habsburg und Württemberg spielen keine nennenswerte Rolle. Besonders aufschlußreich ist die Episode, in der vom Beschluß des Königs und der Fürsten zu Worms berichtet wird, daß es keinen Herzog von Schwaben mehr geben soll, sondern lediglich einen Landvogt. Dieser soll, wie bisher der Herzog, auf der Veitsburg oberhalb von Ravensburg residieren und von zwölf Wahlmännern aus namentlich genannten Grafen-, Freien- und Rittergeschlechtern in Rottweil gewählt werden. Die anschließende Nachricht, der römische König habe *der schwaben recht und freiheit* bestätigt[95], erweist den Personenverband Schwaben erneut als „privilegierte“ Rechtseinheit.

Dem Anspruch, den Habsburg auf die Landvogtei Schwaben (mit Sitz auf der Veitsburg) erhob, steht in der „Schwäbischen Chronik“ ein bündisch akzentuiertes Verfassungsmodell gegenüber. Gleichzeitig wird das unterge-

---

[92] *Helmut Lausser,* Die Beschreibung des Landgerichts Höchstädt aus dem Jahre 1560, in: Jahrbuch des Historischen Vereins Dillingen 90 (1988), 485 - 659, hier 609.

[93] Vgl. die Hinweise bei *Baumann* (Anm. 37, 553 - 555), *Maurer* (Anm. 17), 227; *Graf* (Anm. 9), Anm. 92 f. Zur Gleichsetzung eines Landes mit dem Sprengel eines Landgerichts vgl. etwa *Hofacker* (Anm. 6), 73. 1479 verkauften die Grafen Ulrich und Eberhard von Württemberg die Herrschaft Lauterburg nach Recht und Gewohnheit des Lands zu Schwaben, *Norbert Hofmann,* Archiv der Freiherren von Woellwarth. Urkundenregesten 1359 - 1840 (Inventare der nichtstaatlichen Archive in Baden-Württemberg 19), Stuttgart 1991, Nr. 421.

[94] Vgl. *Graf* (Anm. 9), 171 - 174, sowie ausführlich *Ders.* (Anm. 8), 48 - 157. Zur Verortung des Verfassers im Umkreis der Linie Montfort-Tettnang zu Werdenberg vgl. zuletzt *Karl Heinz Burmeister,* Die Grafen von Montfort-Tettnang als Schloßherren von Werdenberg, in: Werdenberger Jahrbuch 4 (1991), 15 - 30, hier 27 f.

[95] *Lirer* (Anm. 82), Bl. g 2 b.

gangene Herzogtum Schwaben unter Verwendung oberschwäbischer Herzogstraditionen nach dem Muster eines spätmittelalterlichen Reichsfürstentums gezeichnet[96].

Das Thema konnte hier nicht erschöpfend behandelt werden. Ausgespart blieb beispielsweise die wichtige Rolle der Adelsgesellschaften und Ritterbünde[97]. Trotzdem lassen die beigebrachten Belege den engen Zusammenhang zwischen der personalen Identität der Adeligen, die in den Aspekten „Ehre", „Freiheit" und „Recht" in den Quellen faßbar wird, und ihrer Zugehörigkeit zu einem Land Schwaben deutlich hervortreten. Daß die Privilegierung vielfach „historisch", mit den Verdiensten der Kriegergemeinschaft Schwaben begründet wird, verweist einmal mehr auf die nicht zu unterschätzende Bedeutung der Traditionsbildung in jenem Diskurs, der regionale Identitäten entstehen läßt und aufrechterhält.

V. Das Land der Städte und Bauern

Nur gestreift werden kann das Landes-Modell der Städte. Sowohl Städteeinungen wie der bekannte „Schwäbische Städtebund" von 1376 als auch einzelne Städte wie „Schwäbisch" Gmünd haben sich auf den Schwaben-Namen berufen[98]. Die Einungen der Städte entwickelten sich im 14. Jahrhundert aus den Bemühungen um den Landfrieden in Schwaben, wobei den Reichslandvogteien Ober- und Niederschwaben besondere Bedeutung bei der Bestimmung des Geltungsbereichs dieses „Schwabens" zukam. Im Hinblick auf den Landfrieden der Reichsstädte in Niederschwaben von 1331 stellt Konrad Ruser die Behauptung auf: „Das Land kann hier als Summe von Städten interpretiert werden"[99]. Der reichspolitische Blickwinkel, unter dem die Landfrieden und bündischen Landes-Modelle der Städte bislang vornehmlich betrachtet worden sind, läßt allerdings weitergehende Aussagen zur Einbettung der Städte in ein „Land" noch nicht zu. Nicht ausgeblendet werden sollte die in Zusammenarbeit mit Rechtshistorikern zu beantwortende Frage nach dem Verhältnis zwischen den Stadtrechten bzw. dem Recht der Städtebünde und dem Landrecht.

---

96 Vgl. *Walther P. Liesching,* Die Nachkommen des Römischen Kaisers Kurio. Bemerkungen zur Heraldik in der Schwäbischen Chronik des Thomas Lirer, in: Zeitschrift für württembergische Landesgeschichte 46 (1987), 87 - 115, hier 93 - 97.

97 Die 1379 gegründete Löwengesellschaft gliederte sich z. B. in folgende Teilgesellschaften: Schwaben, Lothringen, Elsaß, Franken, vgl. *Sonja Zielke,* Die Löwen-Gesellschaft. Ein Adelsbund des 14. Jahrhunderts, in: Zeitschrift für die Geschichte des Oberrheins 138 (1990), 27 - 97, hier 39.

98 Vgl. auch *Graf* (Anm. 9), 185 f.

99 *Konrad Ruser,* Die Urkunden und Akten der oberdeutschen Städtebünde vom 13. Jahrhundert bis 1549, Bd. 1, Göttingen 1979, 473. Von diesem maßgeblichen Quellenwerk liegt inzwischen auch Bd. 2, 1988, vor. Zum Schwäbischen Städtebund vgl. zuletzt die Hinweise bei *Zielke* (Anm. 97), 47 ff.

Auf das Bekenntnis der fränkischen Reichsstadt Hall zu „Schwaben“ wurde bereits aufmerksam gemacht. Eine doppelte Orientierung brachte der gleiche Namenszusatz bei „Schwäbisch“ Gmünd zum Ausdruck: Im Blick zurück gedachte man in Gmünd um 1500 der schwäbischen Herzöge aus staufischem Haus, der Stifter der Stadt; im Blick auf die Gegenwart ordnete man sich einem Land Schwaben zu. Wenn das Einhorn, das Gmünder Stadtwappen, zur gleichen Zeit mehrmals vom staufischen Dreilöwenwappen, dem heraldischen Symbol Schwabens, begleitet war, so wurde damit die gleiche Doppelsicht auf Vergangenheit und Gegenwart bildlich umgesetzt[100].

Im Bereich der Traditionsbildung kann vornehmlich Augsburg als „Vorort“ des Landes gelten. Stadtchronisten des 15. Jahrhunderts betteten die Anfänge Augsburgs in die schwäbische Urgeschichte ein und ließen deutlich den Rang erkennen, der ihrer Ansicht nach Augsburg in Schwaben zukam. Die „Chronik von der Gründung der Stadt Augsburg bis zum Jahr 1469“ schreibt anläßlich der Verleihung des dritten Namens an Augsburg durch Octavian: *Augusta ist als vil als ain mererin des reichs und freyet die stat als ain hauptstat solt sein in Swaben*[101]. Akzeptiert wurde das von Augsburg ausgehende Schwaben-Herkommen beispielsweise in einer Chronik des Klosters Kempten aus dem Umkreis des Johannes Birk, in der ein Tyrann Sevinus mit seinen Leuten, den Sevi (den Wilden) oder Schwaben, die Stadt Augsburg und anschließend die Vorläuferin der Stadt Kempten erbaute[102].

Bäuerliche Landes-Modelle aus dem Bauernkrieg 1525, Entwürfe für eine neue politische Ordnung auf der Basis regionaler Bünde, wiesen keinen Bezug auf die von den „Herren“ beanspruchte Einheit Schwaben auf[103]. Die oben erwähnte Konfrontation der bäuerlichen Schweiz und des „adeligen“ Schwaben ließ vielmehr den Begriff der „Schweiz“ zum Inbegriff bäuerlicher Wunschvorstellungen werden[104]. Dieser negative Befund darf jedoch nicht dazu verleiten, der Berufung auf Schwaben jegliche Bedeutung im ländlichen Raum und bei einfachen Leuten abzusprechen. Erinnert sei an die bereits erwähnten Herzogstraditionen um den Hohenstaufen und an die

---

[100] *Graf* (Anm. 7), 30, 72.

[101] Die Chroniken der deutschen Städte 4 (1865), 287; vgl. zur Sache zusammenfassend *Karl Schnith,* Mittelalterliche Augsburger Gründungslegenden, in: Fälschungen im Mittelalter, Bd. 1 (Monumenta Germaniae Historica. Schriften 33, I), Hannover 1988, 497 - 517, mit Hinweis auf hochmittelalterliche Ursprünge der Schwaben-Traditionen.

[102] *Graf* (Anm. 9), 186; zu Birk vgl. auch *Ders.* (Anm. 8), 220. *Suevi (quasi saevi)* findet sich schon bei Adalbert von Augsburg um 1200, vgl. *Schnith* (Anm. 101), 504.

[103] Nachweise bei *Graf* (Anm. 9), 185.

[104] Vgl. die Hinweise bei *Rolf Köhn,* Der Hegauer Bundschuh (Oktober 1460) – ein Aufstandsversuch in der Herrschaft Hewen gegen die Grafen von Lupfen, in: Zeitschrift für die Geschichte des Oberrheins 138 (1990), 99 - 141, hier 125 f.; *Maurer* (Anm. 32), 38 f. Zu der Prophetie, daß ein namentlich bezeichneter Berg dereinst zur Schweiz gehören werde, vgl. *Marchal* (Anm. 35), 764 Anm. 23.

Nachbarschaftskonflikte der Gemeinden am Lech. Ebensowenig darf man annehmen, daß die Beschimpfungen, die etwa Schweizer und Schwaben sich gegenseitig zugedacht haben, auf die jeweiligen Oberschichten beschränkt geblieben sind.

VI. Das Land der Humanisten

Obwohl die „Heimatliebe“ und das „Stammesgefühl“ der Humanisten als allgemein bekannt gelten, liegt eine vergleichende moderne Studie zu dem Problem nicht vor. Sie müßte sich vor allem von älteren Klischees freimachen und genauer danach fragen, wie sich die Auffassungen der Humanisten zu tradierten und zeitgenössischen Landes-Modellen verhielten und welcher Stellenwert der Wiederentdeckung der antiken Quellen und Gattungen tatsächlich zukam. Im folgenden können die Zusammenhänge nur knapp skizziert werden.

Oben wurde auf die zentrale Bedeutung des Vorstreitrechts für die schwäbische Ritterschaft hingewiesen. Dieter Mertens hat die Schriften des Tübinger Poeten Heinrich Bebel auf ihren Stammespatriotismus befragt und die beiden Grundwerte Treue und Tapferkeit als „Kurzformel eines gentilen Selbstverständnisses“ bezeichnet, aus dem sich sehr viele Vorstellungen Bebels ableiten ließen[105]. Das von Bebel wiederholt erwähnte schwäbische Vorstreitrecht bestätige „ihm die Richtigkeit und fortdauernde Gültigkeit des antiken Lobs schwäbischen Kriegertums“[106]. Mertens macht auch auf den „Zusammenhang zwischen Humanismus und Wehrwesen“[107] aufmerksam, der sich an der Häufigkeit der Devise *pro patria mori* ablesen lasse. Wenn Bebel das Vaterland Schwaben als Kriegergemeinschaft entwarf, so übertrug er lediglich ein vorhandenes Landes-Modell in den humanistischen Diskurs. Der legitimierende Ursprung lag nun nicht mehr in der Zeit Karls des Großen oder Barbarossas, sondern in der Antike. Die für die Dreizehnerstube des Straßburger Rathauses bestimmte „Freiheitstafel“ Sebastian Brants begründete die Freiheit der Schwaben mit der traditionell bei Augsburg lokalisierten Varusschlacht. Zu Augsburg seien drei Legionen erschlagen worden, *die der freyen Schwaben Fryheit / wolten keren in dienstbarkeit*[108]. Wie in den oben besprochenen Zeugnissen wurde

---

105 *Mertens* (Anm. 4), 166 f.

106 Ebd., 167. Zahlreiche Belege zum schwäbischen Patriotismus aus historischen Schriften von Humanisten sind gesammelt bei *Hans Tiedemann,* Tacitus und das Nationalbewußtsein der deutschen Humanisten Ende des 15. und Anfang des 16. Jahrhunderts, Diss. Berlin 1913. Zum Vorstreit vgl. ebd., 128.

107 *Mertens* (Anm. 4), 170.

108 Das Narrenschiff von Dr. Sebastian Brant nebst dessen Freiheitstafel, hrsg. von Adam Walther Strobel, Quedlinburg und Leipzig 1839, 308. Zur Freiheitstafel vgl. demnächst ausführlich die Habilitationsschrift von *Joachim Knape* über Sebastian

die Schwabenfreiheit auf die Tapferkeit der Vorfahren zurückgeführt. Wenn eine Augsburger Chronik *sterck und keckhait* der Schwaben rühmt[109], so mag man sich darüber streiten, ob das Lob lediglich als Fortsetzung älterer Traditionen zu werten ist oder ob es als Rückgriff auf Meisterlin bereits „frühhumanistische Züge" trägt. Jedenfalls wird man behaupten dürfen, daß der humanistische Gentilpatriotismus stärker auf älteren und zeitgenössischen Landes-Modellen fußte, als man gemeinhin anzunehmen geneigt ist.

Mit dem Rückgriff auf die *gentes* der Antike votierten die Humanisten nicht unbedingt gegen die im Rahmen dieser Einheiten inzwischen entstandenen Territorialstaaten. Allerdings mußte der Name Württemberg aus der historischen Langzeitperspektive der Humanisten und unter ihrer kaum angezweifelten Kontinuitätsprämisse[110], die sich auf die Namensidentität stützte, nicht nur Bebel als *nomen privatum* erscheinen[111], das ein Defizit an „öffentlichrechtlicher" Dignität aufwies. Die Spannung zwischen dem Land Schwaben und den Territorien, die oben besprochen wurde, wiederholte sich unter dem Vorzeichen der Kontinuität der *gens Suevorum* im humanistischen Diskurs.

Auch im Medium der Historiographie und der sich aus ihr unter dem Einfluß des ethnographischen Modells der „Germania" des Tacitus und der Schriften des Enea Silvio entwickelnden Landesbeschreibung wurde Schwaben und nicht etwa Württemberg zum Darstellungsgegenstand. Die geradezu panegyrische Züge annehmende Schwabenbegeisterung des in Augsburg wirkenden Benediktiners Sigismund Meisterlin, des in Ulm lebenden Dominikaners Felix Fabri und des Tübinger Juristen Johannes Naukler ist wiederholt beschrieben worden[112]. Im 16. Jahrhundert war eine mehr oder minder ausführliche Erörterung des Themas „Suevia" – oder wenigstens ein entsprechendes Projekt – geradezu eine Pflichtübung in humanistischen Kreisen. Daß die „Annales Hirsaugienses" des Trithemius 1535 als *Historia de gestis Suevorum ducum* bezeichnet werden konnten, mag die anhaltende Faszination des Gegenstands schlaglichtartig beleuchten[113].

Brant. Zur Sache vgl. *Tiedemann* (Anm. 106), 130 und *Jacques Ridé,* L'image du Germain dans la pensée et la littérature allemandes de la redécouverte de Tacite à la fin du XVIème siècle, Bd. 1, Lille/Paris 1977, 471 ff.

[109] Die Chroniken (wie Anm. 101), 279. Vgl. auch den Hinweis auf die historische Begründung der Schwabenfreiheit durch Meisterlin bei *Schreiner* (Anm. 5), 20, und die bei *Keller* (Anm. 20), 56, Anm. 1 wiedergegebene Äußerung Meisterlins, daß sich die Schwaben die Freiheit als besondere Ehre anrechneten.

[110] Vgl. *Günter Cordes,* Die Quellen der Exegesis Germaniae des Franciscus Irenicus und sein Germanenbegriff, Diss. Tübingen 1966, 122.

[111] *Mertens* (Anm. 4), 166, Anm. 71, 171.

[112] Vgl. ausführlich *Helmut Binder,* Descriptio Sueviae. Die ältesten Landesbeschreibungen Schwabens, in: Zeitschrift für württembergische Landesgeschichte 45 (1986), 179 - 196. Von der älteren Literatur ist zu nennen: *Keller* (Anm. 20), 63 - 71, 74 f.; *Schmidt* (Anm. 21).

Den räumlichen Umfang von Schwaben bestimmten die Humanisten überaus uneinheitlich: teils orientierte er sich an Vorstellungen über das antike Siedlungsgebiet der Sueben und konnte somit ganz Deutschland abdecken, teils wurde er von dem vermeintlichen Umfang des einstigen Stammesherzogtums bestimmt. Die Zugehörigkeit der Schweiz war strittig[114]. Was den Humanisten Schwaben war, wurde im gelehrten Diskurs und in Auseinandersetzung mit den zeitgenössischen und überkommenen politischen und unpolitischen Landes-Modellen ausgehandelt. Volkskundliche „Feldforschung“ darf man von den gelehrten Ethnographen nicht erwarten. Wenn Franciscus Irenicus aus Ettlingen das fränkische Maulbronn *Sueviae monasterium* nennt[115], so widerspricht das allem, was man über die „wirklichen“ Stammesgrenzen zu wissen glaubt.

Auf ein neu aufgefundenes aufschlußreiches Geschichtswerk, eine „schwäbische“ Reichsgeschichte aus dem ersten Jahrzehnt des 16. Jahrhunderts, sei wenigstens kurz hingewiesen. Der nur in einer unvollständigen Wiener Handschrift überlieferte Text wurde von Gertrud Blaschitz ediert[116] und konnte von Felix Heinzer aufgrund des paläographischen Befundes dem vor allem durch seine Chronik der Abtei Reichenau bekannten Kleriker Gallus Öhem († 1522) zugeschrieben werden: „Öhem ist Schreiber der Handschrift, und dies bedeutet angesichts des autographen Charakters des Werks, daß er auch der Autor der Chronik ist“[117]. Schwaben ist bei Öhem die Bezugsgröße einer genealogisch-dynastisch aufgefaßten Geschichte des Reichs und der schwäbischen Herzöge. Er schrieb zu *loub und eren dem Schwaben land*[118]. Zwar exzerpierte Öhem aus seinen hochmittelalterlichen Quellen auch Ereignisse, die Orte Schwabens betrafen, doch stand für ihn

113 Martin Frecht erkundigte sich bei Ambrosius Blarer am 9. 10. 1534 für einen Ungenannten (den Ulmer Bürgermeister Georg Besserer?), der eine Geschichte Schwabens und Deutschlands verfassen wollte, nach der Handschrift „De rebus Suevorum et Germanorum“, Briefwechsel der Brüder Ambrosius und Thomas Blaurer 1509 - 1548, bearb. von Traugott Schieß, Bd. 1, Freiburg i.Br. 1908, 580 f., vgl. ebd., 700. Blarer gab die Bitte an Theodor Reysmann in Hirsau weiter, der am 17. 2. 1735 gegenüber Grynaeus über Blarer sagte: *Historiam de gestis Suevorum ducum petivit*, *Gustav Bossert*, in: Zeitschrift für die Geschichte des Oberrheins NF 23 (1908), 713. Zu weiteren Arbeiten und Projekten vgl. *Graf* (Anm. 9), Anm. 109; *Schmidt* (Anm. 21), 72.

114 *Binder* (Anm. 112), 194 f.

115 Vgl. *Cordes* (Anm. 110), 89.

116 *Gertrud Blaschitz*, Eine ‚Deutsche Chronik‘ eines Anonymus aus dem Umkreis des Klosters Reichenau. (Codex 2927 der Österreichischen Nationalbibliothek), Diss. masch. Wien 1983. Zur Datierung und Interpretation des Textes vgl. *Graf* (Anm. 9), 174 - 178.

117 *Felix Heinzer*, Die Reichenauer Inkunabeln der badischen Landesbibliothek in Karlsruhe. Ein unbekanntes Kapitel Reichenauer Bibliotheksgeschichte, in: Bibliothek und Wissenschaft 22 (1988), 1 - 127, hier 48. Zu Öhem als Buchbesitzer vgl. ebd., 32 - 49. Zu Öhem vgl. zusammenfassend *Eugen Hillenbrand*, in: Verfasserlexikon (Anm. 85), Bd. 7 (1989), 28 - 32.

118 *Blaschitz* (Anm. 116), 120.

die blutsmäßige ‚Vernetzung‘ der deutschen Herrscher von Karl dem Großen bis zu den Staufern im Vordergrund. „Deshalb wird er nicht müde, seinen Lesern immer wieder nahezubringen, wie segensreich es sich in der Geschichte des Reichs ausgewirkt habe, daß dessen Herrscher aus schwäbischen Adels- und Herzogsgeschlechtern abstammten oder mit diesen versippt, verwandt oder verschwägert waren“[119].

Öhem, dem humanistische Interessen nicht abgesprochen werden können[120], steht wie die meisten Humanisten bei der Beurteilung des Konflikts Kaiser Friedrichs II. mit dem Papst auf der Seite des Staufers, den er als Kirchenreformer in Schutz nimmt[121]. In der humanistischen Staufertradition verband sich die Wertschätzung der durch die Staufer bewirkten einstigen nationalen Größe und hegemonialen Macht mit schwäbischen Herzogsüberlieferungen. Die Verbindung von Stauferbegeisterung und schwäbischem Patriotismus war bei Heinrich Bebel besonders ausgeprägt[122]. Einem lokalen Traditionszentrum, dem Kloster Lorch mit seinen Staufergräbern, widmete er ein „Epitaphium ducum Sueviae“, das von den stolzen Mönchen neben der älteren Stiftertafel aufgehängt wurde[123].

Die Diskussion um Schwaben wurde jedoch nicht nur in Büchern ausgetragen. Den Humanisten ging es nicht allein um die einstige Größe des schwäbischen Volkes, sondern auch um das „gelehrte Schwaben“ ihrer Gegenwart. Indem sie die *gens* der Schwaben als eine durch Freundschaft und Treue zusammengehaltene Lebensgemeinschaft entwarfen, aktivierten sie landsmannschaftliche Solidaritäten, wie sie etwa an den Universitäten seit langem bekannt waren.

Besondere Aufmerksamkeit verdient die Fehde von Humanisten des Elsasses mit solchen aus Schwaben, die von den Beteiligten als landsmannschaftlicher Konflikt begriffen wurde. Sie läßt sich gut anhand des von Otto Herding und Dieter Mertens edierten Wimpfeling-Briefwechsels verfolgen[124]. Bereits 1499 tadelte Jakob Wimpfeling die Sprache der in das Elsaß

---

119 *Schreiner* (Anm. 5), 22.

120 Vgl. *Heinzer* (Anm. 117), 44.

121 *Blaschitz* (Anm. 116), 495 f.

122 Vgl. *Mertens* (Anm. 4), 169 f.

123 Vgl. Christian Tubingius Burrensis Coenobii Annales. Die Chronik des Klosters Blaubeuren, hrsg. von Gertrud Brösamle (Schriften zur südwestdeutschen Landeskunde), Stuttgart 1966, 76, 78, mit *Georg Wilhelm Zapf,* Heinrich Bebel nach seinem Leben und Schriften, Augsburg 1802, Nachdruck Leipzig 1973, 232 f. Bebels Lorcher Texte sind auch handschriftlich überliefert und zwar anonym in den bei *Klaus Graf,* Kloster Lorch im Mittelalter, in: Lorch. Beiträge zur Geschichte von Stadt und Kloster, Bd. 1, Lorch 1990, 39 - 95, hier 78, Anm. 45 f. genannten Handschriften. Zur Lorcher Staufertradition vgl. ebd., 75 - 79.

124 *Jakob Wimpfeling,* Briefwechsel, hrsg. von Otto Herding und Dieter Mertens, Bd. 1 - 2, München 1990, 937 (Register s. v. „Schwaben“). Vgl. zuvor schon *Otto Herding,* Ein schwäbischer Gelehrtenkatalog des frühen 16. Jahrhunderts, in: Aus der

gezogenen Schwaben, eine Kritik, die er 1503 mit einer Klage über die stilistische Barbarei der schwäbischen Kleriker noch verstärkte. Als Wimpfelings Ansichten publik wurden, erregte das in Freiburg und Tübingen einen Entrüstungssturm, da man die Ehre aller Schwaben angegriffen sah. Sogar zu Handgreiflichkeiten kam es, als eine *magna Suevorum caterva*[125] den Elsässer Philesius überfiel. Wimpfeling sah sich genötigt, der Universität Freiburg im Dezember 1505 offiziell mitzuteilen, er werde nichts *contra nationem Suevicam* veröffentlichen[126]. In diesem Brief und in zwei anderen beteuerte Wimpfeling seine enge Verbundenheit mit den Schwaben. Auch Heinrich Bebel, der sich aufgrund des in Tübingen aufgekommenen *rumor* an Wimpfeling gewandt hatte[127], versuchte den Elsässer in diesem Sinne zu besänftigen. 1505/1506 verfaßte Wimpfeling eine ausführliche Ehrenerklärung für die Schwaben, der er einen von Albertus Magnus bis zur Gegenwart reichenden schwäbischen Gelehrtenkatalog beifügte. Die „Epistula excusatoria ad Suevos“ erschien als Dokumentation zum Streit mit Beiträgen weiterer elsässischer Humanisten im Jahr 1506 bei einem Straßburger Drucker.

Hintergrund des Konflikts waren nicht auf den universitären Bereich beschränkte soziale Spannungen zwischen den angestammten Bewohnern des Elsasses und vor allem aus Schwaben stammenden Einwanderern aller Schichten[128]. Insbesondere die massenhaft in das Elsaß gekommenen niederen Kleriker aus Schwaben, beinahe ein „Klerikerproletariat“, gaben mit ihrer ungenügenden Bildung, ihren befremdlichen Sprachformen und ihrer landsmannschaftlichen Gruppenbildung Anlaß zur Kritik: „Wenn es ging, suchten die Schwaben andere Schwaben auf und bildeten eine Gruppe, die um so mehr auffiel. In Oberkirch zum Beispiel waren alle Priester, deren Herkunft wir kennen, Leutpriester oder Helfer, Schwaben, außer einem Bayern und einem Franken“[129]. Ein sozialer Gegensatz lag also einem landsmannschaftlichen Konflikt zugrunde und dieser wiederum einem Gelehrtenstreit.

Wimpfelings Erklärung gegenüber der Freiburger Universität, er wolle nicht gegen die schwäbische *natio* schreiben, läßt an den universitären Nationen-Begriff, an die landsmannschaftlichen Organisationen der Stu-

---

Arbeit des Archivars. Festschrift für Eberhard Gönner, hrsg. von Gregor Richter, Stuttgart 1986, 311 - 325. Wegen des Textzusammenhangs der „Epistula excusatoria ad Suevos“ und als Textsammlung ist nach wie vor heranzuziehen: *Wilhelm Crecelius,* Jakob Wimpfeling und die Schwaben, in: Alemannia 12 (1884), 44 - 58.

[125] *Wimpfeling* (Anm. 124), 516 Anm. 6.

[126] Ebd., 518 - 520.

[127] Ebd., 526.

[128] *Herding* (Anm. 124), 312 f. mit Literatur.

[129] *Francis Rapp,* Der Klerus der mittelalterlichen Diözese Straßburg unter besonderer Berücksichtigung der Ortenau, in: Zeitschrift für die Geschichte des Oberrheins 137 (1989), 91 -104, hier 101.

denten denken. An die Universität hat Wimpfeling sein Dementi nicht zuletzt deshalb gerichtet, weil das Gerücht einen wichtigen Teil der Studentenschaft, nämlich die Schwaben an der nicht-schwäbischen Universität Freiburg betraf. Zu ihrem Wortführer hatte sich Jakob Locher aufgeschwungen, den Wimpfeling mit dem Brief anzuschwärzen versuchte.

Für die mittelalterlichen Universitäten hat Rainer Christoph Schwinges auf die „landsmannschaftliche Infrastruktur, die immer wieder für neuen Zuzug aus den entfernteren Gebieten sorgte“[130], nachdrücklich hingewiesen. Dem „Kompatriotismus“ des Herkunftsortes oder der Herkunftsregion kam eine erhebliche Bedeutung bei der Ausbildung der universitären (und außeruniversitären) Beziehungsnetze und Patronageverbände zu. Die universitären Landsmannschaften organisierten sich nicht selten in eigenen Bursen. So ist etwa in Heidelberg seit 1423 die *bursa Suevorum* bezeugt, die noch 1546 als *Schwabenbursch* erscheint[131]. Wenn sich die Humanisten in ihren gelehrten Gesellschaften und in ihren Freundschaften an den *gentes* und einer gentil verstandenen *patria* orientierten, setzten sie damit lediglich die im Bildungswesen seit langem gängige Praxis landsmannschaftlicher Vereinigungen fort. Das Landes-Modell, das Schwaben als Gelehrtengemeinschaft entwarf, erweist sich so als eigenständige Variante eines älteren Modells, das landsmannschaftliche Verbundenheit in der Fremde herzustellen vermochte und das nicht nur im Bildungswesen wirksam gewesen sein dürfte.

Noch ein weiterer Aspekt tritt in der besprochenen Fehde hervor: Das Land als Gelehrtengemeinschaft war zugleich eine Sprachgemeinschaft – auch hinsichtlich der lateinischen Sprache. Vor allem Heinrich Bebel, der Zeitkritik vor allem als Sprachkritik verstand und sich intensiv um eine reinere Latinität bemühte, mußte empfindlich reagieren, wenn vermeintlich allen Schwaben „schwäbisches Latein“[132] vorgeworfen wurde. Daneben war die Muttersprache der Schwaben Gegenstand humanistischen Spottes: Konrad Celtis verglich das Schwäbische mit dem Geräusch des Nußknakkens[133].

Erasmus von Rotterdam kritisierte in seiner Schrift über die Fürstenerziehung die verwandtschaftlichen Beziehungen der Fürstenhäuser zum Aus-

---

[130] *Rainer Christoph Schwinges,* Deutsche Universitätsbesucher im 14. und 15. Jahrhundert. Studien zur Sozialgeschichte des Alten Reiches (Beiträge zur Sozial- und Verfassungsgeschichte des Alten Reiches 6), Wiesbaden 1986, 259; vgl. auch ebd., 418, 420 mit Anm. 29 (Literatur), 494.

[131] *Gerhard Ritter,* Die Heidelberger Universität. Ein Stück deutscher Geschichte, Bd. 1: Das Mittelalter (1386 - 1508), Heidelberg 1936, 393, Anm. 2 (Anführer Peter von Blaubeuren), 494 (1546), 395 mit Anm. 1. Für die Niederrheiner war die nur 1462 belegte *bursa Coloniensis* zuständig (ebd., 393, Anm. 2).

[132] Vgl. *Keller* (Anm. 20), 154 und die bei *Graf* (Anm. 7), 111, Anm. 64 genannten Titel.

[133] *Keller* (Anm. 20), 152 f.

land und zu fernen Nationen mit dem Argument, daß gemeinsame Herkunft und Vaterland *(genus et patria)* sowie eine Art gemeinsamer *genius* das Entstehen von Zuneigung zwischen den Partnern fördere. Wo die Natur den Grund zu wechselseitiger Liebe gelegt habe, da solle man sie auch vermehren[134]. Den Genius des Landes, der sein geistiges Leben und die literarische Produktion bestimmte, sahen die Humanisten, älteren Vorstellungen folgend, in Abhängigkeit von der Landesnatur. In einem Brief an Heinrich Bebel hoffte 1515 der Ravensburger Gelehrte Michael Hummelberger, daß Bebels Schriften auch den Italienern zusagen würden und diese erkennen ließen, daß die Schwaben, obwohl unter rauherem Himmel geboren, an *ingenium* und Wissenschaft nicht zurückstünden[135].

Es erscheint also als eine müßige Frage, ob die Konzeption Schwabens als Vaterland im Gründungsmandat des Schwäbischen Bundes auf den humanistischen *patria*-Gedanken zurückzuführen sei oder ob umgekehrt die Humanisten politische Entwicklungen der Gegenwart in ihren Diskurs einbezogen haben. Die Humanisten lebten nicht auf einer Insel. Wenn sie sich auf Schwaben beriefen, so befanden sie sich dabei in der guten Gesellschaft von Fürsten, Adeligen, Bürgern und Bauern.

VII. Bemerkungen zum Landesbegriff Otto Brunners

Den Ertrag des Abschnitts „Das Wesen des Landes“ in seinem epochalen Werk „Land und Herrschaft“ resümiert Otto Brunner so: „Überblickt man die hier vorgeführten Bedeutungen von terra, provincia, Land, so ergibt sich eindeutig ein bestimmter Sinn. Es sind Gerichtsbezirke, in denen Landrecht gesprochen wird, in denen eine Landesgemeinde vorhanden ist. Landesgemeinde und Landrecht erscheinen als Wesensmerkmale des ‚Landes‘“[136]. Den Begriff der Landesgemeinde bestimmt er wenig später: „Die Landesgemeinde ist die landrechtliche Rechtsgenossenschaft“[137]. An anderer Stelle, nämlich in dem Abschnitt „Grundzüge der Landesverfassung“, formuliert er über die „Struktur des Landes“: „Es stellt eine Rechts- und Friedensgemeinschaft dar, die durch ein bestimmtes Landrecht geeint ist“[138]. Bezeich-

134 *Erasmus von Rotterdam,* Fürstenerziehung. Institutio Principis Christiani. Die Erziehung eines christlichen Fürsten, hrsg. von Anton J. Gail, Paderborn 1968, 146 f.; vgl. *Schreiner* (Anm. 5), 25.

135 *Adalbert Horawitz,* Analecten zur Geschichte des Humanismus in Schwaben (1512 - 1518), in: Sitzungsberichte der Philos.-Hist. Classe der kaiserl. Akademie der Wissenschaften 86 (1877), 217 - 278, hier 267: *ut et Romani Sueuis alioqui duro sub sidere natis et ingenia et literas non deesse cognoscant.* Eher scherzhaft Hummelberger an Thomas Anshelm 1513 (ebd., 240): *Scribe, quid Suevicae Alpes parturiant.*

136 *Otto Brunner,* Land und Herrschaft. Grundfragen der territorialen Verfassungsgeschichte Österreichs im Mittelalter, 5. Aufl., Wien 1965, Nachdruck Darmstadt 1984, 194.

137 Ebd., 194 f.

138 Ebd., 234.

nend ist, daß der Begriff „Land“ in zwei verschiedenen Argumentationszusammenhängen identisch bestimmt wird. Die ersten beiden Zitate setzen das „Wesen“ des Landes mit der „Bedeutung“ bzw. dem „Sinn“ des Quellenbegriffes „Land“ (mit seinen Termini *terra, provincia, lant*) gleich, während das dritte Zitat eine verfassungsgeschichtliche Beschreibung bietet, „Land“ also als Forschungsbegriff verwendet. Begriffsgeschichte und Verfassungsgeschichte fallen für Brunner hinsichtlich des „Landes“ also zusammen. Ein Teil der Irritation, die von Brunners Buch ausgegangen ist, resultiert sicher aus dieser Vermischung des Quellen- und des Forschungsbegriffes „Land“, die in wichtigen Kontexten unzulässig und irreführend ist.

Daß Brunner sich Länder ohne Landesherren vorstellen konnte, haben ihm seine Kritiker besonders verübelt. Zu unrecht: Nicht jedes mit der Quellenbezeichnung *lant* verbundene Verfassungs-Modell entspricht dem in der deutschen landesgeschichtlichen Forschung lange Zeit beliebten „Idealtyp“ des spätmittelalterlich-frühneuzeitlichen Territorialstaats, der angeblich ausschließlich von kraftvoll zupackenden Dynasten geschaffen wurde. Die „Länder“ der schweizerischen Eidgenossenschaft sind in diesem Sinn keine „wirklichen“ Länder. Gleiches gilt für die „Länder“ in epischen Texten des Mittelalters, bei denen es sich um literarische Fiktionen handelt[139]. Wie steht es aber mit Schwaben, das doch in spätmittelalterlichen Quellen unbestritten als „Land“ bezeichnet wird? Brunner spricht Schwaben und ähnlichen Ländern eine „ideelle Existenz“ zu und macht das „Funktionieren“ der Genossenschaft zum Kriterium für die Existenz eines „wirklichen“ Landes: „Fehlt diese Landesgemeinde, funktioniert sie nicht mehr, dann existiert das Land nur mehr ideell“[140]. Das Land brauche zwar keinen Landesherrn, bedürfe aber, „um tatsächlich zu funktionieren, eines Leiters seiner Gerichtsversammlungen und eines Führers im Krieg“[141]. An anderer Stelle: Das Land „existiert faktisch in seinem tatsächlichen rechtlichen Handeln, indem es funktioniert und das in ihm geltende Landrecht übt“. Länder, „die nicht mehr Genossenschaften sind“, seien „nur noch ideell vorhanden als Gebiet tatsächlich einheitlichen Landrechts“[142].

Wird das spätmittelalterliche Schwaben durch diese Festlegung tatsächlich von den „wirklichen“ Ländern getrennt? Ohne einer Überschätzung der realen politischen Bedeutung der hier besprochenen Landes-Modelle das Wort reden zu wollen, wird man zumindest für den Schwäbischen Bund annehmen dürfen, daß seine Institutionen, die das Zusammenspiel des Kai-

---

139 Vgl. die Hinweise bei *Graf* (Anm. 8), 102.
140 *Brunner* (Anm. 136), 195.
141 Ebd., 235.
142 Ebd., 236.

sers als Landesherrn und der schwäbischen Stände organisieren sollten, tatsächlich „funktioniert“ haben. Ist der lockere Zusammenhang, der die Stände des Schwäbischen Bundes verband, tatsächlich etwas ganz anderes als die losen Bindungen der Glieder des Reichs oder der Schweizer Eidgenossenschaft untereinander[143]? Ist das zähe Festhalten der Schweizer an ihrer Reichszugehörigkeit grundsätzlich anders zu werten als die Berufung der schwäbischen Stände auf ein Land Schwaben?

Die Frage nach der Grenze zwischen „Ideal“ und „Wirklichkeit“ ist falsch gestellt. Es gilt vielmehr, das Wechselspiel zwischen handlungsleitenden Landes-Modellen und interessegeleitetem politischem Handeln für jedes einzelne Untersuchungsgebiet möglichst genau zu beschreiben. Die Verfassungsgeschichte kann dabei auf die Ideen- und Begriffsgeschichte nicht verzichten, sofern sie den Handlungsbegriff überhaupt ernst nimmt[144]. Der Zugang zu politischen Konzeptionen über die Quellenbegriffe, wie er in Brunners Behandlung des Landesbegriffs paradigmatisch durchgeführt wurde, erschließt einen zentralen Bereich der historischen Wirklichkeit, der nicht einfach mit dem beliebten Argument ausgeklammert werden kann, der empirische Quellenbefund spreche nun einmal für eine „nackte Interessenpolitik“[145] und Landes-Modelle seien allenfalls „vorstellungsgeschichtlich“ oder für die Literaturwissenschaft[146] von Interesse. Es fragt sich nämlich, ob „machiavellistische“ Modelle nicht anachronistische Vorannahmen in vormoderne Verfassungsverhältnisse zurückprojizieren[147].

Max Weltin hat jüngst eine modifizierte Definition von Brunners Forschungsbegriff des Landes vorgelegt: „Das Land ist ein Personenverband, das heißt, die Interessengemeinschaft einer Anzahl adeliger lokaler Machthaber mit der von ihnen als übergeordnet anerkannten Instanz des Landesherrn“[148]. Seinem Umfang nach ist das Land für Weltin „die Summe der

---

143 Vgl. *Mommsen* (Anm. 37), 30.

144 Vgl. auch *Graf* (Anm. 8), 215 f.

145 *Michael Margue* und *Michel Pauly,* Luxemburg vor und nach Worringen. Die Auswirkungen der Schlacht von Worringen auf die Landesorganisation sowie die Territorial- und Reichspolitik der Grafen von Luxemburg, in: Jahrbuch für westdeutsche Landesgeschichte 16 (1990), 111 - 174, hier 174.

146 Auf den wichtigen Beitrag von *Fritz Peter Knapp,* Süddeutsche Literaturlandschaften in der zweiten Hälfte des 13. Jahrhunderts. Ein Versuch ihrer Abgrenzung, in: Festschrift für Ingo Reiffenstein zum 60. Geburtstag, hrsg. von Peter K. Stein, Andreas Weiss, Gerold Hayer (Göppinger Arbeiten zur Germanistik 478), Göppingen 1988, 425 - 442, sei nachdrücklich aufmerksam gemacht. Knapp konstatiert, daß die Autoren des 13. Jahrhunderts nicht in Territorien, sondern in „Ländern“ (im Sinne Brunners) gedacht haben, und versucht diesen Befund für die Klassifikation literarischer Texte unter regionalem Aspekt nutzbar zu machen.

147 Vgl. hierzu ausführlicher *Graf* (Anm. 8), 100 - 106.

148 *Max Weltin,* Der Begriff des Landes bei Otto Brunner und seine Rezeption durch die verfassungsgeschichtliche Forschung, in: Zeitschrift der Savigny-Stiftung für Rechtsgeschichte. Germanist. Abt. 107 (1990), 339 - 376, hier 371.

Machtbereiche" der Grafen, Edelfreien und Ministerialen[149]. Weltins Modell, das er als „Strukturprinzip des mittelalterlichen Landes" schlechthin ausgibt[150], kann jedoch, soweit es sich auf den Landesbegriff Brunners beruft, nur als Verfälschung der Anliegen Brunners verstanden werden. Von „Recht" oder „Genossenschaft" ist in der Definition nicht mehr die Rede, sondern von „Interessen" und „Macht". Bauern, Bürger und Prälaten haben an Weltins „Land" keinen Anteil, und Länder ohne Landesherrn kann es per definitionem nicht geben.

Wilhelm Janssen hat bekannt, die Frage nach der Bedeutung von *terra* und „Landrecht" gehe „an den Nerv der spätmittelalterlichen und frühneuzeitlichen Verfassungsgeschichtsforschung"[151]. Wenn hier – gegen Weltin – daran festgehalten werden soll, daß das Landrecht eine zentrale Kategorie mittelalterlicher Landes-Modelle darstellt, so wird damit weniger ein empirischer als ein begrifflicher Zusammenhang behauptet. Genossenschaftlich organisierte Landesmodelle setzen ein Recht der Genossenschaft voraus. Hinsichtlich des Quellenbegriffs Landrecht hat bereits Otto von Gierke festgestellt: „Auch als statt der alten Benennung nach dem Volk (Volksrecht, leges populorum, lex Alamannorum u. s. w.) die Bezeichnung ‚Landrecht' für das gemeine Recht aufkam, war damit noch nicht ein eigentliches Recht des Landes im heutigen Sinne bezeichnet, sondern das Recht der in einem bestimmten Lande lebenden und ihm zugehörigen Stammesgenossenschaft"[152]. Noch für Sachsenspiegel und Schwabenspiegel ist, so Gierke, „das Landrecht das Recht einer großen freien Genossenschaft"[153]. Bis heute

---

[149] Ebd., 372.

[150] Ebd., 376.

[151] Diskussionsbeitrag zu *Wilhelm Janssen,* „na gesetze unser lande ...". Zur territorialen Gesetzgebung im späten Mittelalter, in: Gesetzgebung als Faktor der Staatsentwicklung (Beihefte zu „Der Staat" 7), Berlin 1984, 7 - 40, Aussprache 41 - 61, hier 61; vgl. auch ebd., 49, 56 f.

[152] *Otto von Gierke,* Das deutsche Genossenschaftsrecht, Bd. 1: Rechtsgeschichte der deutschen Genossenschaft, Nachdruck Darmstadt 1954, 88 f. Zur Kritik der Auffassung von *Maurer* (Anm. 17), 224 - 227, vgl. *Graf* (Anm. 8), 103. Wenn *Weitzel* (Anm. 80), 1029, Anm. 145 meint, ein eigentliches „Landrecht" gebe es vor 1200 nicht, so liegt dem eine begriffliche Konfusion zugrunde. Was nach 1200 in den Quellen als *lantrecht* erscheint oder von der Forschung als „Landrecht" bezeichnet wird, ist materiell nichts anderes als das dinggenossenschaftlich gefundene Recht eines Stammeslandes oder einer Region (Geltungsbereich eines Gerichts) in den Jahrhunderten zuvor. Unpräzise erscheinen mir auch die Formulierungen „Heimatgebiet" bzw. „Heimaterde", ebd., 1048 f. Den räumlichen Aspekt seiner Studien, daß jedes Gericht einen rechtlich bestimmten Geltungsbereich besitzt, hat *Weitzel* leider unberücksichtigt gelassen. Landrecht ist übrigens schon die „Lex Ribuariorum", das Recht des frühmittelalterlichen „Landes Ribuarien", vgl. *Ulrich Nonn,* Pagus und Comitatus in Niederlothringen. Untersuchungen zur politischen Raumgliederung im früheren Mittelalter (Bonner historische Forschungen 49), Bonn 1983, 164 - 172. *Nonn* schlägt (wie vor ihm Ewig) für den Begriff „Großgau" die Bezeichnung „Land" vor (ebd., 168). Länder gibt es somit seit der „Regionalisierung der Volkstümer" in der Merowingerzeit, *Ewig* (Anm. 38), 272.

[153] *Gierke* (Anm. 152), 89.

hat die verfassungsgeschichtliche Forschung den entscheidenden Beitrag von Georg Droege zur Weiterentwicklung des Brunnerschen Landes-Modells, das wiederum auf Einsichten von Gierke fußt[154], nicht hinreichend gewürdigt. Droeges „landrechtliches Prinzip“ liegt jedem genossenschaftlichen Verband freier, rechtsfähiger Leute zugrunde: „Das Recht dieser Genossenschaft ist das Landrecht“[155]. Es ist das Verdienst von Jürgen Weitzel, den Verfahrensaspekt des landrechtlichen Prinzips auf den umfassenden Begriff der Dinggenossenschaft gebracht zu haben[156]. Weitzel stellt nachdrücklich die Bedeutung der Genossenschaft in der Verfassungsgeschichte des Mittelalters heraus: „Herrschaft ist grundsätzlich und von vornherein rechtlich-dinggenossenschaftlich gebunden“[157].

Ist mit Folker Reichert das „Recht des Landes [...] das Recht derer, die beanspruchen, das Land zu bilden, die [...] beim Landtaiding mitzureden haben“[158], so ist damit der unauflösbare Zusammenhang von Recht und Gericht angesprochen. Landrecht ist somit alles das, was in einem Gericht des Landes nach dinggenossenschaftlichem Verfahren gefunden wird. Auch auf dem österreichischen Landtaiding wird das Recht dadurch gefunden, daß der Herzog als Richter die Ministerialen nach dem Urteil fragt[159]. Landrecht und Landgericht lassen sich somit begrifflich in einem an Brunner orientierten Landes-Modell nicht trennen. Hingegen ist es eine empirische – noch kaum in Angriff genommene – Frage, inwieweit etwa die Rechtsprechung in den ländlichen Gerichten Schwabens sich materiell an bestimmten Normen eines überregionalen schwäbischen Rechts orientierte[160].

---

154 Zentrale Aspekte des Landesbegriffs *Brunners* finden sich bereits in den Ausführungen *Gierkes* (Anm. 152) über die Landesgemeinden (514 - 528) und die Landschaften = landständische Körperschaften (534 - 581). Wichtig sind etwa die quellennahe Skizze der schweizerischen Landgemeinden (516ff.) und die Gegenüberstellung von Herrschaft und Landschaft, die *Brunners* Konfrontation von Land und Herrschaft entspricht, vgl. etwa ebd., 572 f.: „Herrschaft und Landschaft waren zwei Rechtssubjekte nebeneinander, die durch die vielfachsten Rechtsbeziehungen verbunden, aber nicht Glieder einer von ihnen verschiedenen höheren Einheit waren“. Die Diskussion über den Landesbegriff könnte in manchem an die von Brunner in ihrem rechtlichen Gehalt nicht aufgearbeiteten Gedanken *Gierkes* fruchtbar anknüpfen.

155 *Georg Droege,* Land- und Lehnrecht im hohen Mittelalter, Bonn 1969, 55.

156 *Weitzel* (Anm. 80).

157 Ebd., 181.

158 *Folker Reichert,* Landesherrschaft und Vogtei. Zur Vorgeschichte des spätmittelalterlichen Ständestaates im Herzogtum Österreich (Beihefte zum Archiv für Kulturgeschichte 23), Wien 1985, 368.

159 Ebd., 366.

160 Durch das Territorium der Stadt Zürich verlief die Grenze zweier Erbrechtssysteme, die der Grenze zwischen den Landgrafschaften Thurgau und Zürichgau entspricht, vgl. *Thomas Weibel,* Erbrecht und Familie. Fortbildung und Aufzeichnung des Erbrechts in der Stadt Zürich vom Richtebrief zum Stadterbrecht von 1716, Zürich 1988, 61. Im 9. Jahrhundert ist als *lex Sualaveldica* eine Erbrechtsbestimmung für das fränkische Sualafeld bezeugt, *Andreas Bauch,* Quellen zur Geschichte der

Eine bemerkenswerte Synthese von Weitzels Modell der Dinggenossenschaft und des Kommunalismus-Konzepts von Peter Blickle[161] liegt mit André Holensteins Buch über die Untertanenhuldigung vor. Auszugehen ist nach Holenstein von der „beschränkten, gebundenen und verpflichteten Position des zentralen Herrschafts- und Machtträgers im Territorium“[162]. Der Herr konnte das Recht nicht nach dem eigenen Willen gestalten. Daraus folgt, daß genossenschaftliche Landes-Modelle auch auf Territorien und ihre regionalen Untergliederungen (Einzelherrschaften, Amtsbezirke) anwendbar sind. Aus dem Fehlen einer förmlichen landständischen Verfassung darf nicht geschlossen werden, daß der Landesherr die Beziehungen zu seinen Untertanen selbstherrlich definieren konnte. Die Herstellung von Konsens dürfte in einem solchen Fall auf regionaler Ebene erfolgt sein. Die auf das „Land“ beschränkte bäuerliche Wehrpflicht bezog sich beispielsweise auf die ältere Einzelherrschaft und nicht auf das Gesamtterritorium[163].

Die Verbreitung genossenschaftlicher Landes-Modelle in Westeuropa vom 10. bis 13. Jahrhundert hat Susan Reynolds untersucht[164]. Die behandelten Gebiete, nämlich hauptsächlich England, Frankreich, Deutschland und Oberitalien, wiesen nach ihren Ergebnissen geringere Unterschiede auf, als die national fixierte Forschung wahrhaben will. Ihre kritische Sichtung bislang gängiger verfassungsgeschichtlicher Deutungen mündet in eine generelle Aufwertung der Bedeutung, die den gemeinschaftlichen Aktivitäten und dem politischen Denken von Laien im Hochmittelalter zugesprochen werden muß. Genossenschaftliche Modelle kamen nicht nur in Bruder-

---

Diözese Eichstätt, Bd. 2: Ein bayerisches Mirakelbuch aus der Karolingerzeit. Die Monheimer Walpurgis-Wunder des Priesters Wolfhard (Eichstätter Studien NF 12), Regensburg 1979, 166.

161 Auf die Kritik *Weitzels* in der Zeitschrift der Savigny-Stiftung für Rechtsgeschichte. Germanist. Abt. 104 (1987), 311 - 315, geht *Peter Blickle,* Die Reformation vor dem Hintergrund von Kommunalisierung und Christianisierung. Eine Skizze, in: Kommunalisierung und Christianisierung. Voraussetzungen und Folgen der Reformation 1400 - 1600 (Zeitschrift für Historische Forschung. Beiheft 9), Berlin 1989, 9 - 28, hier 16 f., kurz ein. Grundsätzliche Fragen zur Abgrenzung des Kommunalismus-Konzepts behandelt *Peter Blickle,* Kommunalismus, Parlamentarismus, Republikanismus, in: *Ders.*, Studien zur geschichtlichen Bedeutung des deutschen Bauernstandes (Quellen und Forschungen zur Agrargeschichte 36), Stuttgart/New York 1989, 191 - 211 und *Ders.*, Kommunalismus, Begriffsbildung in heuristischer Absicht, in: Landgemeinde und Stadtgemeinde in Mitteleuropa, Ein struktureller Vergleich, hrsg. von Peter Blickle (Historische Zeitschrift, Beihefte 13), München 1991, 5 - 38.

162 *André Holenstein,* Die Huldigung der Untertanen. Rechtskultur und Herrschaftsordnung (800 - 1800) (Quellen und Forschungen zur Agrargeschichte 36), Stuttgart/New York 1991, 347. Zu Gerichtsherrschaft und Dinggenossenschaft ebd., 175 - 197, 514.

163 *Peter Blickle,* Landschaften im Alten Reich. Die staatliche Funktion des gemeinen Mannes in Oberdeutschland, München 1973, 485.

164 *Susan Reynolds,* Kingdoms and Communities in Western Europe, 900 - 1300, Oxford 1984.

schaften und Gilden, sondern auch in Landgemeinden und Nachbarschaften, auf der Ebene von Provinzen, Ländern und Herrschaften und in der Verfassung der Königreiche zur Anwendung. Für die deutsche Königsherrschaft hat zuletzt Gerd Althoff auf die Bedeutung der gemeinsamen Beratungen mit den Großen nachdrücklich hingewiesen[165].

Brunners Landesbegriff, so ist aus diesen Forschungsbeiträgen zu schließen, bedarf keiner Reformulierung. Seine heuristische Kraft beruht darin, daß ihm ein allgemeingültiges Verfassungs-Modell zugrundeliegt, in dem genossenschaftliche Prinzipien, das Recht und seine Findung im Gericht im Mittelpunkt stehen[166].

Die Betrachtung des „untypischen“ Landes Schwaben vermag vielleicht den Blick dafür zu schärfen, daß auch die einem Landesherren unterstellten Länder stärker genossenschaftlich geprägt waren, als man lange Zeit annehmen wollte[167]. Die hinsichtlich des Landes Schwaben von den Zeitgenossen und der modernen Forschung entwickelten Landes-Modelle können als „Versionen“ anderer, gleichzeitiger Modelle charakterisiert werden. Die Metapher des „Kompromisses“ mag noch einmal formulieren, daß es sich nicht nur um Strukturen handelte, die den Zeitgenossen verborgen geblieben sind, sondern auch um solche, die sich als Resultat von Diskursen und Verhandlungen verstehen lassen.

Regionen sind keine naturräumlichen Einheiten, sondern Traditionstatbestände, deren historisch begründete Bedeutung und Geltung nicht zur Disposition von Machthabern steht[168]. In diachronischer Sicht erstaunt, daß Schwaben von der Völkerwanderungszeit bis zur Gegenwart eine normative, verpflichtende und legitimierende Größe blieb. Modelle der „longue durée“ werden jedoch weniger von Identitäten als von Ähnlichkeiten bestimmt, die den sich wandelnden Strukturen gemeinsam sind. Das „Land

---

165 *Gerd Althoff,* Verwandte, Freunde und Getreue. Zum politischen Stellenwert der Gruppenbindungen im frühen Mittelalter, Darmstadt 1990, 152 - 155. In der Übersicht über die „Felder genossenschaftlicher Bindung im Mittelalter“, ebd., 85 - 88, bleiben die Verfassungsmodelle der Stammesländer und der Grafschaften und damit auch die Ergebnisse *Droeges* (Anm. 155) leider unberücksichtigt. Zur Kritik an der wichtigen Arbeit von *Jürgen Hannig,* Consensus fidelium. Frühfeudale Interpretationen des Verhältnisses von Königtum und Adel am Beispiel des Frankenreiches (Monographien zur Geschichte des Mittelalters 27), Stuttgart 1982, vgl. *Graf* (Anm. 8), 101 f.

166 Vgl. dazu auch *Othmar Hageneder,* Der Landesbegriff bei Otto Brunner, in: Jahrbuch des italienisch-deutschen hist. Instituts in Trient 13 (1987), 153 - 178, hier 177: „Der brunnersche Begriff des Landes als Rechtseinheit [...] ist als Arbeitsgrundlage tragfähig und äußerst fruchtbar“.

167 Zur Kritik der herrschenden Lehre vgl. besonders *Reichert* (Anm. 158), 386 f.

168 Wenn der Journalist *Rudolf Walter Leonhardt* formuliert: „Regionen sind beständiger als Staaten, weil sie ihre Existenz der Selbstbesinnung verdanken und nicht politischem Kalkül“, so trifft das nur für die Geltung, nicht aber in jedem Fall für die Genese zu, Die Zeit Nr. 42 vom 12. 10. 1990, 98.

Schwaben“ ist selbstverständlich etwas anderes als das hochmittelalterliche Herzogtum Schwaben und dieses wiederum etwas anderes als der völkerwanderungszeitliche „Stamm“. Trotzdem geht die Forschung in die Irre, wenn sie scharfe Brüche ansetzt, wo Kontinuitäten und Übergänge das Bild bestimmten. Mit der Formel von Hermann Jakobs, ein Land sei eine „korporative Einheit in gentiler Tradition“[169], vermag einsichtig gemacht zu werden, daß Geltung und Verbindlichkeit „politischer“ Einheiten nicht ausschließlich von der jeweiligen Gegenwart bestimmt werden können. „Schwaben“ war jedoch ebensowenig ein „Relikt“ wie das „Reich“, sondern offen für neue Bedeutungen, die sich in Auseinandersetzungen mit den „alten“ Bedeutungen entwickeln mußten und konnten. Bedeutungsspielräume sind immer auch Handlungsspielräume. Der Bedeutungsvielfalt des Begriffs Schwaben, der von unterschiedlichen Gruppen und in unterschiedlichen Kontexten verwendet werden konnte, ist sowohl aus synchronischer als auch aus diachronischer Perspektive Rechnung zu tragen. Nicht nur für das 19. und 20. Jahrhundert gilt Heinz Gollwitzers Formulierung über den Regionalismus: „Das Traditionsbewußtsein enthüllt sich uns – so paradox dies klingen mag – bei näherem Zusehen als besonders wandelbar und veränderlich. Fortwährend scheidet es Vorstellungen aus, formt sie um und bildet in der Anknüpfung an Vergangenes, aber unter aktueller Fragestellung, neue historische Perspektiven aus“[170].

Die Verschränkung politischer und vermeintlich „unpolitischer“ Aspekte, die wiederholt konstatiert werden konnte, erweist eine Verbindlichkeit des Schwabenbegriffs, die Beziehungen zwischen sozialen Gruppen und heterogenen Kontexten schaffen konnte. Zum Beispiel bestanden zwischen dem im politischen Diskurs behandelten Land Schwaben und dem landsmannschaftlichen Freundesbund der Humanisten Differenzen, zugleich aber auch Ähnlichkeiten. Wird die Politik zu sehr als autonomes System betrachtet, begibt man sich der Möglichkeit, solche Übereinstimmungen empirisch zu beschreiben und damit zu einem zeitspezifischen Begriff des Politischen zu kommen.

Ein „integrierter“ Zugang eröffnet sich durch die Frage nach der personalen Identität. Die Zugehörigkeit des Einzelnen zu Schwaben implizierte „Ehre“ wie „Recht“, Berechtigung wie Verpflichtung. Seine „Verbundenheit“, um eine möglichst neutrale Bezeichnung zu wählen, mit den Mit-Schwaben, aber auch seine Abneigung gegenüber den Nicht-Schwaben, entzieht sich zwar einer psychologisierenden Beschreibung, nicht jedoch einer Sprach-Analyse, die auf Worte und im öffentlichen Diskurs ausgehandelte Bedeutungen achtet.

---

169 *Hermann Jakobs,* Kirchenreform und Hochmittelalter 1046 -1215 (Oldenbourg Grundriß der Geschichte 7), 2. Aufl., München 1988, 156; vgl. auch ebd., 158.

170 *Gollwitzer* (Anm. 13), 530.

Jakob Unrests Kärntner Chronik als Ausdruck regionaler Identität in Kärnten am Ausgang des 15. Jahrhunderts

Von Jean-Marie Moeglin, Paris

Die Geschichtsschreibung in den letzten Jahrhunderten des Mittelalters kann als ein besonders eindeutiges Zeugnis für das Wirken des regionalen und/oder nationalen Gefühls betrachtet werden[1]. In ihr drückte sich die Gewißheit von einer gemeinsamen Vergangenheit aus, entwickelte sich das Bewußtsein, seit unvordenklichen Zeiten auf demselben Gebiet gewohnt zu haben, und entstand der Stolz auf die von den Vorfahren der Bewohner dieses Gebiets vollbrachten großen Taten. Dies sind wichtige Bestandteile des regionalen oder nationalen Bewußtseins. Man beobachtet, daß die Verfasser dieser Landeschroniken gegen Ende des Mittelalters zugleich Kleriker (Äbte, Chorherren), Adelige und Bürger der Städte waren, d.h. Angehörige der drei Schichten der Gesellschaft, die – in den Versammlungen der Landstände – seit etwa dem 13. Jahrhundert auf ihrem Recht bestanden, neben dem Fürsten das Land zu vertreten. So findet man zum Bespiel in der reichen bayerischen Historiographie des 15. Jahrhunderts[2] als bedeutendste Verfasser zwei Chorherren, Andreas von Regensburg und Veit Arnpeck, einen Adeligen, Hans Ebran von Wildenberg, und einen Münchener Bürger, Ulrich Fuetrer.

Diese Geschichtsschreibung bediente sich der Form der Chronik, die zugleich dynastisch und national war; die Geschichte des Landes wurde auf die Genealogie oder immerhin auf die Nachfolge der Herrscher dieses Landes bezogen[3]. Die Folge der „natürlichen" Herrscher, deren Schicksal mit dem des Landes identisch wurde, bildete das Gerüst dieser historischen Erzählungen, den Leitfaden, der die Entstehung einer Landesgeschichtsschreibung allein möglich macht. Die Existenz eines selbständigen Herrschergeschlechts erscheint in der Tat als das Symbol der regionalen oder

---

[1] Vgl. im allgemeinen *František Graus,* Nationale Deutungsmuster der Vergangenheit in spätmittelalterlichen Chroniken, in: Nationalismus in vorindustrieller Zeit (hrsg. von Otto Dann), München 1986, 35 - 53, *František Graus,* Funktionen in der spätmittelalterlichen Historiographie, in: Geschichtsschreibung und Geschichtsbewußtsein im späten Mittelalter (hrsg. von Hans Patze), Sigmaringen 1987, 11 - 55.

[2] Vgl. *Jean-Marie Moeglin,* Les Ancêtres du prince – propagande politique et construction d'une histoire nationale en Bavière à la fin du Moyen Age, Genf 1985.

[3] Dies habe ich in dem oben genannten Buch gezeigt.

nationalen Identität, als ihr zwingender Ausdruck, als das Zeugnis einer ununterbrochenen Kontinuität. Und auch wenn die am Ausgang des Mittelalters herrschenden Fürsten sich bald der Rolle bewußt wurden, die die Entwicklung einer solchen Geschichtsschreibung in ihren Legitimierungsstrategien spielen konnte, so muß man doch feststellen, daß sie ursprünglich nicht unbedingt dem Willen entsprang, Propaganda für eine bestimmte Dynastie zu machen. Eine kritische Haltung gegenüber einem Fürsten aus dieser Dynastie, sogar einem zeitgenössischen (vgl. die Urteile über Friedrich III. in der österreichischen Geschichtsschreibung[4]), verträgt sich übrigens gut mit dem Festhalten an diesem Grundsatz.

Wenn die politischen Umstände dagegen dazu führten, daß ein Land die als „eigene" betrachtete Herrscherdynastie verlor, so erkennt man, daß die Entstehung einer Landesgeschichte beträchtlichen „technischen" Schwierigkeiten begegnete, sogar wenn in diesem Land ein starkes Gefühl nationaler oder regionaler Identität existierte.

Diese theoretischen Betrachtungen lassen sich am Beispiel der Historiographie der österreichischen Länder[5], des eigentlichen Österreichs (Ober- und Niederösterreich) wie der Steiermark, Kärntens und Tirols, erklären. Zwischen 1250 und 1360 gelang es bekanntlich der schwäbischen Dynastie der Habsburger, sich an der Spitze dieser verschiedenen Territorien zu behaupten, schon 1278/1282 in Österreich und in der Steiermark, 1335 in Kärnten nach dem Tod des Meinhardiners Heinrich, der seiner Tochter Margarete Maultasch nur Tirol vermachen konnte, 1359/1363 schließlich in Tirol. Die Habsburger wurden die Herrscher dieser verschiedenen Territorien, die wenigstens von Rechts wegen ihre politische Selbständigkeit behielten. Unter diesen Gebieten nahm Österreich einen besonderen Platz ein und erschien als das wichtigste. Es gab der Habsburger Herrschaft ihren Namen, „Herrschaft zu Österreich", „Haus von Österreich"[6]. Die Steiermark, Tirol und Kärnten wurden mehr oder weniger deutlich als zweitrangige Gebiete angesehen. Auch wenn die dynastischen Teilungen im 15. Jahrhundert in Tirol und in der Steiermark eigentlich tirolische und steirische Habsburger Dynastien entstehen ließen, deren Sitz in Innsbruck und Graz war, so waren doch die Habsburger im wesentlichen die „natürlichen" Herrscher Österreichs, die Nachfolger der Babenberger, der ersten „natürlichen" österreichischen Herrendynastie. Weder die Steiermark noch Tirol und noch weniger Kärnten konnten sich auf gleiche Weise auf eine Herrscherdynastie

---

[4] Vgl. dazu *Brigitte Haller,* Kaiser Friedrich III. im Urteil der Zeitgenossen, Diss. Wien 1959.

[5] Vgl. zum folgenden meinen Artikel, La formation d'une histoire nationale en Autriche au Moyen Age, in: Journal des Savants (1983), 169 - 218.

[6] Vgl. *Erich Zöllner,* Der Österreichbegriff – Formen und Wandlungen in der Geschichte, Wien 1988, insbesondere 35 - 40.

berufen, die in dem Gebiet verwurzelt war und ihr eigenes Schicksal mit dem dieses Gebiets identifizierte.

Betrachtet man nun die Entwicklung der Historiographie in diesen Gebieten, so stellt man eine auffallende Übereinstimmung mit der politischen Lage fest. Das eigentliche Österreich kannte einen bemerkenswerten Aufschwung der Landesgeschichtsschreibung, der sich vor allem in Jans Enikels Chronik der österreichischen Fürsten am Ende des 13. Jahrhunderts[7], in Leopolds von Wien um 1390 geschriebener Chronik von den 95 Herrschaften, die im 15. Jahrhundert einen gewaltigen Erfolg hatte[8], und in Thomas Ebendorfers österreichischer Chronik (Mitte des 15. Jahrhunderts)[9] niederschlug. Alle diese Werke gründeten sich auf die Rekonstruktion einer ununterbrochenen Folge österreichischer Landesherren (auch wenn sie verschiedenen Dynastien angehörten) von unvordenklichen Zeiten bis zu den Habsburgern. Ein ganz anderes Bild bieten die Steiermark, Kärnten und Tirol. Zwar haben im Zusammenhang mit den gewaltigen Umwälzungen in der Periode von 1250 bis 1350 auch die Steiermark – mit der Steirischen Reimchronik[10] – und Kärnten – mit Abt Johanns von Viktring Liber certarum historiarum[11] – zwei bedeutende historische Werke hervorgebracht, von Autoren verfaßt, die sich vor allem der Geschichte ihres Landes zuwandten. Aber ich habe an anderem Ort zu zeigen versucht, daß diese Chroniken von der herkömmlichen Form der Landesgeschichte völlig abweichen[12]. Die Historiographie erlitt in den dortigen Gebieten einen Niedergang, der sich bis zum Ende des 15. Jahrhunderts fortsetzte und im Gegensatz zum österreichischen Aufschwung steht.

Freilich ist der Umstand, daß diese Gebiete so gut wie keine Landesgeschichte besitzen, nicht das Zeichen eines fehlenden Gefühls regionaler Identität, sondern vielmehr die Folge der schon erwähnten „technischen" Probleme[13]. Denn als Jakob Unrest am Ende des 15. Jahrhunderts in Kärn-

---

[7] Jansen Enikels Fürstenbuch (hrsg. von Philipp Strauch), in: MGH Deutsche Chroniken III, Hannover 1891 - 1900, 597 - 679.

[8] Österreichische Chronik von den 95 Herrschaften (hrsg. von Joseph Seemüller), MGH Deutsche Chroniken VI, Hannover/Leipzig 1909.

[9] Chronica Austriae (hrsg. von Alphons Lhotsky), MGH SS rer. germ. NS 13, Berlin/Zürich 1967.

[10] Ottokars österreichische Reimchronik (hrsg. von Joseph Seemüller), MGH Deutsche Chroniken V, 1 - 2, Hannover 1890.

[11] Iohannis Abbatis Victoriensis Liber certarum historiarum (hrsg. von Fedor Schneider), MGH SS rer. germ., Hannover/Leipzig 1909.

[12] Vgl. *Moeglin,* La formation d'une histoire nationale (wie Anm. 2), 180ff. Vgl. auch *Jean-Marie Moeglin,* Recherches sur la Chronique rimée styrienne, in: Journal des Savants (1987), 159 - 179, und *Eugen Hillenbrand,* Der Geschichtsschreiber Johann v. Viktring als politischer Erzieher, in: Festschrift B. Schwineköper (hrsg. von Helmut Maurer und Hans Patze), Sigmaringen 1982, 427 - 453.

[13] Charakteristischerweise hat *H. Koller* kürzlich eine kleine Chronik aus dem 15. Jahrhundert wiederentdeckt und veröffentlicht, deren Leitfaden, wie er zeigt, eine

ten seine Kärntner Chronik[14] – die erste Kärntner Landesgeschichte – verfaßte, hatte sie sofort einen großen Erfolg, der während des ganzen 16. und 17. Jahrhunderts andauerte – ein Beweis, daß sie einem Bedürfnis entsprach, das lange Zeit nicht hatte befriedigt werden können.

Die Kärntner Chronik soll in dieser Studie untersucht werden. Wie A. Armbruster bemerkt hat[15], steht das Schicksal der Kärntner Chronik im Gegensatz zu dem eines anderen Werks desselben Verfassers, seiner österreichischen Chronik. Letztere, die den Ereignissen zur Zeit des Autors gewidmet und reich an Fakten aus erster Hand ist, blieb im 16. und 17. Jahrhundert fast völlig unbeachtet und begann langsam, als sie 1724 von Hahn herausgegeben worden war[16], Interesse zu erwecken, bis sie 1959 Gegenstand einer kritischen Ausgabe in den MGH wurde[17]. Die Kärntner Chronik hingegen hatte im 16. und 17. Jahrhundert sehr viel Erfolg[18] und wurde ebenfalls 1724 von Hahn herausgegeben, allerdings ziemlich schlecht (nur auf Grund der lückenhaften Hannoverschen Handschrift[19]), um dann fast völlig in Vergessenheit zu geraten – ein Opfer der allgemeinen Verachtung, die den historischen Kompilationen des Spätmittelalters zuteil wurde[20]. Nur die Kärntner Historiker, die sich mit der Geschichte ihres Landes befaßten,

---

Rekonstituierung der Tiroler Nachfolge ist; er betrachtet sie als den – allerdings sehr bescheidenen – Ansatz einer „auf Tirol ausgerichtete(n) Landeschronik, die aber nicht das Land selbst, sondern dessen Landesherren ungeachtet ihrer Familienzugehörigkeit in den Vordergrund rückt"; vgl. *Heinrich Koller,* Eine deutsche Fassung der kleinen Stamser Chronik, in: Römische Historische Mitteilungen 28 (1986), 169 - 183.

[14] Die Chronik ist in: *S. F. Hahn,* Collectio monumentorum ..., Bd. I, Braunschweig 1724, 479 - 536, veröffentlicht.

[15] *Adolf Armbruster,* Jakob Unrests Ungarische Chronik, in: Revue roumaine d'histoire 13 (1974), 473.

[16] Vgl. *Hahn* (wie Anm. 14), 479 ff.

[17] Jakob Unrest, Österreichische Chronik (hrsg. von Karl Grossmann), MGH SS rer. germ. NS 11, Weimar 1957.

[18] 25 Handschriften der Chronik, die meist aus dem 16. und 17. Jahrhundert stammen, sind heute bekannt. Die meisten sind von *K. Grossmann* in der Einleitung zu seiner Ausgabe der österreichischen Chronik (vgl. Anm. 17) erfaßt, XIV, Anm. 1. Auf zwei weitere Handschriften hat *Wilhelm Neumann,* Bemerkungen zu Jakob Unrest und zur Ausgabe seiner „österreichischen Chronik", in: Südostdeutsches Archiv 2 (1959), 14, n. 5 hingewiesen. *Winfried Stelzer,* Jakob Unrest und Ladislaus Sunthaym, in: Carinthia I 163 (1973), 181 - 198, hat gezeigt, daß Sunthayms Kollektaneen (cvp 7692) eine partielle Abschrift von Unrests Chronik sowie den Versuch einer lateinischen Übersetzung enthalten.

[19] Niedersächsische Landesbibliothek n. XIII 783. Vgl. zu dieser Handschrift *Grossmann* (wie Anm. 17), Einleitung XXIX - XXXII. Ein Blatt der Handschrift ist herausgerissen worden, so daß Hahns Ausgabe eine bedeutende Lücke aufweist.

[20] Vgl. *Grossmanns* Urteil, Einleitung XIV, über die Kärntner Chronik: „Sie ist die schlechteste von ihnen (Unrests Werken) ... Sie bringt nur Bruchstücke aus der Geschichte Kärntens, teils aus der Conversio Bagoariorum et Caranthanorum, teils aus Stainreuter, mehr oder weniger wörtlich entnommen." Ein Urteil, dem sich *Alphons Lhotsky,* Quellenkunde zur mittelalterlichen Geschichte Österreichs, Graz/Köln 1963, 407, anschließt.

erkannten ihre Bedeutung als Landeschronik[21]. Wahrscheinlich interessierten sie sich aber mehr für Christalnick-Megisers große Kärntner Chronik vom Ende des 16./Anfang des 17. Jahrhunderts[22], und sie versäumten es, Inhalt sowie handschriftliche Verbreitung näher zu untersuchen[23].

Vor der Untersuchung der Chronik muß das, was man von dem Autor und von den Umständen, unter denen er schrieb, weiß, kurz dargelegt werden. Es ist nicht mehr möglich zu bestimmen, ob Jakob Unrest[24] aus Bayern oder Kärnten stammte[25]. Jedenfalls erscheint er zum erstenmal in einer Urkunde vom 8. Oktober 1466, in der ihm ein Kanonikat in Gurnitz (sö. von Klagenfurt) sowie das Pfarramt St. Martin am Techelsberg, das von der Stiftskirche Maria Saal abhing, verliehen wurden. Unrest dürfte sich zwar um die Güter und Einkünfte seiner Pfarrei gesorgt haben, hat aber wohl kaum residiert, sondern sich durch Kapläne vertreten lassen. Im Jahr 1488 erscheint er in einer weiteren Urkunde im Amt eines Vikars in der Pfarrei St. Urban bei Glanegg. Bedeutsam ist, daß eine 1972 entdeckte, wohl aus der Periode 1466 bis 1480 stammende Urkunde Unrest nicht als einen einfachen Landpfarrer, sondern als Chorherrn der Propstei Maria Saal zeigt[26]. Maria Saal, das zum Bistum Salzburg gehörte, besaß in der zweiten Hälfte des 15. Jahr-

---

[21] Vgl. *Wilhelm Neumann,* Jakob Unrest – Leben, Werk und Wirkung, in: Geschichtsschreibung und Geschichtsbewußtsein (wie Anm. 1), 681 - 694.

[22] Über dieses Werk und die Umstände seiner Veröffentlichung vgl. *Wilhelm Neumann,* Michael Gothard Christalnick – Kärntens Beitrag zur Geschichtsschreibung des Humanismus, Klagenfurt 1956.

[23] Die hier vorgebrachten Beobachtungen wurden hauptsächlich bei einem kurzen Arbeitsbesuch in der Handschriftensammlung der Wiener Nationalbibliothek gemacht und können deshalb auf keinen Fall als endgültig betrachtet werden. Die hannoversche Hs. aus dem Ende des 15./Anfang des 16. Jahrhunderts (es scheint sich jedoch – nach dem von Hahn aufgestellten Text zu urteilen – um eine ziemlich dürftige Abschrift des Originals zu handeln) dürfte nur eine erste Fassung der Chronik sein. Eine oder mehrere Hände haben sich dieser Fassung bedient, um Verbesserungen am Rande des cvp 8007 anzubringen (mehrmals mit dem Vermerk „nota meigners (?) cronica stett ...“). Möglicherweise hat Unrest seine Chronik bis zum Ende des 15. Jahrhunderts überarbeitet, indem er annalistische Vermerke (bis 1497) am Ende des Anhangs hinzugefügt und den Text der Chronik an einigen Stellen ergänzt bzw. korrigiert hat. Die älteste Hs. dieser späteren Fassung ist der cvp 1944 (Wende 15./16. Jahrhundert), aber es ist nicht die Originalhandschrift (es fehlt z.B. in der Einleitung der Satz *wie sy vergangen seyn,* den die anderen Handschriften dieser Fassung beibehalten). Diese Fassung sollte sich außerdem auch im cvp 7234, cvp 8007, cvp 2948 (?), Stuttgart, Württ. Landesbibl. cod. hist. 2° 119 (?) befinden.

[24] Zu Unrests Leben vgl. die Zusammenfassung der heutigen Kenntnisse bei *Neumann* (s. Anm. 21), 682 - 685.

[25] Einen bayerischen Ursprung Unrests hat der Umstand vermuten lassen, daß er in der ersten Urkunde vom 8. Oktober 1466, in der sein Name vorkommt, *presbyter Ratisbonensis diocesis* genannt wird. Das scheint aber kein zwingender Grund zu sein, um eine kärntnerische Herkunft auszuschließen, sondern beweist nur, daß Unrest damals ein Amt in der Diözese Regensburg innehatte.

[26] Vgl. *Friederike Zaisberger,* Das Kapitel von Maria Saal in der zweiten Hälfte des 15. Jahrhunderts, in: Carinthia I 162 (1972), 184 und 202 - 203. Der Salzburger Erzbischof bezeichnet Unrest in dieser Urkunde als *presbiter(o) prefate nostre diocesis.*

hunderts[27] 7 Chorherren, die meist vom Erzbischof von Salzburg ausgewählt wurden. Diese Zugehörigkeit Unrests zu Maria Saal war für die Orientierung seiner historiographischen Tätigkeit von entscheidender Bedeutung. Maria Saal war zuerst ein religiöses Zentrum und ein Wallfahrtsort, wo es leicht war, Neues zu erfahren, ferner der wichtigste Stützpunkt des Erzbistums Salzburg in Kärnten, schließlich ein Ort von großer symbolischer Bedeutung für die Geschichte Kärntens. Es soll die erste Kirche sein, die im 8. Jahrhundert von Jüngern Virgils von Salzburg in Kärnten gegründet wurde, und man zeigte noch, wie es Unrest selbst berichtet, in der Kirche das Grab des Vornehmsten von ihnen, von Modestus. Maria Saal ist andererseits unweit des berühmten Fürstensteins gelegen, wo in einer seit dem Ende des 13. Jahrhunderts bezeugten Zeremonie sich die Herzöge von Kärnten einem Einsetzungszeremoniell von großer Bedeutung unterziehen mußten[28].

Unrests historisches Werk besteht aus drei Chroniken, die zwischen 1480 und dem Ende des 15. Jahrhunderts geschrieben wurden, einer „österreichischen Chronik", die mit Herzog Rudolf IV. anfängt, hauptsächlich aber vom damals gegenwärtigen Geschehen und ganz besonders von den Ereignissen in Kärnten berichtet[29], einer „Ungarischen Chronik"[30], schließlich der Kärntner Chronik. Alle drei sind deutsch geschrieben – ein Beweis dafür, daß Unrest sich vor allem an ein Publikum von Laien wandte.

Die politischen Umstände von Unrests historiographischer Tätigkeit sind nicht minder zu berücksichtigen[31]. Er schrieb in einer Krisenperiode Kärntens, das durch Feldzüge der Türken, denen man kaum zu widerstehen vermochte, verheert wurde. Auch der ungarische König Matthias Corvinus griff mit Waffengewalt ein. Gleichzeitig wurde die Einheit Kärntens in Frage gestellt. Den Grafen von Cilli war es beinahe gelungen, ein selbständiges Territorium zu bilden, aber das plötzliche Erlöschen der Familie im Jahr 1456 und der Sieg Friedrichs III. über die Grafen von Görz (Frieden von Pusarnitz 1460) im Streit um ihre Erbschaft hatten diese Bestrebungen beendet, wie auch die Gefahr, die von den Grafen von Görz ausging,

---

[27] Zu Maria Saal vgl., neben *F. Zaisbergers* Artikel, Erläuterungen zum Historischen Atlas der österreichischen Alpenländer (hrsg. von der Österr. Akad. der Wiss.), II/8, 2, Klagenfurt 1958, 310ff.

[28] Vgl. aus einer reichhaltigen Literatur *Paul Puntschart,* Herzogeinsetzung und Huldigung in Kärnten. Ein verfassungs- und kulturgeschichtlicher Beitrag, Leipzig 1899; *Gotbert Moro,* Zur Zeitstellung und Bedeutung des Kärntner Herzogstuhles, in: Studien zur österreichisch-bairischen Dialektkunde Nr. 4 – Mundart und Geschichte (Festschrift Kranzmayer), 1967, 95 - 110; und die Artikel von *Gotbert Moro, Georg Michelatsch, Wolfgang Fritsch, Friedrich-Hans Ucik, Rudolf Egger, Karl Ginhart, Hermann Braunmüller, Ulrich Steinmann,* in: Carinthia I 157 (1967), 420 -469.

[29] Siehe Anm. 17.

[30] Vgl. *Armbruster,* Ungarische Chronik (wie Anm. 15), 473 - 508 (Ausgabe 481ff.).

[31] Vgl. dazu im allgemeinen *Wilhelm Neumann,* Kärnten – Grundlinien der Landesbildung, in: *ders.,* Bausteine zur Geschichte Kärntens, Klagenfurt 1985, 24 - 40. Vgl. auch *Claudia Fräss-Ehrfeld,* Geschichte Kärntens, I, Klagenfurt 1984, passim.

gebannt. Jedoch besaß das Bistum Bamberg immer noch weite Gebiete, die als unabhängige Enklaven betrachtet wurden[32]. Die Habsburger verteidigten ebensowenig die Integrität des Landes, wie sie es vor den Türken schützten. Die Kärntner Stände hingegen erschienen als die eigentlichen Vertreter der Interessen des Landes[33].

In dieser Krisenperiode ist es nicht verwunderlich, daß sich am Ende des 15. Jahrhunderts eine rege Historiographie entwickelte, deren Exponenten neben Unrest hauptsächlich Hans Turs[34] und Jakob Radhaupt[35] waren. Diese Historiker widmeten sich besonders den zeitgenössischen Ereignissen, mit Ausnahme von Unrests Kärntner Chronik. Sie behandelt die frühere Geschichte Kärntens und enthält einen längeren Anhang, in dem hauptsächlich die bedeutendsten Adelsgeschlechter aufgezählt sind, die sich in der Geschichte Kärntens hervorgetan haben.

Hier soll die innere Logik des Werkes betont – wie ist eine Landeschronik organisiert? – und nachgewiesen werden, daß die Frage der Existenz – oder Nicht-Existenz – einer Dynastie eigener Herzöge in Kärnten ein zentrales Problem war, das der Verfasser zu lösen hatte und das die innere Logik seiner Arbeit bestimmte.

Ein Gesamtüberblick über die Kärntner Chronik und ihre Beziehung zur österreichischen Chronik läßt dies sofort erkennen. In der Einleitung der Kärntner Chronik definiert Unrest sein historisches Projekt: er will die Christianisierung Kärntens erzählen und *von den alten Hertzogen des Landes, wie ir Regiment verwandelt sey, wie sy vergangen seyn ...*, berichten[36]. Versucht man zu erfahren, was sich hinter diesem Satz verbirgt, so stellt sich heraus, daß Unrest zwar mit Samo beginnt, dem ersten durch seine Quellen bezeugten Herzog, daß er aber schon mit dem Regierungsantritt Herzog Ottos von Habsburg 1331 (eigentlich 1335) in Kärnten und mit der Abtretung Tirols durch Margarete Maultasch, der letzten Erbin der Herzöge von Kärnten, an Herzog Rudolf IV. von Habsburg endet. Ein letzter Absatz schließlich, der als Epilog dient, erklärt, daß von diesen Herzögen Otto und Rudolf bis zum Jahr 1490, in dem die Chronik endet, 159 Jahre vergangen

---

32 Diese Frage wird erst nach einem langen Prozeß in der ersten Hälfte des 16. Jahrhunderts geregelt, und die aus der Geschichte gezogenen Argumente werden dabei eine große Rolle spielen, vgl. *Wilhelm Neumann,* Wirklichkeit und Idee des „windischen" Erzherzogtums Kärnten. Das Kärntner Landesbewußtsein und die österreichischen Freiheitsbriefe, in: *ders.,* Bausteine (wie Anm. 31), 78 - 112.

33 Vgl. *Wilhelm Neumann,* Die kulturelle Entwicklung Kärntens im 16. und 17. Jahrhundert, in: *ders.,* Bausteine (wie Anm. 31), 532 ff.

34 Vgl. *Siegfried Haider,* Der Gurker Hofkapellan und „Geschichtsschreiber" Johann Turs – Zur Kärntner Historiographie in der zweiten Hälfte des 15. Jahrhunderts, in: Carinthia I 161 (1971), 225 - 248.

35 Vgl. *Siegfried Haider,* Jakob Radhaubt als Geschichtsschreiber, in: Carinthia I, 165 (1975), 47 - 67.

36 *Hahn,* 479.

seien. Diese alten Herzöge, deren Geschichte Unrest erzählt, sind also hauptsächlich die, die er für die große Dynastie der „natürlichen" Herzöge seit Virgils Tod und der endgültigen Christianisierung Kärntens bis zu Philipps (des letzten Spanheimers) Verdrängung durch Ottokar von Böhmen hält. Dem hat er einen Prolog hinzugefügt, der von entscheidender Bedeutung ist, nämlich die Erzählung, wie es zu einem Herzogtum in Kärnten und – man wird sehen, daß Unrest einen strengen Parallelismus zwischen beiden Ereignissen herstellt – zu der Christianisierung Kärntens kam; es schließt sich ein den Meinhardinern, die nach Unrests Meinung noch als Abkömmlinge der großen Dynastie der Herzöge von Kärnten betrachtet werden können, gewidmeter Epilog an. Die letzte Epoche, die mit dem Machtantritt der Habsburger in Kärnten beginnt, gehört nicht mehr zur Chronik. Unrest berichtet nur von der Dauer ihrer Herrschaft und verweist den Leser, der mehr wissen will, an die österreichische Chronik.

Betrachten wir nun diese Chronik! In der Einleitung definiert Unrest den Berichtzeitraum: *Als man vor in der Osterreichischen chronikn list von hertzog Rudolffen und doch sein geschlacht nicht gar verenndt ist, hab ich an im widerumb angefanngen und aus einfaltigem synn* ... und etwas weiter ... *und hab an hertzog Rudolffen an, darvon ir oben ouch gelesen habt*[37]. Man hat diese Stelle schon längst zu deuten versucht. Für die ersten Kommentatoren bedeutete sie, daß Unrest eine „alte" österreichische Chronik geschrieben habe, die die Periode vor Rudolf IV. behandelte; diese Chronik sei verloren gegangen[38]. Später hat man angenommen, daß diese „alte Chronik" nicht existiert habe[39] – ich bin ebenfalls dieser Meinung – und daß er damit einfach Leopolds von Wien Chronik von den 95 Herrschaften meinte. Es ist unbestreitbar, daß Unrest diese Chronik gut kannte und daß er sich ihrer in seinem Werk mehrfach bediente. Wenn man die oben zitierte Stelle so deuten will, als ob Unrest selbst seine Chronik als Fortsetzung der Chronik von den 95 Herrschaften bezeichne, stößt man auf eine Schwierigkeit: diese Chronik endet nicht mit Rudolf IV. (1365), sondern mit dem Tod seines Bruders Leopold III. in der Schlacht bei Sempach (1386). Es ist also schwerlich anzunehmen, daß Unrests österreichische Chronik stricto sensu die Fortsetzung der Chronik von den 95 Herrschaften sei, auch wenn Unrest selbst höchstwahrscheinlich diese Möglichkeit ins Auge gefaßt hatte[40]. Ein

---

[37] *Grossmann,* Österreichische Chronik (s. Anm. 17), 1.

[38] Es ist die von *Franz Krones* vertretene Meinung, Die österreichische Chronik Jakob Unrest's, in: AÖG 48 (1872), 422 ff.

[39] Vgl. *Grossmann* (wie Anm. 17), Einleitung XVIII, und *Neumann,* Jakob Unrest (wie Anm. 21), 685 - 686.

[40] Zwei Stellen der österreichischen Chronik lassen es vermuten. Die erste, am Anfang von Absatz 3 (in der Grossmann-Ausgabe), bekräftigt zweifellos die Vermutung: Unrest schreibt, daß Herzog Leopold vier Söhne hatte *als in der cronikhn oben an der rechten stat geschriben stet* (= Chronik von den 95 Herrschaften S. 217, Z. 20), *und doch von den zwain sun, hertzog Fridreichen und hertzog Ernnsten nicht ganntz-*

anderer Zusammenhang (er ist nicht unvereinbar mit dem vorhergehenden) erscheint dagegen mir geboten: die Kärntner Chronik ihrerseits endet mit den Herzögen Otto und Rudolf IV. In Unrests Augen war das ein bedeutender Bruch in der Geschichte Kärntens; er entsprach dem Verschwinden der großen Dynastie der bodenständigen Herzöge und dem Antritt einer neuen Dynastie, deren Legitimität Unrest nicht bezweifelte, die aber aus österreichischen und nicht aus eigentlich Kärntner Herzögen bestand. Daher rührt die Trennung einer Kärntner und einer österreichischen Chronik, die deren Fortsetzung war und gleichzeitig eine grundlegende Veränderung erkennen läßt[41].

Diese Gesamtanalyse von Unrests historischem Entwurf könnte glauben lassen, daß der Autor mit seiner Chronik gleichsam den Schwanengesang der Geschichte Kärntens anstimmte. Die Analyse der inneren Logik des Werkes zeigt indessen, daß dem nicht so war.

Man muß sich jedoch zuerst mit den technischen Problemen befassen, denen Unrest in seiner Arbeit als Historiker begegnete[42]; d.h. man muß sich fragen, über welche Quellen er verfügte, um die Kärntner Geschichte zu schreiben, und wie er die Überlieferung benutzte. Diese Quellen waren äußerst spärlich. Im Grunde standen ihm drei zur Verfügung: die Conversio Bagoariorum et Carantanorum, ein Text, der im 9. Jahrhundert geschrieben wurde, um die Ansprüche des Erzbistums Salzburg auf die slawischen Gebiete zu unterstützen[43]; die Vita Virgilii[44], eine Lebensgeschichte des Erz-

---

lich geendet. Die zweite Stelle ist zweideutiger: gegen Ende seiner Chronik lobt Unrest Maximilian mit begeisterten Worten und erklärt, daß es notwendig sei, daß die Nachwelt seine großen Taten in Erinnerung behält, weshalb er selbst *nach der allten croniken des loblichen namens und stammens der fursten von Osterreich an hertzog Ernsten vater, kunig Maximilians uranherren, widerumb angehebt und furan geschriben ...*, das läßt sich als der Hinweis deuten, daß Unrest die Chronik von den 95 Herrschaften fortsetzen wolle, aber ebensogut könnte es einfach eine Huldigung an den besonderen Zweig des Habsburger Geschlechts, dem Maximilian entstammte, sein. Man darf vielleicht annehmen, daß Unrest, als er an der österreichischen Chronik zu arbeiten anfing (vor 1480), sie als eine bloße Fortsetzung der Chronik von den 95 Herrschaften auffaßte. Später betonte er lieber die Beziehung zu der Kärntner Chronik, ohne deshalb den Zusammenhang mit der Chronik von den 95 Herrschaften zu verleugnen.

41 Diese Hypothese hat *Krones* (s. Anm. 38), 426ff., ins Auge gefaßt, aber sofort verworfen, was vermutlich die späteren Kommentatoren davon abgehalten hat, sie näher zu untersuchen. Krones' Argumente sind jedoch anfechtbar, denn er versäumte es, den Prolog zur österreichischen Chronik, in dem Unrest behauptet, daß er seine Chronik mit Rudolf IV. anfangen wolle, und den Schluß der Kärntner Chronik, wo er auf die österreichische Chronik verweist, zu berücksichtigen.

42 Zu den verschiedenen Aspekten des Begriffs „le travail de l'historien", vgl. *Bernard Guenée,* Histoire et culture historique dans l'Occident médiéval, Paris 1980, 77 - 247.

43 Vgl. jetzt *Herwig Wolfram,* Conversio Bagoariorum et Carantanorum – Das Weißbuch der Salzburger Kirche über die erfolgreiche Mission in Karantanien und Pannonien, Wien/Köln/Graz 1979 (mit Hinweis auf Milko Kos' kritische Ausgabe).

44 MGH SS XI, 84ff. Zu diesem Werk vgl. *Lhotsky,* Quellenkunde (wie Anm. 20), 219.

bischofs von Salzburg, die im 12. Jahrhundert anläßlich der Erhebung seiner Reliquien entstand, aber hauptsächlich eine Wiederaufnahme der sich auf Virgil beziehenden Kapitel der Conversio ist; endlich die Chronik von den 95 Herrschaften. Daß Unrest Zugang zu diesen Quellen hatte, ist nicht verwunderlich: in Maria Saal behauptete man, von einem Jünger Virgils gegründet worden zu sein, und man pflegte fleißig diese Erinnerung; kein Wunder also, daß sich in der Stiftsbibliothek die zwei grundlegenden Texte befanden, auf die man sich berufen konnte, um jenen glorreichen Ursprung zu belegen. Was die Chronik von den 95 Herrschaften angeht, so läßt ihr gewaltiger Erfolg im 15. Jahrhundert[45] annehmen, daß sie sich im Umkreis in jeder größeren Bibliothek befinden mußte und damit leicht zu benutzen war. Im übrigen hatte Unrest vielleicht Zugang zu einer verlorenen Erzählung, die vom letzten Herzog von Kärnten aus der Dynastie der Meinhardiner, Heinrich, und von seiner Tochter Margarete Maultasch handelte[46]. Für die Listen von Klöstern und Adelsgeschlechtern am Schluß seiner Chronik besaß der Autor vielleicht Zugang zu einigen „Fundationes" von Klöstern und zu Urkunden. Man sieht also, wie gering die historische Information war, über die Unrest verfügte. Das entspricht zwar dem Umstand, daß es in Kärnten an großen historiographischen Zentren wie in Österreich (z. B. Melk, Klosterneuburg, Heiligenkreuz, Wiener Schottenkloster, Zwettl) und in der Steiermark (Admont, Vorau) fehlte, hat aber auch tiefere Ursachen. So wußte Unrest nichts von Johanns von Viktring „Liber certarum historiarum" (auch nicht in seiner am meisten verbreiteten Fassung, die als „Anonymus Leobiensis"[47] bekannt ist); er wußte offenbar auch nichts von der Genealogie der Spanheimer[48], der Herzöge von Kärnten im 12. - 13. Jahrhundert, die im Codex traditionum[49] im Kärntner Kloster St. Paul im Lavanttal aufgezeichnet ist und von zeitgenössischen Autoren (Ebendorfer[50], Staindel[51]) außerhalb Kärntens benutzt und abgeschrieben

[45] Vgl. die Einleitung zur Ausgabe der Chronik durch *J. Seemüller*. 45 Handschriften sind gegenwärtig bekannt (wenn man Seemüllers Liste die Hss. Wien series nova 3915, 4212, 20239 hinzufügt). Die Chronik von den 95 Herrschaften gehört also zu den am meisten verbreiteten historischen Werken des Mittelalters, vgl. *Guenée,* Histoire et Culture (wie Anm. 42), 250 ff.

[46] Unbekannt ist Unrests Quelle nicht nur für den Bericht über Margarete Maultaschs (angeblichen) Feldzug nach Kärnten, sondern auch für einen größeren Teil dessen, was diesem Bericht vorangeht, von der Ankündigung von König Wenzel von Böhmens Tod ohne Erben an: *Als man zalt nach Cristi Gepurt MCCC starb kunig Wentzla von Pehaim* ... (Hahn, 522).

[47] Zu diesem Werk vgl. *Lhotsky,* Quellenkunde (wie Anm. 20), 301 ff., und *Siegfried Haider,* Untersuchungen zu der Chronik des „Anonymus Leobiensis", in: MIÖG 72 (1964), 364 - 381.

[48] MG SS 15, 1058 ff. Sie stammt aus dem 13. Jahrhundert.

[49] Vgl. *Beda Schroll,* Urkundenbuch des Benedictinerstiftes St. Paul in Kärnten, FontRerAust II/39, Wien 1876.

[50] Cronica Austriae (wie Anm. 9), 67 f.

[51] Vgl. *Ludwig Oblinger,* Angelus Rumpler, Abt von Formbach, in: Archivalische Zeitschrift N. F. 11 (1904), 4 f.

wurde. Er kannte anscheinend nicht einmal die Legende vom Karantanenherzog Domitianus, dem Gründer des Klosters Millstatt[52].

Die Art, wie Unrest seine drei Hauptquellen benutzt hat, entspricht ganz der mittelalterlichen Tradition der Kompilation[53]. Er selbst schrieb, er habe einen *Auszug aus etlichen cronicken* vorgenommen[54]. Dabei änderte er gar nichts oder nur sehr wenig an der Quelle, aus der er abschrieb; es kommt höchstens vor, daß er zu lange Partien zusammenfaßte. Dagegen ließ er vieles weg, zumeist, weil es nicht von der Geschichte Kärntens handelte, oder manchmal, weil es nicht im Einklang mit seinen Behauptungen stand. Es kam vor, daß er Stellen aus derselben Quelle oder aus zwei verschiedenen Quellen nebeneinanderstellte, so daß er seiner Erzählung einen Sinn gab, der dem der abgeschriebenen Texte durchaus fremd ist. Sehr selten – denn Unrest war ein gewissenhafter Kompilator – machte er eine Interpolation im Text seiner Quelle. Offensichtlich bestanden aus diesen Weglassungen, geringfügigen Änderungen, Zusätzen und Verbindungen von Stellen, die aus dem Zusammenhang herausgelöst wurden, die Feinheiten von Unrests historischem Werk. Sie muß man näher betrachten, wenn man die innere Logik der Chronik begreifen will. Fügen wir noch hinzu, daß Unrest, auch hier der mittelalterlichen Tradition verpflichtet, den chronologischen Problemen viel Bedeutung beimaß.

Da Unrest auf die drei erwähnten Hauptquellen angewiesen war, fiel es ihm nicht leicht, die Geschichte Kärntens zu erzählen. Die Conversio und die Vita Virgilii waren hervorragende Quellen für die Frühzeit, erhellten aber nicht die Zeit nach dem 9. Jahrhundert. Die Chronik von den 95 Herrschaften kümmerte sich um Kärnten erst, als es in den Wirkungskreis der österreichischen Herzöge geriet, in der zweiten Hälfte des 13. Jahrhunderts. Es klaffte also eine riesige Lücke, für Unrest ein gewaltiges Problem. Selbstverständlich mußte sich diese Lücke in der Chronik niederschlagen. Zunächst könnte man glauben, daß Unrest den Text in zwei Teile geteilt habe, in die Anfänge der Kärntner Geschichte und in die Periode von der Übernahme der Macht durch die Habsburger an[55]. Tatsächlich aber eröffnet eine genauere Analyse andere Perspektiven.

Für die Anfänge der Kärntner Geschichte, die Entstehung des Herzogtums und die Christianisierung der Region, hat Unrest die Vita Virgilii und nicht deren Quelle, die Conversio, benutzt. Diese Wahl läßt sich leicht erklä-

[52] Vgl. *Robert Eisler,* Die Legende vom heiligen Karantanerherzog Domitianus, in: MIÖG 28 (1907), 52 - 116. Jedoch berichten die meisten Hss. der Chronik, daß der Herzog von Bayern, der Millstatt gründete, Domitian hieß, ohne das, was die Legende erzählte, wieder aufzunehmen.

[53] Zur Technik der Kompilation vgl. insbesondere *Bernard Guenée,* L'historien et la compilation au XIIIe siècle, in: Journal des Savants (1985), 119 - 135.

[54] *Hahn,* 479.

[55] So faßt *Grossmann* die Chronik auf (s. Anm. 17), Einleitung XIV - XV.

ren. Der Verfasser der Vita hatte selbst den Text der Conversio so bearbeitet, wie Unrest es hätte tun müssen: er hatte die Stellen, die von der Christianisierungstätigkeit des Bischofs durch seine Jünger in Kärnten berichteten, herausgezogen und das ganze durch die Krönung von Virgils Tätigkeit, einen persönlichen Besuch in Kärnten, vervollständigt. So stand der Stoff in einer ersten Verarbeitung zur Verfügung. Unrest hat ihn von Anfang an[56] in sein Werk aufgenommen, jedoch nicht ohne gewisse mehr oder weniger bedeutende Änderungen.

Der Text der Vita erzählte zuerst Virgils Ankunft und Empfang durch den Hausmeier Pippin (lectio I). Letzterer verlieh Virgil das Bistum Salzburg (lectio II). Die lectio III erzählt dann kurz vor Virgils Intervention die Geschichte Karantaniens: die Episode des Samo unter König Dagobert; dann *non multo post tempore* die Angriffe der Hunnen auf die Karantanen und den Hilferuf ihres Herzogs Boruth an die Bayern; deren siegreiche Intervention, aber als Preis dafür die Herrschaft der Franken über die Karantanen und ihren Herzog, vor allem aber die Annahme des Christentums und die Sendung von Boruths Sohn Karastus und Neffen Chetmarus, die später nacheinander Herzöge wurden, nach Bayern. Chetmarus wandte sich überdies Salzburg zu. Bis hierher folgte Unrest getreulich der Vita Virgilii. Man kann höchstens eine gewisse Neigung bemerken, die Entstehung eines Herzogtums Kärnten mit einer lückenlosen Reihe von Herzögen hervorzuheben. Hierzu hilft der Vergleich einer Passage bei Unrest mit der entsprechenden Stelle in der Vita weiter:

Unrest

Pald nach solchn Straff starb Hertzog Samo, und ward nach ihm des Landes Hertzog Boruch. Zw desselbigen Zeittn hueben die Hewn, die man yetz Vngern nennt, an, das Landt Quarantein swarlich mit Raub und Mortt zebekriegn. Der Hertzog Boruch suecht Hilff, und verkhundt sein Nott den Hertzogn van Bayrn, und patt die umb Hilff. Die khamen pald mit starcker Macht, und vertribn die Hewn mit Streyt aus dem Landt und bestattgn Hertzog Boruchn wider zu seinen Landt. Doch muest er fur andern Khunig von Franckreich unertanig und zinsparr sein ...[57]

Vita Virgilii

Non multo post tempore (nach der Bestrafung Samos) coeperunt Huoni eosdem Quarantanos hostili seditione graviter affligere, fuitque tunc dux eorum Boruth nomine, qui Huonorum exercitum contra eos iturum Bawaris nuntiari fecit, rogans eos sibi in auxilium venire. At illi cum magna festinatione venientes expugnaverunt Huonos, et obfirmaverunt Quarantanos, servitutique eos regum subiecerunt similiter et confines eorum[58].

---

[56] Und nicht nur erst von der lectio II an, wie es *Grossmann* behauptet, XV.

[57] *Hahn,* 480.

[58] MG SS 15, 87.

Wir bemerken hier, daß in der lateinischen Fassung der Kärntner Chronik, die in einer Handschrift der Kollektaneen von Sunthaym vorliegt, der Übersetzer und Bearbeiter noch einen Schritt weiter gegangen ist und aus Boruth einen Sohn Samos gemacht hat[59].

Mit der lectio IV der Vita werden die Unterschiede zwischen Unrests Erzählung und seiner Quelle deutlicher. Die Vita berichtet, wie Virgil auf Herzog Chetmarus' Bitte sich zwar nicht selbst nach Karantanien begab, aber namentlich bezeichnete Jünger dorthin schickte, die mehrere Kirchen gegründet haben sollen, darunter die der heiligen Maria (Maria Saal). Als Jünger Virgils nannte Unrest ausdrücklich nur Modestus, der, wie er schrieb, in Maria Saal begraben sei. Diese Kirche wurde, so Unrest, von den übrigen Jüngern Virgils gegründet und steht an demselben Platz wie die alte Stadt Liburnia. Die Vita Virgilii schildert darauf kurz den Ausbruch mehrerer heidnischer Aufstände in Karantanien vor und nach dem Tod des Herzogs Chetmarus; nach jedem dieser Aufstände mußte Virgil neue Missionare aussenden, um die gefährdete Christianisierung wiederaufzunehmen; so schickte Virgil, nachdem der neue Herzog Waltunc zu regieren angefangen hatte, abermals viele Priester, mit deren Aufzählung die lectio IV schließt. Unrests Erzählung differiert erheblich. Er berichtete nicht von den heidnischen Aufständen, einem in seinen Augen vielleicht unrühmlichen Vorfall in der Geschichte Kärntens, sondern ersetzte sie durch einen einmaligen Einfall der Hunnen oder, wie sie jetzt heißen, Ungarn, den er in die Zeit nach dem Tod des Herzogs Chetmarus/Cotmarus verlegte: *do fluchen die Priester aus dem Landt, dass ettlich Jar khain Priester inn dem Landt was, als lang, dass ein ander Hertzog des Landes wart*[60]. Dieser neue Herzog war Malchmut/Waltunc, dem Virgil – eine gekürzte Wiedergabe der Vita – neue Priester sandte. Unrest beendete diese Erzählung, indem er auf eigene Faust erklärte, die Christianisierung Kärntens sei durch die Herzöge Karastus, Cotmarus und Malchmut vollbracht worden.

Hier setzt nun Unrests fundamentaler Eingriff ein, der der gesamten Chronik einen Sinn gibt.

Die Vita Virgilii berichtet weiter (lectio V), dabei vom Text der Conversio abweichend, wie Virgil in einer Art Apotheose seiner Christianisierung eine triumphale Reise durch ganz Kärnten bis zu den *fines Hunorum* unternahm. Dann beschließt die lectio VI Virgils Lebensgeschichte mit seinem Tod und seinem Lob. Unrest verwertete diese Angaben, stellte sie aber in einen ganz neuen Zusammenhang und rückte sie in die Nähe einer Erzählung aus der Chronik von den 95 Herrschaften, die sich auf eine ganz andere Periode

---

[59] Vgl. die Ausgabe dieses Textes durch *Stelzer,* Jakob Unrest (s. Anm. 18), 192: *Boruch, Sami filius, cuius tempore gens Hunorum ...*

[60] *Hahn,* 481.

Der Verlauf der Geschichte Kärntens nach Jakob Unrests Auffassung

	Dagobert		SAMO		
	Pippin		BORUTH		Fränkische Herrschaft. Sendung von Priestern und Einweihung von Kirchen, darunter Maria Saal.
			CARASTUS		
			COTMARUS Hunnenangriff		Flucht der Priester.
			MALCHMUT		Rückkehr der Priester.
			neuer Hunnen-angriff		Das Land wird verwüstet; Zerstörung der Kirchen, darunter Maria Saal.
481 Jahre	788	„DIE LOBLICHEN GEPORN FURSTN VON KERNDTN“		STÄNDIGE WIEDERKEHR DER EINSETZUNGSZEREMONIE	Einsetzung eines neuen Herzogsgeschlechts. Erste Einsetzungszeremonie auf dem Fürstenstein. Besuch Virgils.
			INGO (Nigo)		Bestätigung der geistlichen Autorität Salzburgs über Kärnten. Feierliche Einweihung Maria Saals durch den Papst.
			BERNHARD ULRICH (PHILIPP)		
	1259/1269		OTTOKAR		Königswahl Rudolfs von Habsburg. Schlacht bei Dürnkrut. Augsburger Hoftag.
	1280	MEINHARDINER	MEINHARD		
			HEINRICH		
159 Jahre	1331	HABSBURGER	(MARGARETE MAULTASCH) OTTO		Otto von Habsburg wird Herzog von Kärnten.
			RUDOLF IV.		Abtretung Tirols.
	1490		FRIEDRICH III.		(Angriffe der Türken in Kärnten.)

bezog. Auf völlig überraschende Weise – in seinen Quellen ist davon gar nicht die Rede – verkündete er nämlich den Tod des Herzogs Malchmut ohne erbberechtigten Nachfolger: *Und da Hertzog Malchmut auch starb, da was kain erblicher Hertzog mer zu dem Landt*[61]. Und wie nach dem Tod des Herzogs Chotmarus hatte, so behauptete Unrest, diese Unterbrechung der Abfolge der Herzöge die schlimmsten Katastrophen zur Folge: den Einfall der Hunnen, die die Christianisierung zunichte machten und auf ihrem Zug alles, auch Maria Saal, verwüsteten, indem sie das Fehlen eines erbberechtigten Herzog ausnutzten: *Do kamen die Hewn aber mit großer Macht inn das Lanndt Quarantein zu Wisterstand kristnlichs Gelaubens, und vertribn da alle Pfaffhait, und verprantten unser liebn Frawn ir news Haws zu Liburina, und verwuestn das Lanndt, das wenig Menschen da belibn, und was ein Zeit kain Hetzog oder Herr, noch ainerley Regiment inn dem Lanndt*[62]. Damit erfand Unrest eine tabula rasa, die alle vorangegangenen Ereignisse zum Prolog zur Geschichte Kärntens herabsetzte. Damit wurde ein Neubeginn nötig, die Neu-Errichtung eines Herzogtums und eine neue Christianisierung. Erst jetzt begann eigentlich die Geschichte Kärntens, und sie begann mit einer gewaltigen Neuerung. Die Einwohner Kärntens traten zusammen und wählten eine neue Erbdynastie für Kärnten: *und namen fur ainen gemainen Man von Paurn Geschlacht, den macht sy zu irm Herrn und Hertzogn inn Lanndt Quarantano. Daraus sint all hernach geporn Hertzogn von Kernndtn gewurtzt und entsprungn ...*[63]. Das war aber noch nicht alles: um der Handlung, durch die die Kärntner Bevölkerung ihr Schicksal selbst in die Hand genommen hatte, auch künftig Gültigkeit zuzuweisen, wurde beschlossen, daß jeder neue Herzog zu Beginn seiner Regierung die Einsetzungsfeier vor dem Mitglied des Kärntner Geschlechts, das das Land vertritt, *die Lehenschafft von dem gemainen Man,* wiederholen müsse, obwohl die neuen Herzöge wieder eine Erbdynastie bildeten. Dann kehrte Unrest zur Vita-Erzählung mit dem Bericht zurück, daß Virgil sich nach der Wieder-Entstehung des Herzogtums Kärnten zur Reise dorthin entschloß, um die Christianisierung des Landes so zu erneuern, wie das Herzogtum Kärnten erneuert worden war. Insbesondere wurde die Kirche Maria Saal, bekanntlich unweit des Fürstensteins und des Herzogstuhls, wo die Einsetzungszeremonien stattfanden, von Virgil neu geweiht. Virgil kehrte darauf an seinen Bischofssitz zurück, wo er 788 starb. Unrest beschloß dann diesen Teil seiner Chronik mit einer ausführlichen Schilderung (in Anlehnung an Leopolds von Wien Erzählung anläßlich des Regierungsantritts Meinhards von Tirol[64], aber mit zusätzlichen Einzelheiten) der nun gebräuchlich

61 *Hahn,* 482.

62 Ibidem.

63 Ibidem.

64 Chronik von den 95 Herrschaften (wie Anm. 8), 140.

gewordenen Zeremonie der Erhebung der neuen Herzöge von Kärnten. Diese hätten so große Privilegien erhalten, daß sie mehr als Herzöge seien und den Titel Erzherzog trügen. Obgleich Unrest auf seine Hauptquellen zurückgriff, hat er eine völlig neue Erzählung verfaßt, deren Bedeutung für das Verständnis der Logik seines Werkes, das sei noch einmal betont, gar nicht überschätzt werden kann.

Man muß sich nämlich fragen, warum Unrest diese Veränderungen für erforderlich hielt, und ganz besonders, warum er in diesem Augenblick der Geschichte Kärntens eine folgenschwere Unterbrechung der herzoglichen Kontinuität, auf die die Einführung der Einsetzungszeremonie folgte, erfand. Eine Antwort gibt die Einsicht, daß er dadurch die (für jede Landesgeschichte) grundlegende Idee der Kontinuität in der Geschichte Kärntens retten konnte. Diese Kontinuität war gefährdet, Unrest hatte mit seinem Beweis erhebliche Mühe. Einerseits wurde er von seinen Quellen nach Waltunc/Malchmut im Stich gelassen, da er vor den letzten Spanheimern keine anderen Herzogsnamen (ausgenommen den rätselhaften Ingo/Nigo) kannte. Andererseits bedeutete der Regierungsantritt der Habsburger für die Kärntner Geschichte einen Kontinuitätsbruch, eine Störung, an der man nicht vorbeigehen konnte. Mit seiner Erzählung löste Unrest diese Frage. Grundsätzlich ersetzte er die Kontinuität einer lückenlosen Herzogsfolge, die er nach Waltunc/Malchmut nicht mehr zu belegen vermochte, durch eine andere Kontinuität von höherer Bedeutung: seit dem wirklichen Anfang der Geschichte Kärntens, d.h. seit seiner endgültigen Christianisierung durch Virgil, mußten sich alle neuen Herzöge von Kärnten der Einsetzungszeremonie unterziehen[65]. Diese seit dem Ursprung bestehende und, wie Unrest ausdrücklich betont, ewig dauernde Erneuerung[66] war also der große Faktor der Kontinuität der Kärntner Geschichte. Was tut es schließlich, wenn man die Namen der Herzöge, die über Kärnten geherrscht haben, nicht im einzel-

---

[65] *H. Dopsch* hat außerdem darauf hingewiesen, daß gewisse Formulierungen der Conversio zu dem Glauben führen konnten, daß die Einsetzung durch das Volk so früh eingeführt worden war (vgl. *Heinz Dopsch*, Adel und Kirche als gestaltende Kräfte in der frühen Geschichte des Südostalpenraumes, in: Carinthia I 166 (1976), 40). Das mag Unrest in seiner Meinung bestärkt haben.

[66] *Hahn*, 484: *Soliche Freihait und Gerechtigkait des Lanndes Kernndten ist also mit loblicher Gewonheit, die man zellt für ain Gerechtigkait, von allen Hertzogn vestigklich gehaldn wordn, als offt sich das begebn hat durch der Hertzogn Absterbn. Es hat auch gehaldn Ottokorus, ains Kunig von Pehaim Sun, Hertzog zu osterreich, Steyer, Kerndten und Khrain, zw Osterreich XXVII Jar und zw Kernndten IX Jar. Darnach hat es gehalten Graff Mainhard von Tyrol, der nach Ottokoro Hertzog ward und all sein sun. Als lang das Kerndtn Landt inn der von Osterreich Gewaltsam kham, habn die Gewonheit all die von Osterreich gehaldn, und am iüngstn Hertzog Ernst, Kayser Fridreichs Geperer, der gestorbn ist, do man zallt tausent vier hundert und drew und zwaintzig. Kaiser Fridreich, sein Sun, nam die Lanndt nach im ein, der wolt nicht auff den Stuel leyhen umb des willn, er war romischer Khunig, doch gab er den Land-Lewden von Kerndten Brieff mit güldn Sygel, das dem Lanndt für khainen Mangl an solicher Gerechtigkait pringn.*

nen kennt; die ständige Wiederkehr der Zeremonie gewährleistete die Kontinuität der politischen Selbständigkeit des Herzogtums. Gleichzeitig war die andere Frage Unrests gelöst: die Habsburger waren zwar die rechtmäßigen Herzöge von Kärnten, aber keine Dynastie „natürlicher" Herzöge, was einen unschönen Schatten auf die Idee von einer von Anfang an ununterbrochenen politischen Selbständigkeit Kärntens warf. Auch hierfür brachte die Vorverlegung der Einsetzungszeremonie an den, wie Unrest behauptet, wirklichen Anfang der Geschichte Kärntens die Lösung. Es war nämlich belanglos, daß die Habsburger nicht aus dem Lande stammten, denn die Quelle ihrer Macht befand sich bei den Vertretern des Landes, die bei jedem Regierungsantritt den neuen Herzog einsetzten. Zur Krönung und gewissermaßen aus zusätzlicher Vorsicht behauptete Unrest schließlich, daß es von Waltuncs Tod und der Einsetzung eines neuen Herzogs bis zum Ende des letzten Spanheimers in Kärnten trotzdem eine große Dynastie „natürlicher" Herzöge gegeben habe. Im weiteren Verlauf seiner Chronik, nachdem er das Scheitern von Philipps Abenteuer und also das Ende dieser Dynastie erzählt hatte, betonte er die eindrucksvolle Fortdauer der Familie und widmete ihr gleichsam einen Nachruf: *Also habn die loblichn geporn Furstn von Kerndtn Endt genomen, und an Erbn vergangn, die doch vor erblich gewurtzt, geerbt, und regiert habn im Lanndt zu Kerndt vier hundert und ain und achtzig jar mit furstlichen Ern, und Tugenden, Got der erfrew Sew mit dem ewign Lebn im Hymlreich*[67]. 481 Jahre also: nun aber war nach Unrests Angaben Virgil 788 gestorben, und Philipps Verdrängung durch Ottokar von Böhmen hatte 1259 stattgefunden. Zwischen diesen beiden Ereignissen liegen aber 471 Jahre. Unrest war in seiner Chronik ein Fehler unterlaufen, denn seine Quelle, die Chronik von den 95 Herrschaften, nannte nicht das Jahr 1259, sondern mit Recht das Jahr 1269. Alles weist darauf hin, daß Unrest von dem richtigen Datum, das ihm seine Quelle lieferte, ausging, als er seine Rechnung machte, und daß sich der Fehler bei der endgültigen Niederschrift einschlich[68]. Unrest hob überdies den hohen Rang der Fürsten von Kärnten als Erzherzöge gegenüber ihresgleichen hervor. Die Einsetzungszeremonie, der sie sich unterziehen mußten, sollte sie nicht als Fürsten zweiten Ranges gelten lassen, ganz im Gegenteil.

Unrest ließ also die politische Entität Kärnten in einer weit zurückliegenden Vergangenheit entstehen, am Ende des 8. Jahrhunderts, in enger Verknüpfung mit der Bekehrung des Landes zum Christentum. Durch die Vorverlegung der Einsetzungszeremonie von der Zeit Meinhards (wie es in seiner Quelle hieß) an diesen Anfang der Kärntner Geschichte stellte er diese

---

[67] *Hahn,* 495.

[68] Er erklärt in der Tat, daß Ottokar von Böhmen 9 Jahre (*Hahn,* 484) in Kärnten geherrscht habe. Das bedeutet, daß er von dem Datum 1269 ausging, um zu dieser Zeitangabe zu gelangen.

unter das Zeichen einer grundlegenden, ewigen und von etwaigen Dynastiewechseln unabhängigen Kontinuität. Übrigens stimmte diese Vorstellung mit der damaligen politischen Wirklichkeit in Kärnten insoweit überein, als man mit einer gewissen Schwäche der herzoglichen Gewalt und der gewichtigen Rolle der Stände rechnen darf[69]. So konnte die Idee von der Kontinuität der Kärntner Geschichte bei allen Lücken der Herzogsfolge (wenigstens nach Unrests Kenntnissen) und trotz aller Dynastiewechsel gerettet werden. Als gewissenhafter Kompilator, der sich an den Buchstaben seiner Quellen hielt, hat Unrest nicht versucht, imaginäre Herzöge und fabelhafte Ansippungen (etwa nach dem Beispiel der Chronik von den 95 Herrschaften oder von Ulrich Fuetrers bayerischer Chronik[70]) zu erfinden. Es ist ihm gleichwohl gelungen, die Kontinuität der Geschichte Kärntens elegant nachzuweisen. Damit wurde Kärntner Landesgeschichte als Grundlage der Kärntner Landesidentität möglich.

Dieser kunstvolle Bau löste jedoch nicht alle praktischen Probleme, von denen der Historiker Unrest stand. Was sollte er dem Leser über die Periode berichten, die bis zum Erlöschen der Erbdynastie währte? Der Erzählstoff aus der Vita Virgilii war erschöpft. Es blieb also nur übrig, was die Conversio in jenen Teilen erzählte, die die Vita nicht verwendet hatte. Zunächst wurde dort über die weitere Christianisierung der Karantanen und der Ungarn unter Karl dem Großen und Erzbischof Arn sowie unter ihren Nachfolgern gehandelt (Kap. 6 - 9). Unrest konnte auf diesen historischen Stoff nicht verzichten. Aber er wußte ihn auch der Logik seiner Erzählung anzupassen. Nun wollte er erzählen, wie Kärnten unter die (geistliche) Herrschaft des Erzbistums Salzburg geraten sei: *wie aber die Herrschafft an der windischn March zw dem Gotshaus Saltzburg komen sey, davon ist ze wissenn*[71]. Um dessen Rolle in der Logik von Unrests Werk zu begreifen, muß man sich hier erinnern, daß Maria Saal, wo Unrest Chorherr war, im Bistum Salzburg lag und unmittelbar vom Erzbischof abhing; das erklärt Unrests Interesse an der historischen Legitimation dieser Abhängigkeit. Zwar besaßen die Ausführungen, die Unrest hierzu der Conversio entnahm, bisweilen nur geringe Beziehung zur eigentlichen Geschichte Kärntens. Doch war da von einem von Salzburg ausgesandten Missionar namens Ingo die Rede, aus dem er einen Herzog von Kärnten von ganz besonderer Frömmigkeit machte, entweder weil er die Conversio grammatikalisch mißverstanden hat oder weil das einer alten Tradition in Kärnten entsprach (was am wahrscheinlichsten ist, denn Johann von Viktring, den Unrest nicht kannte, beging denselben Irrtum[72].)

---

[69] Siehe Anm. 33.

[70] *Ulrich Fuetrer*, Bayerische Chronik (hrsg. von Reinhold Spiller), Quellen und Erörterungen zur bayerischen und deutschen Geschichte NF, Bd. II/2, München 1909.

[71] *Hahn*, 485.

Im Kapitel 10 jedoch kündigte die Conversio an, daß sie in Anlehnung an die besten Quellen die politische Geschichte der von den Slawen und Bayern bewohnten Gebiete nach der Vertreibung der Hunnen erzählen wolle. Das betraf Unrests Gegenstand direkt und hätte ihn in höchstem Maße interessieren müssen. Leider aber stand der Bericht der Conversio, insbesondere die Regierung Kärntens durch bayerische Grafen, ganz im Widerspruch zu Unrests Vorstellung von einer großen Dynastie erblicher Herzöge von Kärnten. Er überging dies also ganz einfach und reihte erneut zwei ganz verschiedene Stellen aus der Conversio aneinander, so daß er den Sinn seiner Quelle völlig verdrehte. Hatte er mit seiner Abschrift aus der Conversio am Ende des 9. Kapitels aufgehört, als diese Adalwinus, den Nachfolger des Liuprammus, als neuen Salzburger Erzbischof erwähnte, so nahm er seine Abschrift am Ende des 12. und am Anfang des 13. Kapitels wieder auf, wo wieder vom Erzbischof Adalwinus, aber in ganz anderem Zusammenhang, die Rede war. Die Conversio beschrieb nämlich, wie dieser das böhmisch-mährische Königreich Priwinas und seines Sohnes christianisiert habe. Ohne Bedenken behauptete nun Unrest, daß sich Adalbinus nach Kärnten begab, um die Christianisierung des Landes zu vollenden: *und kham gen Quarantein, yetz Kerndt, da lernt er aber rechtn Gelaubn, wan das Landt noch nicht volkomen was im Gelaubn*[73], und schrieb dann die Einzelheiten von dessen Tätigkeit ab, als ob diese wirklich Kärnten beträfe. Es gibt ein Zeichen, daß Unrest sich des Betrugs, den er beging, bewußt war: er vermied es, die Namen der von Adalbinus in Böhmen gegründeten Kirchen wieder zu verwenden, mit Ausnahme jedoch von zweien, für die ihm etwas Korrespondierendes in Kärnten zur Verfügung stand: *‚weride‘*, aus dem er *‚werdt‘* (= Wörth), und *‚Temperho‘*, aus dem er *‚Sternberg‘* machte[74]. Er beschloß diesen Teil der Chronik, anscheinend ohne Anlehnung an irgendeine Quelle, mit der Erzählung, wie Papst Leo in Begleitung von vier Kardinälen *unnser Frawn Gotshaus zw Zoll,* d.h. Maria Saal, eingeweiht habe. Damit hatte Unrest weitere Grundlagen der Kärntner Wirklichkeit historisch verankert: den Anschluß an das Erzbistum Salzburg, was die geistliche Autorität betraf, und den religiösen Vorrang von Maria Saal in Kärnten.

Unrest kehrte dann zur Geschichte des Herzogtums nach seiner endgültigen Errichtung zurück: *Nun khum ich wider an das lobsam Furstentumb*

---

[72] Liber certarum historiarum (wie Anm. 11), Bd. I, 13, 43, 252, 293. Zur Diskussion der Frage, ob es einen Herzog Ingo gegeben habe, vgl. *Wolfram,* Conversio (wie Anm. 43), 100 - 102. Zu bemerken ist, daß die Erwähnung Ingos bei Johann v. Viktring im direkten Zusammenhang mit dem Bericht über die Einsetzungszeremonie geschieht.

[73] *Hahn,* 489.

[74] Jedoch entsprechen die Patrozinien, die die Conversio, und Unrest mit ihr, diesen Kirchen zuschreibt, nicht denen der jeweiligen Kärntner Kirchen, Maria Wörth und Sternberg, vgl. Erläuterungen (wie Anm. 27), Bd. II/8, 2, 319 und 362.

Kerndtn, und an die Herzogn daselbs von der Zeyt, als die erwelt und gesetzt Herzogn sindt wordn, wie man obn vernommen hat[75]. Abermals hatte er eigentlich sehr wenig zu erzählen und konnte keine Namen von Herzögen nennen, was angesichts seiner Quellen nicht verwundern darf. Er gestand es selbst ein: *wie aber annder Hertzogn von Kerndt gehaissn und regiert habn, das verlass ich hye. Dan das man in kainer Geschrifft vindet, dan sy habn all ein tugentlich Leben gefuert und sind zw kuniglichn Ern komen*...[76]. Er beschränkte sich deshalb hauptsächlich auf ein überschwengliches, aber höchst unbestimmbares Lob der Erzherzöge von Kärnten: *die habn an Guet, Eren und Tugentn aufgenomen, wan sy habn Got und die Gerechtigkait lieb gehabt. Darumb hat sy Got erhocht uber annder Fursten, und warn genant Ertzhertzogn*[77]. Um trotzdem etwas über diese Periode zu erzählen und die Größe der Erzherzöge zu veranschaulichen, machte er aus der heiligen Elisabeth von Thüringen einen weiblichen Sproß *aus dem Edlnstam der Hertzogn von Kernndtn*[78]. Er berief sich zudem auf die Chronik von den 95 Herrschaften und auf ihre Fabelreihe der ersten Fürsten von Österreich, um zu erklären, daß die Herzöge von Österreich, Böhmen und Ungarn lange Zeit ihre Gemahlinnen nur im Herrscherhaus von Kärnten wählen wollten. Erst in späterer Zeit hätten die Fürsten von Österreich diese Gewohnheit aufgegeben, was übrigens für sie, wie Unrest hinzufügt, keineswegs vorteilhaft war, denn gleich darauf wurde das Herzogtum Österreich erbenlos und fiel an den Kaiser zurück, der einen Herzog von Ungarn damit belehnte[79]. Unrest erzählte endlich in diesem schwierigen Teil seiner Chronik, daß das Geschlecht der Grafen von Görz (ein Geschlecht, das zu Unrests Zeit immer noch existierte, obwohl der Zweig der Meinhardiner, die von 1281 bis 1331 Herzöge von Kärnten gewesen waren, erloschen war) ebenfalls ein Zweig dieser großen Dynastie der Fürsten von Kärnten sei. Ihr Ursprung gehe auf eine Teilung zwischen drei Brüdern zurück, bei der sie *das Puesterstall und die Phaltz zu Kernndt* erhalten hätten[80]. Unrest fuhr dann mit der Erzählung fort, wie sie *Herrschaft und Namen Gortz* erhielten – eine Stelle, die für seine historische Methode aufschlußreich ist. In der ungarischen Chronik hatte er einerseits von der Regierung und den gegen das verfallende Römi-

---

[75] *Hahn*, 490. Das von Unrest hier angegebene Datum für die Wiederentstehung des Herzogtums Kärnten *do man zalt hundert und achtzigk jar* ist in der Hannoverschen Hs. offensichtlich fehlerhaft (wahrscheinlich wegen einer Verwechslung zwischen einer 7 und einer 1). Die meisten Hss. geben 780 an (cvp 2944, f. 10v).

[76] *Hahn*, 491.

[77] Ibidem.

[78] Ibidem.

[79] Eigentlich berichtete die Fabelreihe in der Chronik von den 95 Herrschaften nur in einem Fall von einer Heirat mit einer Kärntner Prinzessin (Chronik von den 95 Herrschaften, wie Anm. 8, 31: *Noro* ... *nam ain weib von dem land, daz nu haisset Kêrnden* ...).

[80] *Hahn*, 490.

sche Reich gerichteten Feldzügen des ersten Königs von Ungarn, des berühmten Attila/Etzel[81] erzählt, aber auch später, wie der ungarische König Gyeysla *den von Gortz die herrschafft zw Gortz* (übergeben hatte), *die in dem kunigreich Dalmacia gelegn ist, dem von Tyroll und paltzgraff zu Karntn fur aign geben und sey darnach genant die von Gortz*[82]. In seiner Kärntner Chronik hat Unrest diese beiden Ereignisse zusammengefügt, indem er einem ungarischen König, gleichsam einem Doppelgänger Attilas von imponierender Persönlichkeit, die Verleihung der Grafschaft Görz zuschrieb. Er schilderte die Untaten dieses ungarischen Königs, eines Wohltäters der Grafen von Görz, genau mit denselben Worten, mit denen er Attilas Taten charakterisiert hatte, und nannte ihn sogar Etzel. Doch Unrest war ein fähiger Historiker: in seiner ungarischen Chronik (sowie in dem langen Anhang in seiner Kärntner Chronik) datierte er Attilas Regierung exakt. Er wußte also, daß es chronologisch unmöglich war, daß Attila in einer Periode der Chronik auftrat, die näher lag als die Zeit Karls des Großen. Um dieser Schwierigkeit auszuweichen, datierte Unrest diese Situation nicht und gab dem Leser ausdrücklich zu verstehen, daß es sich um einen zweiten Attila handelte: *und verwust die Stat Ayla, das ist die haubt Stat in Dalmatia, zum andern mall nach Kunig Attilia Erstornug*[83].

Nach diesem schwierigen Teil, der zu gewagten Konstruktionen gezwungen hatte, kam Unrest jetzt zu den letzten Partien; für sie hatte er keine Quellenschwierigkeiten mehr, da die Ereignisse in der Chronik von den 95 Herrschaften (von der Steirischen Reimchronik ausgehend) ausführlich erzählt wurden. Diese Teile der Chronik bedürfen, obwohl es die umfangreichsten sind, keines langen Kommentars, denn Unrest begnügte sich mit viel Geschick im einzelnen[84], der Chronik von den 95 Herrschaften die Nachrichten zur Geschichte Kärntens und seiner Herzöge zu entnehmen und eine zusammenhängende Erzählung daraus zu formen. Mit Ausnahme von zwei noch zu besprechenden Interpolationen nahm er keine nennenswerten Änderungen vor. Wir können uns also damit begnügen zu zeigen, in wel-

---

[81] *Armbruster* (wie Anm. 15), 484 - 485.

[82] *Armbruster* (wie Anm. 15), 493.

[83] *Hahn,* 491 (man muß *erstorung* und nicht *erstornug* lesen). Andere Hss. der Chronik drücken sich noch deutlicher aus: einerseits streichen sie fast jedesmal, wenn er vorkommt, den Namen Etzel, weil er zu sehr an den wirklichen Attila erinnert, andererseits schreiben sie hinsichtlich der Zerstörung von Liburnia: *„zum andern mall nach Khunig Attila der sy auch vor zerstört hat ...“* (cvp 7234 f. 9r; cvp 8007 f. 10v, wo die Stelle ausgestrichen und am Rande verbessert ist).

[84] Diese Geschicklichkeit zeigt sich z. B. in der Art, wie Unrest das, was er in der Chronik von den 95 Herrschaften über die letzten beiden Erbinnen der Babenberger Dynastie, Gertrud und Margarete, gefunden hat, an einer einzigen Stelle seiner Chronik (*Hahn,* 498) zusammenfaßt. Ein anderes Beispiel: die Art, wie Unrest zuerst in einer zusammenhängenden Erzählung von allen Untaten Ottokars berichtet und wie er dann verkündet, daß Rudolf von Habsburg zum König gewählt worden ist, und ihn lobpreist (*Hahn,* 499 - 501).

chem Zusammenhang die einzelnen Teile der Chronik zueinander stehen. Zuerst behandelte Unrest das Ende der großen Dynastie der Herzöge von Kärnten und den Beginn der Herrschaft anderer Fürsten: *Wie oder wan der yetz geschribn Hertzogn von Kerndtn Nam und Stam verganngn sey, und das Landt Kerndt in annder Fursten Gewalt khomen sey, davon wil ich schreibn*[85]. Hier hielt er den oben erwähnten Nachruf auf die große Dynastie der Fürsten von Kärnten. Er kam dann zum Herrschaftsantritt Ottokars von Böhmens: *Nun wil ich schreibn von Kunig Ottokar, der oben genant ist, wie er zu den Landn Osterreich und Steyer mit Heyradt komen ist, wie er die Land regiert und Endt genomen hab*[86]. Er erzählte hier dessen Taten während seiner Herrschaft über die österreichischen Länder im einzelnen und noch ausführlicher den Kampf zwischen Ottokar und Rudolf von Habsburg. Dieser siegte, und Unrest beschloß sein Kapitel, indem er berichtete, wie Rudolf 1280 (sic!) auf dem Augsburger Tag seinen Sohn Albrecht mit Österreich und Steiermark und Meinhard von Tirol mit Kärnten und Krain belehnte. Unrest gelangte nun zum letzten Teil, der der Regierung dieser Herzöge und ihrer Nachkommen gewidmet ist: *wie es pey demselbn Hertzogn in Lannd ergangen ist, und wie lang sy die Landt inne gehabt habn, will ich furpass schreibn*[87]. Dieser Teil schließt mit dem Ende jener Fürsten, die gewissermaßen noch als Nachkommen der großen Dynastie der Herzöge von Kärnten gelten konnten: Heinrichs, Herzogs von Kärnten und (nur dem Titel nach) Königs von Böhmen und seiner Tochter Margarete Maultasch. Dann begann die Zeit der österreichischen Herzöge, und Unrest verwies in einer Art Epilog auf seine österreichische Chronik: *Von dem obgenantn Fursten Hertzog Ottn, und Hertzog Ruedolfn von Osterreich sind die Land Karnndtn, Krayn und Tyrol zu dem Haws von Osterreich pracht worden, und sindt die Lant an grossen krieg pelibn, untz auf kayser Fridreich dritten, geporner Hertzog von Osterreich, pey dem ward es ubel in den Landen sten. Sy wurden swarlich von den Turgkhen manigmal uberzogn, und dy Ungristn mit Gewalt zu Karnndtn gelegn zehen Jar, mynnder anderthalb quottemer. Das vindet man gruntlich in der Osterreichischen Cronicn geschribn. Also haben die von Osterreich dy Land Karnndtn und Krain inne gehabt untz auf die Zeyt, da man zalt hat XIIII hundert und LXXXX Jar, hundert und LVIIII Jar*[88].

War dies das Ende der Geschichte Kärntens? Keineswegs, wie wir wissen, denn die obligatorische Einsetzungszeremonie auf dem Fürstenstein, das große Prinzip der Kontinuität, blieb bestehen und wurde von den Habsburgern respektiert, wie Unrest nicht zu betonen versäumte. Diejenigen, die

---

[85] *Hahn,* 492.
[86] *Hahn,* 495.
[87] *Hahn,* 509.
[88] *Hahn,* 523.

meinten, daß die Kärntner die Legitimität ihrer neuen Herzöge in Zweifel zogen, wußte Unrest bei der Erzählung, wie die Habsburger die Ottokar entrissene Macht ergriffen, unwiderlegbar Lügen zu strafen. Zwei im Text der Chronik von den 95 Herrschaften von ihm vorgenommene Interpolationen bezeugen auf spektakuläre Weise, daß es die Kärntner waren, die in der entscheidenden Schlacht bei Dürnkrut Rudolf von Habsburg den Sieg gaben. Über die erste Interpolation besteht allerdings eine gewisse Unsicherheit, denn sie erscheint möglicherweise – man muß sich erinnern, daß Unrest ein gewissenhafter Kompilator war – erst in dem Text, den ich als eine zweite Fassung von Unrests Werk betrachte[89]. Die Chronik von den 95 Herrschaften schrieb in einer der Steirischen Reimchronik entnommenen Stelle, daß der Burggraf von Nürnberg an Rudolfs Sieg zweifelte, bis er die große Tapferkeit und den großen Mut der Steirer gesehen habe. Die zweite Fassung von Unrests Chronik modifizierte diese Stelle geringfügig, um die Kärntner neben den Steirern einzuführen: *er hette sich des Sigs verwegen untz das er der Steyrer und Kärner grosse frumkhait und manhait sahe*[90]. Die zweite Interpolation hingegen ist durch alle Handschriften eindeutig bezeugt und war noch entscheidender: in der Chronik von den 95 Herrschaften hieß es, die Schlacht bei Dürnkrut sei durch das Eingreifen einer bis dahin in Reserve gehaltenen Abteilung unter dem Befehl eines österreichischen Herrn, Ulrich von Kapellen, zugunsten Rudolfs entschieden worden: *darnach kam der Cappeller mit der nachhut und drang durch des von Pehaim hauffen*[91]; Unrest verwandelte diese Stelle auf folgende Weise: *Darnach kham der Chappelar, ein karnar, mit der Nachhuet und drang durch des von Pehaim Hauffen*[92]. Also war es ein Kärntner, der Rudolf in der Schlacht, die über das Schicksal der österreichischen Länder entschied, zum Sieg verholfen hatte[93].

Unrest entwarf also trotz vieler Schwierigkeiten eine neue Geschichte des Herzogtums Kärnten und der Herzöge von Kärnten. Das erlaubte ihm, die

---

[89] Die hannoversche Handschrift liefert keine Angaben, denn diese Stelle stand auf dem Blatt, das ausgerissen worden ist. Aber der cvp 2948 und die Stuttgarter Hs. enthalten sie nicht und im cvp 8007 ist die Interpolation ausgestrichen worden (f. 23v).

[90] cvp 2944, f. 30r.

[91] Chronik von den 95 Herrschaften (wie Anm. 8), 135.

[92] *Hahn,* 507.

[93] Daß Unrest sich zu dieser Interpolation entschlossen hat, wurde zweifellos dadurch erleichtert, daß es tatsächlich ein Geschlecht von Kärntner Herren gab, die aus einer Burg Cappel in Kärnten (nö. von St. Veit) stammten. Er nennt sie übrigens in der Liste der Adelsgeschlechter im Anhang zu seiner Chronik und erinnert dabei an die entscheidende Rolle, die einer von ihnen in der Schlacht gespielt hatte (*Hahn,* 530). Unrest mußte aber wissen, daß seine Identifizierung falsch war, denn nachher kommt der *Chappellar* in der Chronik als Vertreter Albrechts von Österreichs noch einmal vor und kann also nur schwerlich ein Kärntner Herr sein. Über das Geschlecht der Kapellen in Oberösterreich vgl. *Othmar Hageneder,* Die Anfänge des oberösterr. Landtaidings, MIÖG 78 (1970), 291, Anm. 28, und *Peter Feldbauer,* Der Herrenstand in Oberösterreich, Ursprünge, Anfänge, Frühformen, München 1972, 149 ff.

Existenz Kärntens als einer seit unvordenklichen Zeiten selbständigen politischen Entität zu beweisen und dadurch eine Landesgeschichte, die die Grundlage der Kärntner Landesidentität sein konnte, zu schaffen.

Beschränkte sich aber vielleicht die Geschichte Kärntens nicht ausschließlich auf die Geschichte seiner Herzöge? Unrest mußte um so mehr versucht sein, dies anzunehmen, als die herzogliche Kontinuität viele Schatten aufwies, auch wenn der Nachweis dieser Kontinuität unumgänglich war. Hier setzt die Deutung des langen Anhangs ein, mit dem die eigentliche Kärntner Chronik zu Ende ging. Gerade im Anhang zeigte Unrest, daß die Geschichte des Landes Kärnten etwas anderes war als nur die Geschichte seiner Fürsten. Sie war auch die Geschichte seines Adels, ja vielleicht – man wird es sehen – die Geschichte seiner Kirche, seines Adels und seiner Städte.

Auch beim Anhang erhebt sich ein Problem wegen der Unsicherheiten, die hinsichtlich der Überlieferung des Textes noch bestehen. Es scheint nicht ausgeschlossen, daß es in Unrests Vorstellungen eine Entwicklung von einer ersten Fassung seiner Chronik, die in der Hannoverschen Handschrift überliefert ist, bis zu einer späteren Fassung, deren ältestes Zeugnis die Wiener Handschrift cvp 2944 ist, gegeben hat.

In der ersten Fassung der Chronik erscheint die Absicht, in welcher Unrest den Anhang abfaßte, wenigstens auf den ersten Blick unzweideutig. In der Einleitung hatte er erklärt, er habe *dem Adel zu eren* geschrieben. In der Chronik selbst sind dessen große Taten nur der Absicht nachgeordnet, die Reihenfolge der Herzöge zu rekonstituieren. Der lange Anhang am Ende der Chronik sollte der Rolle der Adeligen in der Geschichte des Landes Gerechtigkeit widerfahren lassen. Er ist gestaltet als Aufzählung sämtlicher Geschlechter, mit einer zweiteiligen Gliederung je nach dem hierarchischen Rang. Zuerst stehen die gräflichen Geschlechter: *Hye sind vermerckt Graffen im Lannd Karnndtn gesessen und der Chloster Stiffter*[94]; dann die sonstigen Mitglieder des Adels: *Hie ist verschriben der Adl in Karnndten Herrn Ritter und gemainer Adel, die in zwain hundert Jarn und in zway und treyssig Jarenn abgestorbn und vergangn ist*[95]. Andererseits bemühte sich Unrest in beiden Teilen, nach der Nennung jedes Geschlechts kurz zu erklären, durch welche denkwürdigen Taten es eine Rolle in der Geschichte Kärntens gespielt hatte, meist durch eine Klosterstiftung, durch die Teilnahme an dem Sankt Veiter Hinterhalt gegen einen Sohn Meinhards oder wegen der (angeblichen) Burgenzerstörung durch Margarete Maultasch. Dies war also eine Huldigung an das Wirken des Adels in der Geschichte des Kärntner Landes. War es nach dem Verschwinden der Herzöge aus der großen Dynastie von Kärnten nicht der Adel, der fortfuhr, die Geschichte des Landes zu

---

[94] *Hahn,* 523.
[95] *Hahn,* 528 - 529.

verkörpern? Auf diese Deutung bringt uns Unrests Ankündigung, er wolle die Liste der seit 232 Jahren ausgestorbenen Adelsgeschlechter aufzeichnen. Schon mehrfach konnte man sehen, daß Unrests Zeitangaben ernst zu nehmen sind. Alles deutet darauf hin, daß es in diesem Fall auch so ist. Wenn man nämlich annimmt, daß Unrest vom Jahr 1490/1491 an gerechnet hat, gelangt man mit 232 Jahren ins Jahr 1258/1259. Dieses Jahr ist das – irrige – Datum, das in der Chronik als Zeitpunkt des Erlöschens der großen Dynastie der Herzöge von Kärnten genannt wird.

Begnügt man sich mit dieser Deutung, so fällt ins Auge, wie sehr Unrest den Adel gegenüber den anderen Kräften im Lande, der Kirche und den Städtern (ganz zu schweigen von den Bauern)[96], bevorzugte. Doch eine genauere Analyse des Anhangs zeigt, daß dieses Urteil erheblich zu revidieren ist und daß die Perspektive Unrests vielseitiger ist, als der erste Eindruck vermittelt. Zuerst fällt auf, daß aus dem ersten Teil des Anhangs, im Prinzip den gräflichen Geschlechtern gewidmet, eigentlich eine Liste der Klöster des Landes mit der Geschichte ihrer Stiftung geworden ist. Unrest kündigte in der Tat am schon zitierten Beginn des Kapitels an, daß er die Grafen, aber auch die Stifter von Klöstern aufzählen wolle, denn diese gehörten ja im wesentlichen zu den gräflichen Geschlechtern. Damit bietet der Anhang neben einer Liste der gräflichen Geschlechter auch eine knappe Schilderung der Geschichte der namhaften kirchlichen Einrichtungen im Land. Beachten wir, daß der Adel (Herren- und Ritterstand) und die geistlichen Würdenträger die Landstände bildeten[97]. Unberücksichtigt bleiben die Städte. Fehlen diese wirklich in Unrests Darstellung? Hält man sich an die erste Fassung der Chronik, die in der Hannoverschen Handschrift überliefert ist, so wird dieser Eindruck bestätigt. Aber die spätere Fassung vervollständigte den Anhang durch eine Reihe annalistischer Vermerke. Ihr Wert, auch ihr Zusammenhang untereinander erscheinen auf den ersten Blick gering, Unrests Kommentatoren haben ihnen keinerlei Aufmerksamkeit geschenkt, um so mehr als sie unveröffentlicht geblieben sind. Es handelt sich zuerst um die Geschichte der Zerstörung der großen Stadt Liburnia durch Attila *do yetz unnser lieben frawen kirchen im Soll stet*[98], dann kommen eine Anzahl Vermerke über spektakuläre Ereignisse – Einnahme der Stadt, Brände, aufsehenerregende Mordtaten –, die in der Geschichte von St. Veit vorfielen. Die erste Notiz ist auf das Jahr 1200, die letzte auf 1497 datiert. Gewiß ist das zu dürftig, um eine Vorstellung vom Rang der Städte in der Geschichte Kärntens zu bieten. Aber es ergeben sich nicht unbedeutende Hinweise. Unrests langer Anhang stellt sich also wohl zuerst – das

[96] Vgl. auch *Neumann,* Landesfürst, Stadtherren und Städte Kärntens im 14. Jahrhundert, in: Bausteine (wie Anm. 31), 305.

[97] Vgl. *Fräss-Ehrfeld,* Geschichte (wie Anm. 31), 433ff., 570ff.

[98] cvp 2944, f. 56r.

dürfte auch die ursprüngliche Absicht gewesen sein – als ein dem Kärntner Adel gewidmeter Exkurs dar, aber mit der zweiten Fassung entstand wenigstens andeutungsweise ein der Kirche, dann dem Adel, schließlich den Städten gewidmeter Teil.

Ein letztes Problem ist noch zu lösen: Wie ist es Unrest gelungen, die Liste von Adelsgeschlechtern, die das Gerüst des Anhangs bildet, aufzustellen, und besonders die Liste jener etwa 144 nichtgräflichen Geschlechter, die er im zweiten Teil des Anhangs aufzählte? Hat der Autor diese Liste andernorts vorgefunden oder selbst aufgestellt? Ihr geographischer Raum[99] war jedenfalls das Herz Kärntens, das durch die Täler der Gurk, Glan, Drau und Lavant durchschnitten ist, die Gegend, die Unrest wohl sein Leben lang durchquert hat und als deren Mittelpunkt Maria Saal erscheint. Ein logisches System, nach dem diese Liste aufgestellt wäre (indem sie etwa auf bestimmte Marschrouten hinweisen würde), kann noch nicht rekonstruiert werden. Dennoch fällt auf, wie oft Unrest die Stammburg nennt, und es wird deutlich, daß es innerhalb der Liste Gruppen von Familien gibt, deren Besitzungen in demselben Landstrich lagen. Man weiß ferner, daß Unrest ein Urbar der Güter seiner Pfarrei St. Martin am Techelsberg verfaßte[100]. Ich halte es deshalb nicht für ausgeschlossen, daß sich in dieser Liste die Spur einer zugleich räumlichen (in den Bauwerken, Burgen und Kirchen, die den Kärntner Boden prägen, verankerten) und historischen Anschauung[101] erkennen läßt, die die Rolle hervorhebt, welche die Adelsgeschlechter in der Geschichte Kärntens gespielt haben.

Was läßt sich aus diesen Beobachtungen schließen? Angesichts der Krise, der die Kärntner Identität ausgesetzt war, suchte Unrest eine feste Verankerung für diese Identität, indem er zeigte, daß es eine lange selbständige Geschichte Kärntens gab, eine politische Kontinuität des Herzogtums Kärnten, die von den ältesten Zeiten, den Zeiten Herzog Samos, bis zu seiner Gegenwart reichte. Dieses Vorhaben stieß auf manche Schwierigkeiten. Einerseits stand Unrest vor fast unlösbaren praktischen Problemen: er verfügte über keine Quelle, die ihn über die Geschichte des Herzogtums Kärnten zwischen der Zeit der Franken und der letzten Spanheimer aufklären konnte. Das Postulat der politischen Kontinuität, die durch eine lückenlose Reihenfolge von Herzögen und/oder durch das Bestehen einer alten Dynastie *„geborener"* Herzöge verkörpert war, wurde damit sehr schwierig. Andererseits mußte jeder Versuch, eine Geschichte Kärntens als Landesge-

---

99 Identifizieren kann man die von Unrest angegebenen Ortsnamen mit Hilfe von *Eberhard Kranzmayer,* Ortsnamenbuch von Kärnten, Klagenfurt 1956 - 1958, und Erläuterungen zum Historischen Atlas (wie Anm. 27), II/8, 1-2-3.

100 Vgl. *Neumann,* Jakob Unrest (wie Anm. 21), 682.

101 Das trifft sich mit *Neumanns* diesbezüglichen Betrachtungen, Bausteine (wie Anm. 31), 538.

schichte zu konstruieren, über den Bruch stolpern, den der Regierungsantritt der Habsburger bedeutete. Geriet Kärnten damals nicht unter die Autorität fremder, wenn auch legitimer Herzöge? Unrest selbst berücksichtigte dies und führte in seinem historischen Gesamtwerk die Trennung zwischen einer Kärntner und einer österreichischen Chronik ein. Solche Probleme müssen lange Zeit jeden historiographischen Versuch gelähmt haben. Unrest wußte sie wenn nicht zu lösen, so doch wenigstens zu umgehen. Die Geschichte Kärntens, die er rekonstruierte, brauchte eine lückenlose herzogliche Kontinuität nicht peinlich genau zu beweisen und hatte sich nicht zu bemühen, die Dynastiewechsel zu verheimlichen oder zu rechtfertigen. Denn am Anfang dieser Geschichte stand jenes grundlegende Ereignis, die Einführung der Einsetzungszeremonie auf dem Fürstenstein, das jeder herzoglichen Nachfolge vorausging und von dynastischer Unterbrechung unabhängig blieb. Dies war die Verkörperung und die Quelle der langen Kontinuität der Geschichte der Kärntner „Nation“. So konnte Unrest das gewaltige Problem umgehen, das sich für seine Arbeit als Geschichtsschreiber durch den Mangel an Quellen aus einer langen Periode der Kärntner Geschichte ergab. Damit wurde aber gleichzeitig die Wichtigkeit der herzoglichen Nachfolge relativiert, und die übrigen treibenden Kräfte im Land, vor allem der Adel, aber auch die Kirche und sogar die Städte fügten sich unauffällig in den Verlauf der Geschichte ein. Unrests Talent erwies sich endlich darin, daß er ein Bild der Geschichte Kärntens entwarf, das mit der damaligen politischen Entwicklung und der wachsenden Rolle der Stände in Einklang stand. Darum darf man sich über den Erfolg von Unrests Kärntner Geschichte (durch den völligen Mißerfolg seiner österreichischen Chronik um so eklatanter) und ihren Einfluß auf die spätere Geschichtsschreibung in Kärnten (von Paracelsus bis Christalnick-Megiser) nicht wundern. Diese Chronik entsprach einem Bedürfnis. Das Talent ihres Verfassers bestand darin, daß er ein Geschichtsbild zu entwerfen gewußt hatte, das zwar weitgehend imaginär war, aber zugleich fest zusammenhing und den damaligen Verhältnissen genau angepaßt war.